四川省社会科学院重大项目

四川省社会科学院
学术文库

李通玄
华严思想研究

刘媛媛 ◎ 著

中国社会科学出版社

图书在版编目（CIP）数据

李通玄华严思想研究／刘媛媛著 . —北京：中国社会科学出版社，
2018.10

（四川社会科学院学术文库）

ISBN 978 – 7 – 5203 – 3469 – 3

Ⅰ.①李… Ⅱ.①刘… Ⅲ.①李通玄(635 – 730)—华严宗—思想
评论 Ⅳ.①B949.92②B946.4

中国版本图书馆 CIP 数据核字(2018)第 250061 号

出 版 人	赵剑英	
责任编辑	喻　苗	
责任校对	胡新芳	
责任印制	王　超	

出　　版	中国社会科学出版社	
社　　址	北京鼓楼西大街甲 158 号	
邮　　编	100720	
网　　址	http://www.csspw.cn	
发 行 部	010 – 84083685	
门 市 部	010 – 84029450	
经　　销	新华书店及其他书店	

印刷装订	北京明恒达印务有限公司
版　　次	2018 年 10 月第 1 版
印　　次	2018 年 10 月第 1 次印刷

开　　本	710×1000　1/16
印　　张	18.25
插　　页	2
字　　数	294 千字
定　　价	79.00 元

凡购买中国社会科学出版社图书,如有质量问题请与本社营销中心联系调换
电话:010 – 84083683

目　录

绪　　论

一　选题缘起

笔者对华严学与华严宗，尤其对唐代华严学一直非常感兴趣。华严宗与天台宗，以其极为圆融、玄奥的理论而被称为中国佛教的"双璧"。有人说"不读《华严》，不知佛家之富贵"，《华严经》中描述了富丽纷繁的无尽法界，华严宗思想更是博大精深、圆融无碍。法界缘起论、"一真法界"思想、四法界说以及六相圆融、十玄门等，都深深地吸引着笔者对其进行探索。佛教的各个宗派，在盛唐时期都非常的发达。华严宗成于初唐，盛唐时经过华严宗祖师的丰富、发展而成为中国佛教中影响最大的宗派之一。笔者在梳理唐代华严宗的资料中，发现关于华严五祖的研究资料非常丰富，比比皆是。尤其是法藏和澄观，作为华严宗的创始人和集大成者，其研究资料更是卷帙浩繁。但关于一位被视为是教外华严的学者——李通玄的研究成果却甚为贫乏。

李通玄，无论是在中国佛教史上，还是在华严宗的历史上，都是一位非常重要的人物。他神奇的事迹如"伏虎驮经""天人供食"等在民间广为流传；他著名的佛教偈语"无边刹境，自他不隔於毫端；十世古今，始终不移于当念"① 为各界人士所熟知。李通玄以佛教居士的身份注解《华严经》，其论著《新华严经论》于南唐时期入藏，"值得一提的是，义理著作（不包括经录和传记等）被编入神圣的大藏经，李通玄不仅是

① （唐）李通玄：《新华严经论》卷1，《大正藏》第36册，第721页上。（本书所引《大正藏》均为东京大藏出版株式会社1988年版，限于篇幅，后文不再一一标注）

华严系中最早获此殊荣的人，也是中国本土佛教思想家中的第一人"[1]。他的思想在宋代以后更是被广为传播，对各个宗派都产生了巨大的影响。因此，当代也有人称其为"中华第一大居士"[2]。他以《易经》解释《华严经》的解经方式也十分新颖独特，并发展为后来著名的"方山易学"。因此，无论是研究中国佛教史，还是研究华严宗史，都应该注意到他。可是，就当代的研究成果看，无论是大陆学者还是台湾学者，研究焦点多集中在华严五祖以及后代高僧。而对于这位正统华严宗系谱之外的代表人物，则较少关注。近几年，大陆和海外都陆续出现了一些关于李通玄华严思想研究的成果，在后面的文献探讨中会列举部分。但与华严宗代表人物，如法藏等人的研究盛况相对比的话，对李通玄的研究是稍嫌不足的，还有很大的拓展空间。

笔者在搜罗关于李通玄的研究资料过程中又发现，即使是现有的对李通玄华严思想的研究也具有一定的局限性。大多学者都将研究的方向集中在了李通玄的解经方法论上，即李通玄"以易解华严"的思想，这个研究资料最多。由此推论出来的文化会通思想，也有一定的研究成果。再者就是李通玄的"三圣圆融观"——文殊、普贤及佛"三圣一体"的思想研究。李通玄华严思想中被提及较多的还有其对于《华严经》整体的经文组织、结构的判别，他判别《华严经》为"十处十会"，不同于一般的学人所判的"七处九会"说，这一点被认为非常的特殊。其他的还有就是对其判教思想的研究。目前只有姚之均博士专门研究了李通玄的修行论。通过研读有关李通玄的原始文本以及其他资料，笔者认为，这些成果对于统摄李通玄的整体华严思想来说，是远远不够的。李通玄的《新华严经论》就有40卷，再加上一些单行的小本论著，内容十分丰富、庞杂。李通玄的华严思想十分圆融，再有时而穿插的传统易学内容，阅读起来确实有浩瀚庞杂之感，对于其核心内容，也感觉千头万绪，非常不易把握。

---

① 王颂：《从日本华严宗的两大派别反观中国华严思想史》，《世界宗教研究》2005年第4期，第14页。

② 王乃积、郭华荣：《五台山华严学之魂——历代中外学者论述李通玄新华严学说》，《五台山研究》2010年第2期，第47页。

在此过程中，我的导师南京大学的杨维中教授以其丰富的理论经验，给予了我巨大的帮助。杨老师建议我将李通玄的华严思想分为几个大部分来进行研究，第一是其华严哲学思想及缘起论，第二是其判教思想，第三是解脱论（修行论），第四是其解释学思想，最后是其思想的历史影响。笔者豁然开朗，通过这几个大的方面，基本可以统摄李通玄的华严思想。在李通玄的华严哲学思想、修行论、解释学中，笔者发现了很多未被人提及的圆教思想的精华。如李通玄的"根本智"理论继承了如来藏系和华严宗的哲学思想，非常圆融，与《大乘起信论》有着非常密切的关系。其"根本智"与"无明"的关系论断以及"智体无性说"，受《大乘起信论》"一心开二门"的思想影响巨大，可以丰富和补充法藏关于妄染与真如之关系的论断。李通玄修行论中的顿悟思想对后世禅宗产生了巨大影响。李通玄的解释学中，也并非只有"以易解华严"其整体的表法思想和"配法观心"思想都非常重要而未被人提及。笔者认为，这些内容，才是真正值得后人去重视、研究、继承和发扬的思想精华。

二　文献探讨

确立研究主题后，首要工作便是广泛搜集相关文献资料，以掌握前人的研究成果，然后总结并整理出可继续研究的方向和着眼点。本节就与本书研究相关的背景、主题、架构、方法等文献，选取学术价值高者加以探讨。

（一）原始文本资料及相关史料

李通玄自己的著作，目前收录于《大正藏》的有：《新华严经论》（40 卷）、《略释新华严经修行次第决疑论》（4 卷）、《大方广佛华严经中卷卷大意略叙》（1 卷）、《解迷显智成悲十明论》（1 卷）。其中，《新华严经论》除了在《大正藏》中有收录，在《高丽大藏经》和《乾隆大藏经》中也有收录。

对此资料，笔者主要是以《大正藏》中收录的版本为主。《略释新华严经修行次第决疑论》《大方广佛华严经中卷卷大意略叙》《解迷显智成悲十明论》，除了在《大正藏》中有收录，在《卍续藏经》《嘉兴大藏经》等中也有收录。笔者主要采用了《大正藏》的版本。由沙门志宁厘经合论的《华严经合论》（120 卷）则主要收录于《卍续藏经》中。后世也有人将《华严经合论》加以简要、辑要成为比较简短的版本。主要有明代李贽的《华严经合论简要》（4卷），以及明代的方泽所编纂的《大方广佛华严经合论纂要》（上、中、下3卷）。现代大陆版本则主要有西北大学出版社出版、李利安教授主编的40卷《新华严经论》5册作为辅助资料。未见英文版的原始资料。笔者主要采用了《大正藏》的版本，到目前为止也应该是以《大正藏》版本最为权威。到目前为止，未见有注解李通玄著作的权威著述，因此，笔者的研究资料基本都来源于李通玄的原著资料。

关于李通玄的传记，有一些比较重要的历史性文献资料：唐代照明的《华严经决疑论序》，唐代马支的《释大方广佛新华严经论主李长者事迹》，唐碑《神福山寺灵迹记》，北宋祖琇的《隆兴编年通论》，北宋赞宁的《宋高僧传》，北宋张商英的《决疑论后记》，南宋正受的《嘉泰普灯录》，南宋高丽僧知讷的《造华严经论主李通玄长者行状》，南宋志磐的《佛祖统纪》，元代念常的《佛祖历代通载》，明代的《神僧传》，明代朱时恩的《佛祖纲目》与《居士分灯录》，清代彭际清的《居士传》，清代陆耀遹所撰《金石续编》载《唐李长者通玄行迹记》《昭化寺贴》《昭化寺李长者龛记》，等等。关于佛教史传，在《大正藏》以及《卍续藏经》中基本均有记载，因此，笔者主要参考了藏经中关于史传的记载。另外，一些县志等的记载，稍加参考。

（二）近现代学术资料

研究李通玄思想的学术著作，近几年也陆陆续续出了不少成果，大陆和海外都有一些专研李通玄思想的学术著述问世，都非常值得赞叹和学习。笔者分以下几个方面进行罗列。

1. 散见于华严学研究相关论著中的短篇

散见于其他华严学研究的相关论著中有关李通玄的研究成果有：魏道儒《中国华严宗通史》第四章"华严新说与分支"的第四节"李通玄的教外华严学"，论述了李通玄的生平与著作，经文组织与判教思想，取像表法与得意忘象的"以易解华严"思想以及"三圣一体"说。由于只有一小节的论述，无法面面俱到，但魏先生还是尽量全面地论述了李通玄一些比较为大家所重视的观点。甚至将李通玄的部分观点与华严宗祖师作比较，论述深入，颇具参考价值。潘桂明的《中国居士佛教史》

（上）第五章第四节论述了李通玄的新华严学说，主要是从李通玄的"东方智慧论"的角度论述了李通玄在居士佛教史中的重要地位。潘先生是首次比较着重地论述了李通玄的佛性思想与如来藏系的关系，指出他"将《华严经》的佛性论与如来藏学说相结合，为禅宗思想体系的完成提供了资料，也为中国佛教意识主体的开发作出了贡献"①。陈永革的《法藏评传》中有一小节关于法藏与李通玄华严思想的对比，主要对比了李通玄与法藏判教思想的异同。其中陈先生提到的一点特别值得我们注意，即他提出李通玄对后世的影响力"似乎高出"法藏，其表现尤其在于后世禅僧对李通玄著作的引用频率明显高出法藏。以永明延寿为例，永明在其巨著《宗镜录》中引用李通玄语句有十多处，而引用法藏仅有一处。② 此为首次注意到李通玄对后世的影响，尤其对禅宗的影响。韩焕忠的《华严判教论》于第三章特立一小节对李通玄的判教说加以介绍。

目前专门论述李通玄"以易解华严"思想的论著有：王仲尧《易学与佛教》第五章第二节专论李通玄以易解佛的三种方法。夏金华《佛学与易学》中对于李通玄的华严易学解说深入，并以图辅助说明，不过部分论点尚有商榷余地。另外，朱伯崑的《易学哲学史》对于李通玄的以易解华严亦稍有论及。日本学者木村清孝著、李惠英译《中国华严思想史》第六章，对于李通玄的传记、解经方法、思想纲领、六相十玄说，做了重点的论述。

2. 专研李通玄思想的学术论著

国内目前还没有专门研究李通玄华严思想的专著出版，其学术成果仅限于博士、硕士论文，这不得不说是一件非常遗憾的事情。目前专研李通玄华严思想的博士论文主要有以下几部：

邱高兴的博士论文《李通玄佛学思想述评》（1996 年）。此论文的研究内容是非常全面的，综括了李通玄的传记、李通玄的华严哲学思想以及以易解华严的方法论等。邱高兴的研究主要集中在了李通玄以易解华严的方法论创新，李通玄的"真智慧本源说"、三圣一体的"三圣圆融观"以及禅定观、佛光观的实践论等思想，也着重论述了以李通玄为代

① 潘桂明：《中国居士佛教史》上，中国社会科学出版社 2000 年版，第 330 页。
② 陈永革：《法藏评传》，南京大学出版社 2006 年版，第 447 页。

表的华严思想与法藏等华严宗祖师的思想之区别与联系，对很多重要问题都有深入的论述，是目前对于李通玄华严思想研究较完整、较有代表性的成果。但其研究内容在广度与深度方面都有再补充的空间。邱高兴还有几篇有关李通玄思想的期刊论文发表，皆取自其博士论文的部分章节，内容未有新说，故在此不予介绍。

台湾学者洪梅珍的博士论文《李通玄及其华严学之研究》（2010 年）是研究李通玄华严思想十分精切的一部论著。该论文从《华严经》以及《新华严经论》的文本出发，进行了更深一步的研究。论文的第一部分，洪梅珍从唐、宋、元、明、清以及日韩的史料中，对李通玄生平的各方面都做了非常详细的考证——包括姓名、家世、籍贯、生卒年代、相貌仪态与人格特质、著述过程与感通灵迹、学术思想背景与著作流传等，是目前为止关于李通玄的传记研究最为翔实的一篇。而后第二部分，作者分析了李通玄的判教思想，同样也梳理了李通玄"以易解华严"的方法论，并进一步从儒、释、道三教融合的角度、从文化会通的角度分析了李通玄的思想。在李通玄华严思想的核心义理部分，洪梅珍从李通玄的佛智观、华严法界观、华严佛境观以及华严成佛论等方面进行了较为深入的研究。又分别分析了李通玄的六相、十玄门、三圣一体观等。同时，她也研究了李通玄的华严思想对华严宗以及佛教史的重大影响。洪梅珍的博士论文，资料非常翔实，论述也非常扎实，是到目前为止资料搜集最全面，论述内容也最为全面的一篇论文。

另外一篇博士论文是姚之均的《论李通玄的"法界"思想》（2011年）。此论文是第一篇着重论述李通玄的哲学思想和修行论的学术著作。此论文着重论述了李通玄的法界思想以及众生与法界之关系的缘起哲学，同时论述了李通玄的顿悟思想。这篇论文专门指出了李通玄华严思想与《大乘起信论》的关系，是一篇难得的论述李通玄华严思想的哲学义理与修行论的论著。他指出李通玄的佛学思想具有鲜明的个人特色，李通玄没有任何反对华严宗的理论，也将华严宗中所有的义理、体系、概念都拿为己用，但是却剔除了华严宗中所有纷繁复杂的理论分析。这点总结对李通玄的华严思想体系来说，是一针见血的。他还有一篇硕士论文《试析李通玄的修行观——以"万行一时"说为中心》（2008 年），专门论述李通玄的修行论，李通玄的顿悟思想与"万行一时"说之关系，是国内首次提出这个论题并予以研究的，非常值得仔细研读。另外，还有一篇中山大学朱慧的硕士论文《李通玄以易解华严思想研究》（2009年），专门研究了李通玄的以易解华严思想，也有一定的参考价值。

笔者还搜集到一篇英文博士论文，香港学者 Seunghak Koh 的 *Li Tongxuan's*（635－730）*Thought and His Place in the Huayan Tradition of Chinese Buddhism*，为笔者所见的第一篇比较完整的英文资料。此论文主要分为以下几个部分：李通玄的生平和论著，李通玄以实践为导向的华严哲学思想，李通玄的判教思想，与李通玄相关的哲学及其对后世的影响等几个部分。其中李通玄以实践为导向的华严哲学思想部分明显是受到日本学者小岛岱山的影响，这里不再详述。

日本学者小岛岱山的博士论文《五台山系华严思想の基础的研究》（1997年）。小岛岱山主要论述了李通玄的智慧思想、一真法界思想、三圣圆融观思想等。他大力推崇以李通玄为代表的"五台山系华严思想"。小岛岱山最大的特点就是以地域概念来划分佛教文化圈，单纯以地域来划分佛教文化圈的方式确实有些许牵强，需进一步探讨。他将华严宗划分为五台山系与终南山系。终南山系以法藏、慧苑为代表，五台山系则以李通玄为代表。小岛岱山认为澄观实际上吸收了五台山系的华严思想。他非常不赞同以法藏为代表的终南山系华严思想，认为其过于注重理论的玄奥而脱离实践，因此他非常推崇李通玄的华严思想，指出李通玄华严思想中所具有的明显的"实践性"特征以及对后世产生的巨大影响。小岛岱山完全否认法藏等正统华严学的传统这一点值得商榷，但是他对李通玄华严思想的评价却非常值得重视。

3. 研究李通玄思想的单篇学术论文

到目前为止，单篇发表过的对李通玄华严思想进行研究的学术论文有：魏道儒的《李通玄华严学的核心内容及其历史地位》，内容与《中国华严宗通史》中论述基本一样，不再详述。潘桂明的《李通玄的东方智慧论》，与《法藏评述》中内容一致。邱高兴的《李通玄与法藏的佛学思想比较》《以〈易〉解〈华严经〉——李通玄对〈华严经〉的新诠释》。还有桑大鹏的三篇论文《李通玄对〈华严经〉性质和结构的解说》《三种〈华严〉及其经典阐释研究》《论李通玄"〈易〉学华严"的思维特征及其阐释学意义》。王乃积、郭华荣的《五台山华严学之魂——历代中外学者论述李通玄新华严学说》，主要内容是历代学者对李通玄华严思想的评价。秦团结的《试论李通玄的三圣圆融思想》，就李通玄著名的三圣圆融思想加以论述。侯慧明的《佛教民间化的构筑：播散与沉淀——对崇祀李通玄的历史考察》，专门讲述了李通玄受佛教界推重，行迹逐渐被神化的历史过程。

专门研究李通玄生平的学术论文有：王乃积、郭华荣的《关于李通玄的籍贯、著作、安葬处》；吕丽华的《李通玄的生卒年与著述考》；台湾学者静华的《李通玄考》，对李通玄生卒年代、出身问题、《新华严经论》等著作的写作年代及其流通因缘、感应、神迹提出讨论。

其他比较小众的研究还有曹郁美《华严经"如来放光"意涵之研究》（此文并非专以李通玄为研究对象，但文中采纳了很多李通玄的佛光观说法，值得参考），依空法师的《李通玄佛光观研究》（依空法师就读东京大学时以日文撰成的硕士论文，未出版）。

相较来说，日本学者对李通玄华严思想的研究成果还要丰富一些。单篇对李通玄的研究成果有：木村清孝《李通玄思想の流布について》《李通玄の"风神"理解》；稻冈智贤《李通玄の回向观》《李通玄の刹那观》《李通玄の法华经观》《李通玄における"信"について》《李通玄の普贤观》《李通玄の名号观》；小岛岱山《〈新华严经论〉の研究序说》《李通玄における禅思想の特质》《李通玄の根本思想—真法界思想の形成とその思想史的意义》《李通玄における文殊菩萨の思想と周易思想との交流》等。不过可惜的是，很多文章都未译为中文，对于不谙日文的中文研究者来说，语言的隔阂多少都会造成影响。

目前已经译成中文的单篇学术论文主要有小岛岱山的两篇：《五台山佛教文化圈内的华严思想——五台山系华严思想的特征和发展》以及《中国华严思想史的再认识——五台山系华严思想和终南山系华严思想》。这两篇都是小岛岱山非常具有代表性的论文。

以上是与本论题密切相关的研究成果综述。综合来看，到目前为止，专门研究李通玄华严思想的论著并不丰富。国内正式出版的专著还处于空缺状态，能找到的博士论文也仅有邱高兴的《李通玄佛学思想评述》、洪梅珍的《李通玄及其华严学之研究》、姚之均的《论李通玄的"法界"思想》。因此，对于李通玄华严思想的研究还有非常大的空间。在为数众多的华严学研究中，这位李长者似乎备受冷落，对其思想的研究还是一片有待于大力开发的空白之地。笔者不揣浅陋，力图在前人研究成果的基础上，对李通玄思想进行更深一步的研究。

三 研究目的及架构

本书以《李通玄华严思想研究》为研究论题，研究的目的主要是为了在前人研究成果的基础上，对李通玄的思想进行进一步的挖掘与整理。首先，李通玄作为中国佛教史上的重要人物，其思想对后世产生了巨大的影响。直至近现代，著名的佛教居士杨仁山"教归华严、行归净土"，亦常提到这位李长者的思想。因此，李通玄的华严思想，无疑是很好的学习与研究的对象。学者进行学术研究，首先要对研究的对象深感兴趣，它才不是一个冰冷的客观对象，而是与自己的学术与生活密切相关的。第二，在上面笔者也多次提到过，相对于李通玄在历史上的实际地位，目前对李通玄思想的研究成果是远远不够的。因此，笔者希望能够对其思想进行补充性的研究，以期能够挖掘出更多关于李通玄的华严思想。第三，能够对李通玄的华严思想做一个比较完整、系统的梳理。关于李通玄的华严思想，尽管前人已经有过一些论述，但由于当时学术资料的不足以及学术导向的影响，对其思想的研究，或者稍嫌单薄，或者偏于一隅。由此，笔者试图对其思想做一专著式的、相对完整的论述。第四，对李通玄华严思想的研究，在之前多集中于其"以易解华严"的方法论研究，或者对一些不同于正统华严宗的思想进行集中的研究。但李通玄华严思想中与华严宗有承继关系的思想和其思想中最重要的圆教理论的精华，都没有被提取出来，因此笔者就这一方面做更深一步的研究与论述。当然，任何研究都是在前人基础上一点微小的进步，能够深入一点，都是对前人研究成果的致敬。笔者确定研究目的后，根据所搜集的资料以及研究目的进行写作，大的内容架构从以下几方面进行。

1. 第一章为李通玄的生平简述，笔者研究的范围及重点放在从唐代到清代流传下来的各种史料，包括方志以及日韩的史料。透过历代史料的梳理，考述李通玄的生平，勾勒出李通玄的大致样貌。包括他的出身、籍贯、生卒年份，著述过程以及著述成果；也包括李通玄的仪态、风貌和他流传甚广的神异事迹。在列举李通玄的传记史料后，笔者进行了大致的归纳与总结，以期能够在史料的基础上给读者一个比较清晰的关于李通玄的整体形象及生平概貌。洪梅珍的《李通玄及其华严学之研究》第二章对李通玄的生平做了非常详细的考据与论证，笔者对其多有参考。

2. 第二章为李通玄的判教思想，是本书较为重要的一章。关于这一点，邱高兴及洪梅珍都做过相关的研究，韩焕忠的《华严判教论》也有所涉及。在佛教理论中，判教思想本身就是一个非常值得关注的要点。对于李通玄的判教思想，尽管诸位学者做过相关的研究，笔者还是将其判教思想的部分又进行了详细的解说。

3. 第三、第四两章都论述了李通玄的华严哲学思想。李通玄的华严哲学是非常重要的，是李通玄华严思想的核心内容。但到目前为止，学者少有对李通玄的华严哲学进行系统、完整的论述，其原因可能是因为之前学者的关注点都在李通玄"以易解华严"的方法论上，而较少关注到其华严哲学思想。邱高兴在其《李通玄佛学思想评述》中，用了比较简短的一章"李通玄的佛教哲学思想"来论述。洪梅珍的研究要深入些许，但也仅仅用了一章的篇幅来论述。因此，在结语中，她也指出："对于李通玄的华严思想部分，尚有些可探讨的主题无法一次纳入讨论。"① 邱高兴提出李通玄的"真智慧本源说"，指出李通玄论著中所提出的几种智慧：根本智、法身智与差别智。并指出了此"真智慧"为诸佛与众生之源，为众生解脱成佛之根源，也为众生迷惑而流转生死的根源。可惜他没有进一步研究、探讨李通玄的"真智慧"具体是指什么，李通玄的"真智慧本源说"与华严宗之关联，与如来藏系哲学之关联，以及与法藏华严哲学之间的关系。明确提出把李通玄的华严哲学与如来藏系哲学之间联系起来的是潘桂明先生，这一点十分重要。李通玄华严哲学的核心概念为"根本智"，是笔者首次提出的。而他的"根本智"说与如来藏系的哲学思想及其与《大乘起信论》之间的联系，笔者也是首次进行了比较详尽的论证。李通玄华严哲学观中另外一个特别值得重视的即是其"理事无碍"的缘起观及"一真法界"思想，书中有详细论证。

4. 李通玄的华严哲学思想决定其解脱论。佛学大家周叔迦认为，李通玄的华严思想与法藏是有承继关系的，只是李通玄的华严思想更偏重

----

① 洪梅珍：《李通玄及其华严学之研究》，博士学位论文，高雄师范大学，2010 年。

于"顿教"。李通玄的"顿悟"思想体现得十分明显。明确提出李通玄的"顿悟"思想的只有姚之均,他在硕士论文和博士论文中都对这个问题作了比较详细的论述。笔者对于李通玄的解脱论从不同的角度也做了比较全面的论述。

5. 关于李通玄"以易解华严"的思想,历来为研究李通玄的学者所关注的重点。"以易解华严"确属李通玄解经的特色,诸位学者的研究也都非常深入。通过研读《新华严经论》的文本,笔者认为,"以易解华严"应属李通玄在解经过程中所用的解释学方法,属于李通玄整体"表法思想"中的一种。李通玄还有另外一种极其重要的解经方法,未引起学者的重视,即"配法观心"的方法。此"配法观心"思想也使得李通玄的华严思想具有了极强的"实践性"特征,对后世产生了很大的影响。

6. 李通玄的华严思想对后人产生了深刻的影响,这一点诸位学者也都有不同程度的论述。但正如洪梅珍博士所说:"在第六章论李通玄华严学之影响与价值处,因涉及的范围太大,如华严宗五祖之思想、唐宋元明清时代的禅宗派别与思想,以及法相宗、天台宗、净土宗等中国佛教各宗派相关联的发展与思想,每一个都是得就其代表大师及其著作深入研究,方能谈出个中精髓,进而比较异同,然而笔者在此章里因学力有限,故无法面面俱到,亦无法对各家皆深入研究,只能从中择取与李通玄思想关系较密切者进行部分的探讨,以致仍留下许多未探讨的问题,且在已完成的论述上无法更深入充分的发挥,这是此章不足之处。"① 本书就此部分展开更深一步的讨论。

以上为笔者研究的整体架构。由于笔者学识及精力等各方面的限制,对李通玄的华严思想,目前只能梳理到这一步。关于李通玄的华严思想,这些肯定是远远不够的。笔者会继续进一步详细阅读文本,搜集与李通玄华严思想相关的种种资料,继续进行深入的研究与梳理,以期能够更加全面地展现这位华严学派旁支祖师的思想全貌。

四 研究方法与限制

佛学研究的方法有很多种。文献学方法重在搜寻、整理文献资料的

---

① 洪梅珍:《李通玄及其华严学之研究》,博士学位论文,高雄师范大学,2010 年。

原典，与各译本对校，注释评论。哲学诠释则为佛学的义理诠释，运用东、西传统哲学与当代哲学进行佛学的哲学诠释，以期能够解释文本的整体结构与深层意义。本文兼采两种方法进行研究，但主要运用了哲学诠释的方法。当然，笔者也运用了很多其他的研究方法，如历史研究法、比较研究法、主题讨论法、归纳分析法、文本诠释法等。

其中，对于李通玄的生平及其对法藏学说的继承、对后代的影响等采用了文献学方法、历史研究法、比较研究法等。对李通玄的华严义理思想的研究则着重采用了哲学诠释、文本诠释、归纳分析、主题讨论等方法，通过搜集、研究与主题相关的文献、论著来作为研究的理论根据，总结出李通玄思想中几个比较重要的点和面进行归纳分析和分类讨论。本书特别重视李通玄著作文本本身，大部分资料都直接来源于李通玄著作的文本本身。其原因在于，首先，笔者认为，传统的"以经解经"的方式是阐释文本非常好的一个方法。著作本身就涵括了著述者的思想内容、论证逻辑等各个方面，从文本本身寻求阐释是最准确的一种解释方法。再者，就研究资料来看，李通玄思想的研究成果确实不够丰富，因此，笔者也就尽可能地从文本本身中寻求线索和逻辑，欲透过不同的研究方法，建构出李通玄的华严思想体系，提出个人对此论题的研究论点。

就目前所掌握的资料来看，笔者的研究还有很多方面的限制。首先，笔者史学的修养功夫不足，没能够进一步从文献历史流传的角度进行更深层次的论述，主要着眼点放在了李通玄华严思想核心义理的研究。当然，每位学者研究均有专长，笔者也会继续在后期的研究中，加强文献学、史学的修养，以弥补这方面的不足。另外，笔者不懂日语与韩语，因此，不能阅读许多日文资料与韩文资料，这也是一个比较大的遗憾。希望日后能有更多的关于李通玄的外文资料翻译成中文，以供学者研究使用。再者，由于笔者科研能力的限制，对于华严五祖整体思想的把握还有不足。在纵向对比方面，只较多地对比了李通玄与法藏、澄观思想之间的关联，对后期的华严宗祖师，没能进一步进行理论上的联系与对比。最重要的是对李通玄华严思想核心义理部分的把握，这部分需要对华严宗的整体思想有相当精准的理解，同时要对李通玄的40卷《新华严经论》和其他单本著述进行仔细的分析、解构、归纳，从中提取出主要的思想并进行分类，这是一项极为艰巨的任务，笔者研究到目前这一步，并没有十足的把握说对李通玄整体的华严思想完全掌握。其华严圆教理论博大精深，笔者也只能管窥蠡测，尽力抽取出我认为重要的思想来进行论述。由于笔者学力、精力有限，难免有失误之处，请各位读者不吝指正。

第 一 章

李通玄的生平、著作及思想渊源

李通玄，又称李长者，唐代华严学者，由于他专研华严学，又称"李华严"。他在山中注解《华严经》时，每天仅食枣十颗、柏叶饼子一枚，因此又被尊称为"枣柏大士"；宋徽宗时赐号"显教妙严长者"；他隐居于寿阳神福方山造论，根据他隐居造论的地址又被称为"方山长者"。他的著作有《新华严经论》（40 卷）、《大方广佛华严经中卷卷大意略叙》（1 卷）、《略释新华严经修行次第决疑论》（4 卷）、《解迷显智成悲十明论》（1 卷）。

关于李通玄的传记比较重要的历史性文献资料有：唐代照明《华严经决疑论序》、马支《释大方广佛新华严经论主李长者事迹》、唐碑《神福山寺灵迹记》，北宋祖琇《隆兴编年通论》、赞宁《宋高僧传》、张商英《决疑论后记》，南宋僧正受编《嘉泰普灯录》、高丽僧知讷《造华严经论主李通玄长者行状》、志磐《佛祖统纪》，元代念常《佛祖历代通载》，明代《神僧传》、朱时恩《佛祖纲目》与《居士分灯录》，清代彭际清《居士传》、《寿阳县志》，陆耀遹所撰《金石续编载》《唐李长者通玄行迹记》《昭化寺贴》《昭化寺李长者龛记》，《清凉山志》有《李长者见圣授道传》以及明清两代《盂县志》等等。①

现代学者研究李通玄史传的文章，目前搜集到的有：王乃积、郭华荣：《关于李通玄的籍贯、著作、安葬处》《照明序文是李通玄传记的第一手资料》；静华的《李通玄考》；洪梅珍的《李通玄传记史料之比较分

---

① 参见洪梅珍《李通玄及其华严学之研究》，博士学位论文，高雄师范大学，2010 年。由于洪梅珍博士搜集的资料非常全面而且清晰，本人在此章节多有参考。

析——以〈华严经决疑论序〉与〈释大方广佛新华严经论主李长者事迹〉两篇最早的史料为中心》等。博士论文有：邱高兴的《李通玄佛学思想评述》、洪梅珍的《李通玄及其华严学之研究》等。日本学者小岛岱山（Kojima Taizan）的《李通玄传记研究》一书。据王乃积、郭华荣说："该书用近 8 万字的篇幅，对与李通玄传略有关的 32 篇资料，逐一进行深入而周密的考证和研究。"① 日本学者稻冈智贤（Inaoka Chiken）稻冈智贤的《李通玄的传记》（1981）一文。笔者不懂日文，未能得到相关资料，希望后来的研究者能够通达日文，做进一步的研究与考证。

第一节 李通玄传记之史料略析

在李通玄的史料分析中，中文资料以洪梅珍的《李通玄及其华严学之研究》及单篇的《李通玄传记史料之比较分析》最为详尽。她非常详悉地搜集了唐、宋、元、明、清各个朝代的资料，包括日韩的史料，甚至包括一些县志、碑刻等等，进行了非常全面的论述。笔者本拟按照年代的划分来进行资料的梳理与整编，洪梅珍博士已经开了先河，并且做了非常详细和清晰的分析。因此，为了避免重复性研究，笔者主要按照李通玄传记史料的不同类别，兼顾年代来进行划分与论述。

一 照明与马支的史料

关于李通玄的传记史料，最为权威的两篇，应当是照明和马支的史料。在李通玄的短篇论著《略释新华严经修行次第决疑论》开篇，照明撰写了一篇简洁明了的关于李通玄的小传。照明的序文，大致写于李通玄逝世后四十年（大历五年，公元 770 年），是目前所能见到的最早的一篇关于李通玄的传记。

> 北京李长者，皇枝也，讳通玄。性禀天聪，智慧明简。学非常师，事不可测。留情易道，妙尽精微。放旷林泉，远于城市。实曰

---

① 王乃积、郭华荣：《照明序文是李通玄传记的第一手资料》，《五台山研究》2009 年第 1 期，第 54 页。

王孙，有同舍国。年过四十，绝览外书。在则天朝，即倾心《华严经》，寻诸古德义疏。掩卷叹曰："经文浩博，义疏多家。惜哉后学，寻文不暇，岂更修行？"幸会《华严》新译义理圆备，遂考经八十卷，搜括微旨，开点义门，上下科节，成四十卷《华严新论》。犹虑时俗机浅，又释《决疑论》四卷，又《略释》一卷，又释《解迷显智成悲十明论》一卷。至于《十玄》、《六相》，《百门》、《义海》，《普贤行门》、《华严观》，及诸诗赋，并传于世。恐寒暑迁谢，代变风移。略叙见闻，用传知己。起自开元七年，游东方山，隐沦述论。终在开元十八年三月二十八日卒。时夜半山林震惊，群鸟乱鸣，百兽奔走。白光从顶而出，直上冲天。在于右近，道俗无不哀嗟。识者议曰："惟西域净名、遍行是其流，此方孔老非其类。影响文殊、普贤之幻有也。"照明亲承训授，屡得旨蒙。见其殂终，嗟夫圣人去世，思望不及。时因访道君子，询余先圣之始末。不敢不言，谨序之。尔时大历庚戌秋七月八日述。[①]

照明在序文中提到自己"亲承训授，屡得旨蒙"[②]。在所有史料中，照明是唯一一个明确提到自己"亲承训授"的人，而且这篇序文写于李通玄去世后40年左右的时间，是距离李通玄最近的一篇传记文章。因此，照明序文的可信度应该说是相当高的。小岛岱山认为，在32篇与李通玄有关的传记资料中，应以李通玄的弟子照明《略释新华严经修行次第决疑论序》"这篇传记资料为中心，针对李通玄的生涯展开论述"[③]。此篇序文文字简明、平实。相较于后来的传记记载，并无过多的文学性及神异性的描述，可信度非常高。

第二个特别值得注意的关于李通玄的传记是马支的《释大方广佛华严经论主李长者事迹》（原文略），该文后来也被收录于《华严经合论》的序文中。马克，约为唐代人。在唐宣宗大中年间（公元847—860年），

---

① （唐）照明：《略释新华严经修行次第决疑论序》卷1，《大正藏》第36册，第1011页下。
② 同上书。
③ 参见王乃积、郭华荣《照明序文是李通玄传记的第一手资料》，《五台山研究》2009年第1期，第54页。

福州开元寺沙门志宁作《大方广佛华严经合论序》。这篇序的主旨是说明他将李通玄的论注于《华严经》下的缘起，并盛赞李通玄的《新华严经论》。马支的序文放其后。这篇序文写成的时间距离李通玄去世已经大概一百年。通读马支序文就会发现相较照明的序文，此传记文本更加细腻，描述了更多的细节，也更多了些神异的色彩。关于李通玄的籍贯、入太原隐居著述之时间、卒年等都与照明序文的说法不尽相同，后面笔者会做适当的对比和说明。

二 史传与通记中有关李通玄的记载

在史传资料中，北宋赞宁（公元 919—1001 年）的《宋高僧传》卷22 有一篇比较重要的关于李通玄的资料。赞宁的传记中，关于李通玄的籍贯、出身、卒年等皆与照明序文相同，但关于李通玄的行迹以及神异事迹等则与马支序文相同。作者应该是综合了照明与马支的史料，选择自己认为正确的资料加以整合而成。值得重视的是赞宁在这篇传记后面的一段评论中首次提出了李通玄的"配法观心"思想，这是李通玄的华严思想中非常重要的一个方面。在李通玄的表法思想研究中，笔者也会进行比较详细的论述。

宋代雷庵正受禅师的《嘉泰普灯录》卷 24 中，也有李通玄的传记。此篇传记基本上是照明与马支传记的综合，用比较简练的语言概括了李通玄的经历。这段史料中还记载了张商英得到李通玄的《华严修行决疑论》4 卷，读后得到极大启发，从而为李通玄立像、后有感应的事迹。李通玄的思想对后代禅宗产生了巨大的影响，张商英便是受其影响的一个非常重要的人物。

有关李通玄的传记，还有一些比较简短的资料，如《佛祖历代通载》《释氏稽古略》《释氏通鉴》《佛祖纲目》《佛祖统纪》以及《隆兴编年通论》等一些通记、通载、纲目等简短的记载。这些记载的大部分内容，都与照明与马支序文大体相同。籍贯与出身多采用照明所说，也同时都简短地记载了马支序文中所记载的李通玄著述的经过与一些神异事迹，不再一一进行列举。

三 居士传与感应传中有关李通玄的记载

之所以把李通玄在居士传中的记载单独作为一类，是因为李通玄以居士的身份，成为中国佛教史及华严宗史上不可忽视的人物，而且对后世产生了巨大的影响，对后世的居士佛教也产生了巨大的影响，为居士的千古楷模。王乃积、郭华荣甚至称其为"中华第一大居士"①。目前搜集到的居士传记中有关李通玄的资料有：《居士分灯录》《佛法金汤编》②《居士传》。其中，《居士分灯录》《佛法金汤编》中的资料与前人的资料没有太大区别，都是分别综合了照明与马支的序文而成。清代彭际清《居士传》中的记载有些不同。

> 李长者，名通元。唐宗室子也。为人美须髯，朗眉目。丹唇紫肌，天禀超特，而学无常师，迹不可测。少留情易道，妙尽微旨。年四十余专精内典，尝游五台，入善住院，逢异僧授以《华严》大旨。将别，长者曰："师去何之？"僧指北峰顶，其夜望见北峰，火光亘天。长者曳杖而登，见前僧在火光中树紫金幢，帝冠者数百围绕，长者涌身入，作礼而起，忽失前境。乃于岩上一坐三日。已而下山，遂发弘经之愿。③

此处彭际清用了"李通元"，而没有用"李通玄"。彭际清生于乾隆六年（公元1740年），卒于嘉庆元年（公元1796年），应为避讳康熙之帝名"玄烨"，因此将"通玄"改为"通元"。另外，此处关于李通玄神异事迹的记载，与前人有些不同。此篇传记记述了李通玄曾游历五台山，遇到一位异僧，向他传授了《华严经》之宗旨。这位异僧也有很多神奇

---

① 王乃积、郭华荣：《五台山华严学之魂——历代中外学者论述李通玄新华严学说》，《五台山研究》2010年第2期，第47页。

② 《佛法金汤编》为明初岱宗心泰所编，乃后期居士灯传的发轫之作。面对唐宋以降的佛教转向，作者借此编纂希望僧俗两界重新考虑"居士"的佛教定位，以适应佛教民间化扩散的历史事实。"金汤"的意思是将"居士"誉为佛法的金城汤池。

③ （清）彭际清：《居士传》卷15，《卍新纂续藏》第88册，第212页上。（本书所引《卍新纂续藏》均为东京株式会社图书刊行会1988年版，限于篇幅，后文不再一一标注）

的事迹，由此加强了李通玄日后对《华严经》弘扬的信心。这个记载来自于明万历年间（公元1573—1619年）镇澄法师所撰的《清凉山志》（又称《五台山志》）卷4所记载的《李长者见圣授道传》，其中第一次出现了有关神僧的记载。

> 唐长者李通玄，尝游五台，于善住院逢异僧，授以《华严》大旨。将晚，僧取别。长者曰："天色既暮，师欲何适？"僧指北峰顶，其行飘然，若御风，长者追之不及。至夜，望峰顶，火光亘天，询寺主，主以为野烧。长者念异僧适彼，此必神光，非火也。即曳杖而登，无敢随者。至顶，见火更炽，周方里许。视其中，树紫金幢，见先异僧坐其下，帝冠者，数百围绕，梵音雄朗，其语难解。长者心念，设我投中，得觐观圣者，烧身无憾。即踊身投入，顿觉清凉，法喜无量。方趋前作礼，奄然忽空。长者即于是处，一坐三日，而后下山，至西谷口，见数童子，眼光外射，天衣飘飘，乘风而过。长者稽首。童子曰："畴昔之夜，投身于吾师光中者，非子耶？"长者曰："然。"即问曰："仁者师为谁耶？"童子曰："吾师妙德耳。"长者欲挽衣随之。童子曰："汝宿愿弘经，何得忘却？"言已，杳然飞去。长者自念大士授旨，欲造论，释大经。见此地太寒，遂南徙盂阳之方山，凿岩为龛居之，造论。柏叶和枣作饼如钱，日食七枚，时称"枣柏大士"。口出光以代烛，尝感猛虎驮经，仙童汲水。论成四十卷及《决疑论》并行于世。开元二十八年春，于方山石室，禅寂而化。①

此段为前人所未载，李长者在善住院遇到异僧，授以《华严经》大旨。李长者舍身投火，烧身无憾。后见童子，方说明异僧为"妙德"——文殊菩萨之所化。指明李通玄关于《华严经》的论著，来源于文殊菩萨亲授，暗含了李通玄论著的权威性。异僧提醒李通玄曾有弘扬《华严经》之"夙愿"。因此，李长者凿岩为龛居之，柏叶和枣作饼食之，开始论著工作。其他关于猛虎驮经、仙童汲水等，稍作提及。这段记载

① （明）镇澄法师，（民国）释印光重修：《清凉山志》卷4，1933年排印本，第9—10页。

非常生动鲜活，却并无出处。有学者推测应为五台山本地流传的神异事迹。李通玄的传记当中有很多神奇的感应事迹。宗教史中对这类事迹的记载，无论是出于什么样的原因或目的，无论是否合理，都是不可避免的。笔者在此处仅做一个说明性的叙述，暂时不做真实与否的考证。在佛教史中，有一类专门记载神异事迹的传记，被称为"神异传"或"感应传"。与李通玄相关的专门记载感应事迹的资料，目前搜集到的有《神僧传》《华严经感应略记》《华严感应缘起传》《华严经持验记》以及《清凉山志》等。其中关于李通玄神异事迹的记载大部分与马支、照明所载一致，如猛虎驮经、口出白光、天女供食等，不再详述。

四 碑刻史料

另外一类记载李通玄事迹的材料是碑刻史料。有种并不严谨的说法是，研究李通玄，舍"唐碑宋碣"无从谈起。虽然此说并无明确出处，但可见碑刻资料作为研究李通玄的一类史料也有相当重要的价值。唐碑，唐天祐四年（公元 907 年），处士王居仁撰，前府助教王崇裕手书的《神福山寺灵迹纪》碑。宋碣，宋崇宁元年（公元 1102 年），方山比丘宗胜《华严论主显教妙严长者》的立石（此碑又名《李长者像》）。

唐碑中的李长者事迹，采用了沧州人的说法。对李通玄的描写，文笔非常华丽繁复，增加了很多文学性的叙述，将李通玄仙风道骨的形象描写的非常生动：

> 长者姓李，沧州人也。修普贤行，劫满僧祇，毗卢化身，位超十号，托陇西而为姓，权示俗流。霞帔角冠，道容凝寐。身长七尺二寸，目贯堂堂，春秋九十有龄，颜如花笑。宽襕大袖，常不束腰，跣躁途尘，如莲捧足。①

此碑文认为李通玄是佛菩萨之化身而"权示流俗"，九十岁左右的高龄依然颜如花笑，对李通玄造论给予了极高的评价，认其为真人化现，

---

① （唐）王居仁：《神福山寺灵迹记》，《石刻史料新编》第 1 辑，台北：新文丰出版公司 1982 年版第 20 册，第 15131—15132 页。

其论著使得"佛日重现"。

> 将道汲济，来自海隅，双鹤前飞，神光引路。山王负袟，猛兽
> 归降，不是真人，焉能伏虎？……天女奉香积之食，山童献长生之
> 果。不㸐灯炬，口吐神光，笔掷霞飞，现腾云气。龙天八部，咸首
> 虔诚，诸佛圣贤，十方围绕。辞如滴玉，辨似悬河，旋制旋书，契
> 含真意。启余五闰，约集万言，粉饰花严，重新海藏。不翻梵本，
> 直注唐文……正法腾辉，五浊世中，佛日重现，造论斯毕。①

宋碣在寿阳方山寺，为宗胜所撰，碑连额高二尺二寸，广一尺三寸，
上像下记，额题"华严论主显教妙严长者"十字。此碑文与马支的《李
长者事迹》基本上相同，但是入太原的时间则参照了照明的序文，为开
元七年（公元 719 年），可见作者认为这个时间比较合理。此碑刻基本继
承了前人的记载，没有太多文学性的发挥与描写，具有一定的参考价值。

五 国外资料略述

随着时代的发展，文化也逐步实现了国际交流与融通。李通玄的影
响也渐渐不止局限于国内，对日本、韩国的佛教均产生了一定程度的影
响。目前，以中文形式存在的，还有一篇韩国史料，《韩国佛教全书》第
4 册《华严论节要》卷 3 录有《造华严经论主李通玄长者行状》一文。②
这篇传记，大部分是参照马支的序文，其中一些也综合了北宋赞宁的
《宋高僧传》，如对李通玄容仪的描写等都对《高僧传》有所借鉴。

但此文有几处记载与其他史料不同，值得注意。首先，此处记载李
通玄入太原时间比较特异。照明序文记载为开元七年，马支序文为开元
二十七年（公元 739 年），而此文则记载为开元十七年（公元 729 年）三
月十五日时。洪梅珍博士认为："南宋僧正受编《嘉泰普灯录》中有提过

---

① （唐）王居仁：《神福山寺灵迹记》，《石刻史料新编》第 1 辑，台北新文丰出版公司，
1982 年版，第 15131 页。

② ［高丽］知讷录：《造华严经论主李通玄长者行状》，《华严论节要》卷 3，《韩国佛教全
书》第四册，东国大学出版部 1982 年版，第 868—869 页。

'一云十七年',而嘉泰为南宋宁宗年号(1201–1204 A.D),与知讷纂录此文的时间点约当同一时期,也许当时的传说或文献史料确有此说法。"①另外,与国内史传资料相比较,此传记的文字风格更显平白易懂,还有几处细微的不同,不再一一列举。

以上为李通玄史料的大致分类列举。通过这些史料的记载,我们可以大致勾勒出李通玄的生平样貌。一个人的生平、经历、品格、风貌都会影响到其著述风格,也会影响到其作品的可信度与影响力,与其哲学思想也有一定的关联。通过以上史料的记载,我们可以在一定程度上总结出李通玄的生平样貌、著作流传等内容。

第二节 李通玄的生平与著作

关于李通玄的生平与著作,照明与马支的史料是最值得进行仔细剖析的两篇。后世其他的传记、通记等史料,都是根据照明与马支的史料而来。在历史流传的过程中,有一些细节性的增加或者减少,或者进行一些文学性的描述,并没有特别大的改变。因此,对李通玄生平的论述,主要以这两篇史料为论述依据,间或穿插其他资料。

一 李通玄的出身与籍贯

关于李通玄的出身与籍贯,照明与马支的序文是不尽相同的。照明在其《略释新华严经修行次第决疑论》开篇即说"北京李长者,皇枝也。讳通玄"②。简短的一句话透漏出两点信息,第一,李通玄是"北京人"。其二,李通玄为皇族后裔。因此,在后面照明又说他"放旷林泉,远于城市。实曰王孙,有同舍国"③。赞叹李通玄为皇族后裔,但是却喜欢放旷林泉、无所拘束的隐士生活,其行为性质可与释迦牟尼佛舍弃王子之位出家相媲美。但马支的序文说法却不尽相同:"李长者,讳通玄,莫详

---

① 洪梅珍:《李通玄及其华严学之研究》,博士学位论文,高雄师范大学,2010年。
② (唐)照明:《略释新华严经修行次第决疑论序》,《略释新华严经修行次第决疑论》卷1,《大正藏》第36册,第1011页。
③ 同上。

所自，或有询其本者，但言沧州人。"① 此说李通玄不知道来自哪里，有人询问他，他则说自己是沧州人。而且，马支的序文中，也没有关于李通玄是皇族后裔的信息透漏。

马支此处沧州人一说，与照明序文的"北京李长者"有明显的出入。对此，之前的学者已经做了比较详细的考证工作。唐代的北京，不是我们今天所认为的北京。天宝元年（公元 742 年），唐玄宗将唐高祖李渊起兵的太原改为"北京"，因此，所谓的北京李长者，即太原李长者。但也有学者提出，太原被称为北京，其时间不长，因此，北京李长者的说法并不可靠。笔者认为，照明的序文写于公元 770 年左右，按照时间推断，就算当时的太原已经不称为北京，时间上的间隔毕竟太短，照明在当时称李通玄为"北京"李长者也是十分合情合理的。

王乃积、郭华荣根据日本学者小岛岱山提供的资料，很详实地论述了李通玄实际为北京（太原）人的说法更为接近真实。"从目前仅能见到的李通玄著作来看，除署名'唐李通玄撰'（民国年间南京佛学书局所出版的《新华严经论》等）、'长者李通玄撰'（《大藏经》、《大正藏》中的《新华严经论》等外），有些是李通玄自己或出版者在署名前加了籍贯的。如《大正藏》中的《大方广佛华严经中卷卷大意略叙》，就署'北京李通玄造'。又如清同治年间江苏如皋刻经处出版的《解迷显智成悲十明论》，署的是'唐太原李通玄撰'；而该处同时出版的《略释新华严经修行次第决疑论》，则署'大唐北京李通玄撰'。还有唐时福州开元寺沙门志宁，将李通玄新论入经，成卷的《大方广佛华严经合论》，在署'唐于阗国三藏沙门实叉难陀译经'的同时，多种版本均署'唐太原方山长者李通玄造论'。目前尚未发现李通玄某种著述署'沧州李通玄'者。"② 洪梅珍也同意这种看法，认为就著作本身来看，作者自己的署名殊为可信。笔者比较赞同李通玄为北京（太原）人的说法，这也与李通玄皇族后裔的身份比较契合。王乃积、郭华荣在其《关于李通玄的籍贯、著作、

<hr>

① （唐）马支：《释大方广佛华严经论主李长者事迹》，《华严经合论》卷 1，《卍新纂续藏》第 4 册，第 7 页上。

② 王乃积、郭华荣：《关于李通玄的籍贯、著作、安葬处》，《五台山研究》2007 年第 4 期，第 186 页。

安葬处》中论证说，除了武则天是山西文水人，以武为姓外，"尚未发现唐代哪个帝王不姓李，或姓李为沧州人"①。

当然，李通玄为沧州人的说法也有其来源，唐碑《神福山寺灵迹记》中就认为李通玄为沧州人。一般来说，碑文的记载准确性是比较高的。但是唐碑建立于唐天祐四年（公元 907 年），比照明的序文晚了一百多年，因此，其准确性还有待考证。后明代李贽所做的《大方广佛华严经合论简要》，可能是因为在李通玄最重要的著作《新华严经论》中采用了马支序文的原因，李贽也采用了"沧州人"这一说法。

如果李通玄为北京（太原）人成立，那么他为皇族后裔的可能性也就非常大了。洪梅珍认为："李为国姓，本自尊贵；隐居述论，十余年如一日，其志甚威猛；搜括微旨，开点义门，非智深无以至此；享寿九十余岁，是为年耆；放旷林泉，远于城市，舍国不争，行净高洁；卒后被道俗称誉为'西域净名遍行'，意即如同世出世间的维摩诘居士，更被当地人视为文殊菩萨与普贤菩萨之化身，堪称'行净'、'下归'焉。"② 当然，李通玄是否为皇族后裔，学者之间也多有争议。王乃积、郭华荣认为此种说法可信度很高，因为唐高祖李渊在隋朝时曾为"太原留守"，长期在太原居住，根据李通玄的生年推断，他为皇族的可能性非常大。也有学者认为这是后人的杜撰与附会，如静华在其《李通玄考》中就认为，将一个人附会成为皇族宗亲而又精研佛理，目的是壮大佛教声势。笔者认为，基于前面论证的照明序文的可靠性，不能贸然就认定其为杜撰。因为在唐代，佛教为显学，皇室宗亲学习佛教是一件很正常的事情，不能就此认为单纯是为了壮大声势而说其为皇族后裔。而且，照明的序文是最为朴实与简单的，并无过多神奇诡谲的文字来提升李通玄的光辉形象。反倒是马支的序文，对李通玄多了很多神异色彩的描写。依照明序文的风格来看，他对李通玄的叙述是十分平实的，因此，说他为皇族后裔，应当是依照真实的历史事实进行的记载。

----

① 王乃积、郭华荣：《关于李通玄的籍贯、著作、安葬处》，《五台山研究》2007 年第 4 期，第 186 页。

② 洪梅珍：《李通玄及其华严学之研究》，博士学位论文，高雄师范大学，2010 年。

二　李通玄的生卒年份及隐居著述时间

（一）生卒年份

在现有的李通玄相关史料中，并没有记载他的生年，因此，只能根据史料来进行推断。照明的序文中记载李通玄于开元七年（公元 719 年）开始游东方山，于开元十八年（公元 730 年）三月二十八日卒。"……起自开元七年（公元 719 年），游东方山，隐沦述论。终在开元十八年三月二十八日卒。"① 照明的序文当中没有记载李通玄在寿数多少时去世，但按照其他史料的相关记载，李通玄年龄为九十五岁或九十六岁，此为通说。以此推算李通玄约生于唐太宗贞观九年（公元 635 年）。按照照明的记载，李通玄的生卒年份应当是生于公元 635 年前后，卒于公元 730 年，年龄约九十五或九十六。而马支则记载李通玄于开元二十七年（公元 739 年）三月才到达太原盂县。

> 李长者，讳通玄，莫详所自，或有询其本者，但言沧州人。开元二十七年三月望日，曳策荷笈，至于太原盂县西四十里同颖乡，村名大贤。有高山奴者，尚德慕士、延纳无倦。长者径诣其门，山奴谛瞻神仪，知非常器，遂罄折礼接，请归安居。每旦唯食枣十颗，柏叶饼子如匕大者一枚，自尔不交外人，掩室独处，含毫临纸，曾无虚时，如是者三稔。
>
> 一旦，舍山奴南去五六里，至马氏古佛堂，自构土室，寓于其侧，端居宴默，于兹十年后。复囊掣经书，遵道而去二十里余，次韩氏别业，即今冠盖村焉。忽逢一虎，当涂驯伏，如有所待。长者语之曰："吾将着（著）论释《华严经》，可与吾择一捿止处。"言毕虎起，长者徐而抚之，遂将所掣之囊挂于虎背，任其所止。于是虎望神福山原直下三十余里，当一土龛前，便自蹲驻。……
>
> 忽一日出山，访旧止之里，适值野人聚族合乐，长者遍语之曰："汝等好住，吾将欲归。"众乃罢乐，惊惶相顾，咸皆恻怆，必谓长

---

① （唐）照明：《略释新华严经修行次第决疑论序》，《略释新华严经修行次第决疑论》卷1，《大正藏》第 36 册，第 1011 页下。

者，却还沧州，挥涕同词，恳请留止。长者曰："纵在百年，会当归去。"于是举众却送长者入山，至其龛所，复语之曰："去住常然耳，汝等可各还家。"及众旋踵之顷，岚雾四起，景物不分，行路之人，咸共骇异。翌日，长叟结徒登山礼候，但见姿容端俨，已坐化于龛中矣。时当三月二十八日，报龄九十六。①

马支的序文记载了李通玄每天清晨只食枣子十颗，如匕一样大的柏叶饼子一枚。匕在古代也指勺、匙之类的取食用具，也就是类似汤勺一样大小的柏叶饼。"枣柏大士"的名称也即从此篇序文而来。从此以后，李通玄不再结交外人，掩室独处，专心著论。这样经过了三年，后又在马氏古佛堂宴默十年。后遇猛虎驮经，到神福山的一土龛前停下，李通玄便在这里开始注经工作。在他九十六岁的时候，于某年的三月二十八日坐化于一龛中。马支的记载更为模糊，没有李通玄的生年，也没有卒年，也没有说明李通玄后来注经的时间是多少年，只记载李通玄活了九十六岁，卒于三月二十八日。两者的记载差距颇大，但因照明的记述比较清晰，所以后代多采用照明所载推断出来的生卒年份为李通玄的通用的生卒年。我们也可以根据李通玄入太原时间的论断来推定李通玄的生卒年份。

（二）入太原著述时间

根据照明与马支的资料，李通玄入太原的时间也有两种说法。照明的序文明确说是唐玄宗开元七年（公元719年），而马支的序文则说为开元二十七年（公元739年）。两者之间相差二十年，这是一个需要进行考证的问题。根据洪梅珍的推断，80卷的《大方广佛华严经》于公元699年便已经译出，而马支序文讲到李通玄直到开元二十七年（公元739年）才开始入太原著述，中间相差40年，这与李通玄对《华严经》的推崇以及他著述的动机不一致，李通玄不应该隔这么多年才决定隐居著述。香港学者 Seunghak Koh 的 *Li Tongxuan's* (635–730) *Thought and His Place in the Huayan Tradition of Chinese Buddhism* 也提出同样的观点。Seunghak Koh

---

① （唐）马支：《释大方广佛华严经论主李长者事迹》，《华严经合论》卷1，《卍新纂续藏》第4册，第7页上—8页上。

在其文章中还提出另外一个论据论证李通玄入太原的时间。根据坂本幸
雄（Sakamoto Yukio）的论证，李通玄的思想影响过慧苑（公元673—743
年）的学术思想。而根据马支的《李长者事迹》，李通玄的作品直到公元
774年才被广超发现，这就意味着慧苑在活着的时候没有机会去阅读到李
通玄的文本。根据这些关于时间的记录，笔者也更倾向于照明序文所记
载的时间。因此，我们也可以基本认定李通玄入太原的时间应为开元七
年（公元719年）。其生卒年也就应当按照照明序文的记载来推算，就是
公元635—730年。后世的记述也大都采用了照明的说法，不再详述。

三 李通玄的仪态、风貌

一个人的仪态风貌，代表着一个人的精神气质、人格学养、修学程
度等。因此，一个人物的史传，总会用比较着重的笔墨描写他的仪态、
风貌，以期后人能够通过外在的表达来了解其内心的品格。对李通玄仪
态与风貌的记载，很明显可以看出，在史料流传的过程中越来越详细，
笔墨越来越华丽，描写也越来越具有文学性。也说明在宗教史传播的过
程中，人物的神圣性会随着时间的推移而有逐步增强的趋势。

照明的《略释新华严经修行次第决疑论》中对李通玄的仪态、风貌
只有寥寥数笔的描述。"性禀天聪，智慧明简。学非常师，事不可
测。……放旷林泉，远于城市。"① 大致描写了李通玄天性聪慧，学无常
师，不可测度其行迹，喜欢山林生活。只是一个简单的、天资非常的隐
者形象。马支的序文则记载得非常详细。

> 身长七尺二寸，广眉朗目，丹唇紫肥，长髯美茂，修臂圆直，
> 发彩绀色，毛端右旋，质状无伦，风姿特异，殊妙之相靡不具足。
> 首冠桦皮之冠，身披麻衣长裙，博袖散腰而行，亦无韦带，居常跣
> 足，不务将迎，放旷人天，无所拘制。②

---

① （唐）照明：《略释新华严经修行次第决疑论序》，《略释新华严经修行次第决疑论》卷
1，《大正藏》第36册，第1011页下。

② （唐）马支：《释大方广佛华严经论主李长者事迹》，《华严经合论》卷1，《卍新纂续
藏》第4册，第7页中。

马支非常详细地记录了李通玄的身高、面目特征、身体特征，李通玄整体的风貌是"质状无伦，风姿特异"的。也记载了李通玄有一些圣者才会有的"相好"——如毛端右旋等。其日常生活中的着装也完全是圣者和隐士的风范，麻衣长裙，宽博散袖，放旷无拘。日常风貌也代表着一个人的整体风格，因此，李通玄的著作风格也非常具有"山野派"的气息，不注重系统性、体系性，也不注重宗派的传承，非常的洒脱和务实。马支关于李通玄整体风貌的描述，由于非常的详细和全面，因此对后世的影响非常大。后世对李通玄风貌的记载，几乎都是以马支的记述为蓝本，进行一些细节性的加工和改编而成。

唐代另外一个非常重要的史料唐碑《神福山寺灵迹记》中，对李通玄的风貌进行了更加繁复的文学性的描述。"修普贤行，劫满僧祇，毗卢化身，位超十号，……霞帔角冠，道容凝寂。身长七尺二寸，目贯堂堂，春秋九十有龄，颜如花笑。宽襕大袖，常不束腰，跣踝途尘，如莲捧足。匪关名利……"[1] 碑刻与马支的记述基本相同，只不过更加细致与详尽，也对其进行了进一步的神圣化，认为他是毗卢遮那佛的化身。唐碑记载李通玄在九十岁高龄的时候，依然"颜如花笑"。日常的生活装束也是宽袍大袖，赤足无拘，远离名利。北宋赞宁的《宋高僧传》中记载李通玄：

> 不知何王院之子孙。轻乎轩冕，尚彼林泉。举动之间，不可量度。身长七尺余，形貌紫色，眉长过目。髭鬓如画，发绀而螺旋。唇红润，齿密致。戴桦皮冠，衣大布缝掖之制。腰不束带，足不蹑履。虽冬无皴皱之患，夏无垢汗之侵。放旷自得，靡所拘绊。而该博古今，洞精儒释。发于辞气，若铿巨钟。而倾心华藏，未始辍怀……[2]

赞宁的描述基本上是在马支、唐碑的基础上稍加修改而成。赞宁接受了照明所记载的李通玄为皇族后裔的说法，称其"不知何王院之子

---

[1] （唐）王居仁：《神福山寺灵迹记》，《石刻史料新编》第1辑，台北：新文丰出版公司1982年版第20册，第15131页。

[2] （宋）赞宁：《宋高僧传》卷22，《大正藏》第50册，第853页下。

孙"。其身高七尺，日常的气度不可测量。更增加了一些圣者应该具有的
相好——形貌紫色，眉毛长过目，唇红齿密等。赞宁还记载其冬天"无
皱辙之患"，夏天无汗垢的烦恼，声音铿锵有力若洪钟等，这都是一个圣
者才具有的外在特征。赞宁增加的这些描述，更加突出了李通玄作为一
个修学有成者的风貌，其神圣性进一步加强。韩国的《造华严经论主李
通玄长者行状》中大部分采用了马支的记载，同时也综合了赞宁的记载，
如记载李通玄"戴桦皮冠，容貌紫色。须纤肌肤，润眉长覆"①。

从以上史料中可以看出，在李通玄传记流传的过程中，虽然会有一
些细节上的增减，但总体上，李通玄大概的形貌特征、人格特质、品格
风貌等，诸家记述并无太大差别。形貌方面，李通玄身长七尺有余，面
貌广眉朗目，颜色、须髯皆如画，具有很多修学有成的圣者的相好特征。
平日喜头戴桦皮之冠，身穿麻衣大袍，博袖散腰，跣足，行为放旷洒脱，
无所拘束，具有山林修道者的鲜明特征。同时，他的学养博通古今，尤
其精于儒释。这些风貌和行为特征都在一定程度上影响了李通玄的学术
风格，使得其著作也具有了一定的"山林"特质，行文洒脱，不拘华严
学之传统体系，也因此一直被视为"教外华严"。

四 李通玄流传的神异事迹

尽管在正统华严宗的体系当中，只把李通玄当作一个旁支人物。但
在史传当中，记载着很多李通玄的神异事迹，而且这些事迹被广为传播、
代代流传，在佛教史中占据了极其重要的地位。后世有人将李通玄看作
维摩诘一样的人物，也有人将其视为文殊、普贤之化身。李通玄在中国
佛教史中的影响力，远远大于其在华严宗历史上的影响力。而且随着时
间的推移，他的影响也越来越大。至明、清时代，李通玄已经完全成为
了祖师级别的人物，无论何宗何派都不能忽视其影响力。由于在李通玄
的史料中，其神异事迹的流传非常广泛，影响巨大，因此也将其列于此
处加以说明。将神异事迹单独列出，在《宋高僧传》中就已有先例。此
传将高僧分为十个类型：译经、义解、神异、习禅、明律、忘身、诵经、

① [高丽] 知讷录：《造华严经论主李通玄长者行状》，《华严论节要》卷3，《韩国佛教全
书》第四册，第869页。

兴福、经师、唱导。神异被列为专门一类，这是因为，在佛教的历史观中，神异不仅仅代表着神异，还代表着这些修行的圣者们"人格之奇伟，证悟之神妙"①。

照明的序文，总体风格非常朴实，他的《略释新华严经修行次第决疑论》中，对李通玄神异事迹的记载也只是寥寥数笔，只记录了在李通玄去世的时候，"时夜半，山林震惊，群鸟乱鸣，百兽奔走。白光从顶而出，直上冲天。在于右近，道俗无不哀嗟"②。照明又说，有认识李通玄的人认为，李通玄是"净名"，即维摩诘或者文殊、普贤的"幻有"，意思是李通玄是菩萨化身之类的人物。总之，记载非常简略，但却将李通玄崇高的地位勾勒得非常明确。

在马支的序文当中，记载李通玄神异事迹所用的篇幅与笔墨就非常多了，有400多字。记载的故事也非常详细。马支的序文中完整的记载了猛虎驮经、天女供食、松根化潭、口出白光以代灯烛等几个神异事迹。尽管马支序文中关于李通玄的出身、籍贯、生卒年份等记载并没有完全被后世的史传所采纳，但关于李通玄神异事迹的记载，却对后世影响巨大。在之后的史传中，关于此问题的记载几乎都采用了马支的说法。

> 复囊挈经书，遵道而去二十里余，次韩氏别业，即今冠盖村焉。忽逢一虎，当涂驯伏，如有所待。长者语之曰："吾将着（著）论释《华严经》，可与吾择一捿止处。"言毕虎起，长者徐而抚之，遂将所挈之囊挂于虎背，任其所止。于是虎望神福山原直下三十余里，当一土龛前，便自蹲驻。长者旋收囊，装置于龛内，虎乃屡顾，妥尾而去。……龛之四旁，旧无泉涧。长者始来之夕，风雷暴作，拔去一古松，高三百余尺。及旦，松根之下化为一潭，深极数寻，回还五十余步，甘逾瑞露，色夺琉璃，时人号为长者泉，至今澄明，未

---

① 桑大鹏：《论〈高僧传〉的神异叙事》，《湖南师范大学社会科学学报》2007年第1期，第100页。

② （唐）照明：《略释新华严经修行次第决疑论序》，《略释新华严经修行次第决疑论》卷1，《大正藏》第36册，第1011页下。

曾增减。

　　……长者制论之夕，心穷玄奥，口出白光，照耀龛中，以代灯烛。居山之后，忽有二女子，容华绝世，皆可笄年，俱衣大布之衣，悉以白巾幪首，姓氏居处一无所言。常为长者汲水、焚香、供给纸笔。卯辰之际，辄具净馔甘珍，毕备置长者前，斋罢撤器，莫知所止。历于五祀，曾不阙时，及其着（著）论将终，遂尔绝迹。谨按《华严》旧传，东晋三藏佛驮跋陀罗于江都谢司空寺译经，有二青衣童子忽自庭沼而出，承事梵僧，爇香添瓶，不离左右，每欲将夕，还潜沼中，日日皆然，率为常事。及译毕写净，沉默无迹，长者感通事符曩昔。①

　　马支的序文完整地记载了四个神异故事，并且引用佛驮跋陀罗于江都译经时所经历的事迹以为印证，以证明此类事件的真实性与合理性。关于其是否真实与合理，笔者在此不予讨论。宗教史中的此类故事，其目的主要是彰显出学人修学程度的高妙、人格的崇高，暗含了此人值得信任与尊崇。

　　唐碑《神福山寺灵迹记》中用更加文学性的语言描写这段神异事迹：

　　长者湛然嘿而斯用，将道汲济。来自海隅，双鹤前飞，神光引路。山王负袟，猛兽归降，不是真人，焉能伏虎？遍巡岩谷，追访盛踪，届此灵园，虎不前迈，大士案足，神喜龙惊。拔树涌泉，光腾五色，穿崖作洞，结草成庐。长者栖神，阐扬大论，才开宝偈，异瑞绝伦。天女奉香积之食，山童献长生之果。不燄灯炬，口吐神光，笔掷霞飞，现腾云气，龙天八部，咸首虔诚。……②

　　唐碑的记载并没有其他故事的加入，只是文笔非常优美富丽，描写

---

① （唐）马支：《释大方广佛华严经论主李长者事迹》，《华严经合论》卷1，《卍新纂续藏》第4册，第7页上—7页中。

② （唐）王居仁：《神福山寺灵迹记》，《石刻史料新编》第1辑，台北：新文丰出版公司1982年版第20册，第15131页。

更加传神，十分具有画面感，体现出李通玄来历、修行的非凡。志宁的
《大方广佛华严经合论序》中记载非常简略。赞宁在《宋高僧传》中，也
并没有过多的发挥，依然是比较简略地记载了"伏虎驮经"等故事。其
他的史传、通记，都是在马支序文以及唐碑神异故事的基础上进行描述，
未见有创新之处。

有不同记载的是明万历年间（公元 1573—1619 年）镇澄法师所撰的
《清凉山志》（又称《五台山志》）卷 4 记载的《李长者见圣授道传》，记
载了李长者在善住院遇到异僧，授以《华严》大旨。后于峰顶舍身投火，
烧身无憾，以求正法。后见童子，方说明异僧为"妙德"，即文殊菩
萨——其意暗含了李通玄关于《华严经》的论著，来源于文殊菩萨亲授。
童子提醒李通玄曾经有弘扬《华严经》之夙愿。因此，李通玄凿岩为龛
而居，每日只食柏叶和枣所做的饼七枚，开始论著工作。其他关于猛虎
驮经、仙童汲水等事迹，稍作提及。这段记载并无出处，其他史料也没
有提及，据推测为五台山本地流传的神异事迹加工而成。这段记载对后
世影响不大，仅有清代彭际清在其《居士传》中采用了这种说法。

> 李长者，名通元。……尝游五台，入善住院，逢异僧授以《华
> 严》大旨。将别，长者曰："师去何之？"僧指北峰顶。其夜望见北
> 峰火光巨天。长者曳杖而登，见前僧在火光中，树紫金幢，帝冠者
> 数百围绕。长者涌身入，作礼而起，忽失前境。乃于岩上一坐三日，
> 已而下山。遂发弘经之愿。①

关于李通玄的离世，也有一些神异事迹的记载。照明序文的记载同
样比较简单，只记载了李通玄在开元十八年（公元 730 年）去世的时候，
夜半时"山林震惊，群鸟乱鸣。百兽奔走，白光从顶而出，直上冲天。
在于右近，道俗无不哀嗟"②。而马支的序文则记载得相当详细。马支的
序文记载李通玄去世之前，与乡人聚会告别，乡人疑惑挽留。后乡人再
登山礼敬李通玄，则见李通玄姿容端俨，已于著述经论的龛中坐化。并

---

① （清）彭际清：《居士传》卷 15，《卍新纂续藏》第 88 册，第 212 页上。
② （唐）照明：《华严经决疑论序》，《大正藏》第 36 册，第 1011 页下。

记载在龛外"有一巨蛇，蟠当龛外，张目呀口，不可向近。众乃归诚致祝：某等今欲收长者全身，将营殡藏，乞潜威灵，愿得就事，蛇因摄形不现。耆旧潸泣，举荷择地，于大山之阴累石为坟，盖取坚净，即神福山逝多兰若，今方山是也。初长者隐化之日及成坟之时，烟云凝布，岩谷震荡，有二白鹤哀唳当空，二鹿相叫连夕，其余飞走悲鸣满山。乡原之人相率变服，追攀孺慕，若丧所天"①。非常详细地描述了李通玄去世后，当地人收其全身而葬，以及追攀孺慕之情。马支的序文也记载了后人对李通玄的仰慕之情，每年的三月末，当地人便设净会纪念李长者。由此可见，李通玄在民间的影响是非常大的。关于李通玄去世事迹的记载，后世多采用了马支序文的说法。

以上为记载李通玄神异事迹的大致文献。由于李通玄的传记当中有很多神奇的感应故事，因此，佛教中一类专门记载神异事迹的传记中，也保有一些关于他的事迹记载。目前所搜集到的资料有《神僧传》《华严经感应略记》《华严感应缘起传》《华严经持验记》以及《清凉山志》。感应事迹的记载大部分与马支序文所载一致。如猛虎驮经、口出白光、天人供食等。作为宗教史当中的重要人物，在历史流传的过程中逐步被神化，成为被人顶礼膜拜的具有神性的"神"，似乎是不可避免的。无论对这些充满神异色彩的事迹如何看待，作为李通玄整体形象的一部分，文献中用比较浓重的笔墨进行了记载，因此笔者也将其中的史料加以罗列，以勾勒出李通玄在后人心目中的整体形象。

五　李通玄著作的流传

关于李通玄的著作及其流传，照明序文的记载影响最大。不过，照明序文中记载的论著很多，一些著作目前也有些疑问。

> 遂考经八十卷，搜括微旨，开点义门，上下科节，成四十卷《华严新论》。犹虑时俗机浅，又释《决疑论》四卷，又《略释》一卷，又释《解迷显智成悲十明论》一卷。至于《十玄》《六相》《百

---

① （唐）马支：《释大方广佛华严经论主李长者事迹》，《华严经合论》卷1，《卍新纂续藏》第4册，第7页中—7页下。

门》《义海》《普贤行门》《华严观》，及诸诗赋，并传于世。①

此段史料记载了李通玄在研究新译的 80 卷《华严经》后，认为 80 卷《华严经》义理圆备，便在此基础上进行梳理与注释，写成了 40 卷的《新华严经论》。后来，又担心世人根基浅薄，考虑当世人的接受程度，著述有相对简略的《略释新华严经修行次第决疑论》4 卷，即文中的《决疑论》；《大方广佛华严经中卷卷大意略叙》1 卷，也称《华严经中卷大意略叙》，即文中的《略释》；还有《十二缘生解迷显智成悲十明论》1 卷，即文中的《解迷显智成悲十明论》。

照明还记载了李通玄另有《十玄》《六相》《百门》《义海》《普贤行门》《华严观》及诸多诗赋等著作流传于世，但在目前的《大正藏》以及各种佛教著作中均未见收录，也未见到有其他相关资料。王乃积、郭华荣提到，"据报载《太原府志》中录存李通玄华严诗六首，待查中"②。但也依然没有见到诗文本身。至于《大正藏》中收录之外的其他著作，近代佛学大家周叔迦在《释家艺文提要》中考证："今考长者诗赋已不传，《六相》一书亦佚，《十玄门》是智俨作，《百门》、《义海》、《普贤行门》、《华严观》，皆法藏所作。凡此诸书必为长者所常研习，照明遂误为长者所著。由此可证，长者之学实出于贤首，特其所取，为五教中顿教理事无碍义耳。"③ 周叔迦考证照明序文中出现的《十玄门》为智俨所作，而《百门》《义海》《普贤行门》《华严观》等，都是法藏的作品。周叔迦由此推断照明之所以会误认为这些著作都是李通玄的作品，是因为李通玄经常研习法藏的著作。周叔迦也由此推断李通玄的思想与法藏的思想有承继之处，认为李通玄的学问"实出贤首"。通过研读李通玄的著述，可以发现，李通玄的思想与法藏确有承继之处，也可以明确地肯定，李通玄研读过法藏的著作。周叔迦的推断十分合理。

---

① （唐）照明：《略释新华严经修行次第决疑论序》，《略释新华严经修行次第决疑论》卷 1，《大正藏》第 36 册，第 1011 页下。

② 王乃积、郭华荣：《关于李通玄的籍贯、著作、安葬处》，《五台山研究》2007 年 4 期，第 31 页。

③ 周叔迦：《释家艺文提要》，《周叔迦佛学论著全集》第 5 册，中华书局 2006 年版，第 2167 页。

后人记载李通玄的著作，很多也根据照明的序文进行了原文引用。但李通玄的著作流传到今天并收录于《大正藏》者，只有《新华严经论》40 卷、《略释新华严经修行次第决疑论》4 卷、《大方广佛华严经中卷卷大意略叙》1 卷、《十二缘生解迷显智成悲十明论》1 卷。

在历史文献的记载中，也有关于李通玄著述在后世被发现并流传于全国的过程，在最后一章李通玄著作的影响中，笔者会做比较详细的介绍。也有资料在记载李通玄的传记时，提出李通玄著述中一些不同于前人的独创性的说法。志宁在其《大方广佛华严经合论序》中指出李通玄的著作"其论所明，与诸家疏义稍有差别。经有十处、十会，义搜《璎珞经》文（《璎珞经》两卷是）。四十品之妙文，文在第三禅说"①。指出李通玄著作中的十处、十会说与前人对《华严经》的注解不同。北宋赞宁的《宋高僧传》中则提出了李通玄著作中非常重要的一个思想特色"配法观心"。李通玄著作中的这些思想特色，笔者会在后面的章节中着重进行论述。

第三节　李通玄华严思想的渊源

一　历史背景

伟大的学术思想的产生，往往是因为有伟大的时代背景。佛教传入中国，官方记载为东汉永平十年（公元 67 年），至唐代已有六百年左右的时间，无论是作为学术思想，还是宗教信仰，都在此几百年的发展中，达到它最辉煌的成熟期。李通玄大致生活于公元 635 年至公元 730 年，正值从初唐至盛唐的历史阶段，整个社会的政治、经济、文化等各个方面，都达到了空前的繁荣，这为佛教文化的发展提供了绝佳的历史条件。

隋唐之际，高僧名士辈出。佛教的各宗各派也都在这个时期达到了成熟。李通玄学术思想的成熟，大致在公元 690 年左右，这时的唐朝，已经是初唐晚期，即将达到盛世。武则天（公元 624—705 年）作为唐史上最为尊崇佛教的皇帝之一，于公元 690 年登上皇位，开始从各个方面发展

① （唐）志宁：《大方广佛华严经合论序》，《华严经合论》卷 1，《卍新纂续藏》第 4 册，第 6 页下。

佛教。其中，最为重要的即是礼请实叉难陀至洛阳翻译 80 卷《华严经》。实叉难陀携广本《华严经》至洛阳，于证圣元年（公元 695 年）在大遍空寺与菩提流志、义净、复礼、法藏等人重新翻译，圣历二年（公元 699 年）在佛授记寺译毕，即为新译《华严经》（80 卷）。《华严经》的重新翻译和弘扬，可以说是汉传佛教达到最高峰的标志之一。实叉难陀翻译完《华严经》后，回老家探望母亲，皇帝亲自派御史护送到目的地；他再回来时，皇帝"屈万乘之尊，亲迎于开远门外"①，可见当时社会对佛教的推崇和尊敬。正是在这种历史背景下，李通玄完成了其最重要的学术著作《新华严经论》及其他著述。

二 思想渊源

（一）《华严经》的传译

李通玄华严思想最重要的渊源无疑是《华严经》。李通玄注解《华严经》，尽管也参考了法藏等人的著述，但 80 卷《华严经》的译出，是促使李通玄著论的最直接的原因。在照明的序文中，记载了李通玄天性聪颖，学无常师。最初遍学外学，尤其擅长于中国传统的易道，十分精通。四十多岁时即"绝览外书"。武则天当政时期，新译 80 卷《华严经》出现，于是无论朝野还是民间，研究华严学的风气蔚然成风。李通玄对于《华严经》一见倾心，开始专研于此。"幸会《华严》新译，义理圆备，遂考经八十卷。搜括微旨，开点义门。上下科节，成四十卷《华严新论》。"② 由此可以看出，新译的 80 卷《华严经》，是李通玄华严思想最重要的渊源。

《华严经》全称《大方广佛华严经》。在大本的《华严经》传入之前，就有很多独立的华严类的小经和单本流传。魏道儒先生的《中国华严宗通史》中，将华严典籍分为三类：其一是不同时代和地区产生的众多独立流传的小经，史称"支品"；其二是在系统整理和修改众多单行小经基础上形成的汇集本，史称"本部"；其三，程度不同

---

① （宋）赞宁：《宋高僧传》卷 22，《大正藏》第 50 册，第 719 页上。
② （唐）照明：《略释新华严经修行次第决疑论序》，《略释新华严经修行次第决疑论》卷1，《大正藏》第 36 册，第 1011 页下。

地受"支品"或"本部"学说影响，但主内容又与之有别的一类经典史称"眷属经"。①

《华严经》单本在中国的传译状况大致如下。最早的汉译华严类经典为后汉支娄迦谶所译的《佛说兜沙经》。三国时代吴支谦所译的《佛说菩萨本业经》。西晋时期，华严类的单行本大量传入我国，现存的西晋译本基本都由竺法护译出。大致有《菩萨十地经》《菩萨十住行道品》（与吴支谦译《本业经·十地品第三》内容相同）、《佛说如来兴显经》《度世品经》《等目菩萨所问三昧经》《渐备一切智德经》（又称《渐备经》）等。东晋时期圣坚所译的《罗摩伽经》。另外，魏道儒认为还有一类眷属经：鸠摩罗什所译的《庄严菩提心经》、竺佛念所译《十住断结经》，这类经典由于在义理方面与《华严经》有异，因此也被排除在"正部"之外，被列为"支流"。

就大本的《华严经》而言，最早译出的为 60 卷的《华严经》，又称旧华严、晋经，由佛驮跋陀罗（公元 359—428 年）于公元 418 年开始译出。60 卷《华严经》的译出，开辟了华严类经典在华翻译的新阶段。但此本并非完整的译本，流传也并不广泛。

80 卷的《华严经》，是实叉难陀应武则天之请，从于阗国携入我国，自唐武则天证圣元年（公元 695 年），实叉难陀与菩提流志、义净、复礼、法藏等人，于遍空寺内重新开始翻译。至圣历二年（公元 699 年）十月翻译完毕。新译的 80 卷《华严经》，义理更加完备，文辞更加流畅优美，结构更加完整，因此，成为后世最为通行的版本。为区别东晋译本，80 卷《华严》又称《新华严》《新经》《新译华严》。

40 卷的《华严经》，全称《大方广佛华严经入不思议解脱境界普贤行愿品》，略称《普贤行愿品》，又称《贞元经》。为新、旧两译华严经《入法界品》的别译本。40 卷本的《华严经》翻译于唐德宗贞元十一年（公元 795）十一月。本经主要为《入法界品》，记述善财童子游行南方，参访 53 位诸善知识。第 40 卷有普贤十大行愿和普贤愿王清净偈，新、旧《华严经》均没有此卷内容。

《华严经》中最重要的思想——如来之智（一切智、自然智、无碍

---

① 魏道儒：《中国华严宗通史》，江苏古籍出版社 2001 年版，第 1 页。

智）为众生所本具，只因无明妄想的遮蔽而不能现前，离开虚伪颠倒的妄想执着，如来本有的智慧自然现前，离妄即真。"无一众生而不具有如来智慧，但以妄想颠倒执着而不证得；若离妄想，一切智、自然智、无碍智则得现前。"① 此如来藏思想对李通玄的华严思想影响甚大。李通玄在其思想体系中，采用了"智性说"，"根本智"为其华严学的核心概念。李通玄认为，"根本智"为佛与众生本具，根本智体为众生"常自有之"，只因由妄想执着的迷惑而不能证得，若能一念回心，觉悟迷惑，证此智体，即得正觉，与诸佛等。这很明确为《华严经》与华严宗的根本观点。

李通玄的华严思想中，融合了一些般若中观学说，强调根本智体，强调诸法之体性，这是李通玄华严思想实践性的来源。但《华严经》中所描述的一尘容纳无量广大世界、一念涵容无尽三世等圆融无碍、无尽缘起的理论，也对李通玄的华严思想产生了深刻的影响。李通玄著述《新华严经论》源于其对新译 80 卷《华严经》的推崇，因此，《华严经》本身无疑是其思想最重要的来源。尽管华严宗诸祖对其华严思想也有一定的影响，但很显然，李通玄的华严思想更加具有自己的特色，对 80 卷《华严经》文本的直接解读与论述，是其华严思想最重要的来源。

（二）华严宗法藏、智俨等人的思想影响

1. 华严五祖的传承

华严宗初创于法顺，发展于智俨，大成于法藏。因为法藏曾被赐号贤首国师，后人为了纪念他的功绩，所以又把华严宗称为贤首宗。

初祖法顺（公元 557—640 年），俗姓杜。法顺根据《华严经》所说法界缘起、事事无碍的妙理，著有《华严法界观门》。魏道儒在其《中国华严宗通史》中认为，《华严五教止观》为法顺的唯一著作。②

二祖智俨（公元 602—668 年），俗姓赵，12 岁时，从法顺出家。在至相寺将地论师所主张的"如来藏缘起"发展为"法界缘起"，成为华严宗的根本理论之一。智俨 27 岁时，就开始主张立教分宗，著有《华严经搜玄记》《华严经内章门等杂孔目章》《华严五十要问答》以及《华严一

① 《大方广佛华严经》（80 卷）卷 51，《大正藏》第 10 册，第 272 页下。
② 魏道儒：《中国华严宗通史》，江苏古籍出版社 2001 年版，第 113 页。

乘十玄门》等著作，特别阐明十玄、六相妙旨。

三祖法藏（公元643—712年）。显庆四年（公元659年），法藏到长安听智俨讲《华严经》，从而受业。咸亨元年（公元670年）剃度。证圣元年（公元695年）参加实叉难陀译场，笔受新译《华严经》80卷。著作主要有《华严经探玄记》《华严经旨归》《华严经文义纲目》《华严策林》《华严一乘教义分齐章》《华严金狮子章》《华严经问答》《华严经义海百门》《华严游心法界记》《修华严奥旨妄尽还原观》《华严经普贤观行法门》《密严经疏》《般若心经略疏》《入楞伽心玄义》《大乘起信论义记》《大乘起信论别论》《法界无差别论疏》《华严经传记》等。

一般认为，华严宗首倡于法顺，发展于智俨，到了法藏才建立完备，真正开立了华严宗。法藏是华严宗的实际创始人。所以，又称法藏为"开祖"，也用他的法号"贤首"来给此宗命名，称贤首宗。

四祖清凉澄观（公元738—839年），浙江绍兴人，11岁出家受《法华经》。澄观以博学多能著称，著有《华严经疏》20卷，又有《大方广佛华严经随疏演义钞》90卷。后世将疏、钞合刊，称《华严经疏钞》，因此澄观又有"华严疏主"之称。澄观著作很多，不再一一列举。由于他所学甚广，因此，其思想也融合了三论、华严、天台、禅宗等思想，虽然承继于法藏，但又有所发展。有学者也认为，李通玄的华严思想在一定程度上也影响过澄观。

五祖宗密（公元780—841年），四川西充人，生于公元780年。宗密的著述也非常丰富。宗密依《大乘起信论》一心二门的理论，受禅宗思想的影响，又学《圆觉经》《华严经》，研究《唯识论》《起信论》，形成了融禅教于一体的思想体系。他归宗于华严，因而被尊为华严宗五祖。

2. 法藏、智俨的思想与李通玄之关系

以上所列系谱中，澄观与宗密晚于李通玄，智俨与法藏早于李通玄。尽管李通玄被视为华严宗的旁支，但智俨与法藏作为华严宗中深具影响力的人，他们的思想对李通玄应该也产生过一定的影响。尤其是法藏，其生卒年份大致为公元643年至公元712年，而李通玄为公元635年至公元730年，两者几乎为同时代的人，法藏稍早一点点。作为同时代影响巨大的华严学者，其思想应当对李通玄有一定的影响。在论述李通玄的著述时，我们也提到，周叔迦考证照明序文中出现的一些被认为是李通玄的著作其实应为法藏所作。而周叔迦推断照明之所以会误认为是李通玄所做，是因为李通玄经常研习法藏的著作，由此推断李通玄的思想与法藏的思想有一定的承继关系。通过研读李通玄的著作，也可以发现，李通玄确实研读过法藏的著作，会有大段引用的文字出现。其思想与法藏、智俨有一定的承继关系，也就不足为奇了。

（1）判教思想的影响

智俨和法藏对李通玄影响最大的是他们的判教思想。李通玄在其判教思想体系中，高推《华严经》，将整体的佛教分为十教十宗。尽管他没有完全接受和继承智俨与法藏的判教思想，而是根据自己对佛教整体的把握进行了判别，但也可以看出很多受智俨和法藏影响的痕迹。在李通玄判别十宗时，有一段很长的文字论述了之前的学者对于"依宗教别"的总结，"第一后魏菩提留支立一音教，第二陈朝真谛三藏立二教，第三后魏光统律师立三种教，第四齐朝大衍法师立四种教，第五护身法师立五种教，第六陈朝南岳思禅师智者等立四教，第七新罗国元晓法师造此经疏亦立四教，第八唐朝吉藏法师立三种教，第九梁朝光宅寺云法师立四教，第十唐朝江南印法师立二教"①。李通玄此处原文引用了法藏在《华严经探玄记》中的总结，共有一千多字。"以上十家所释，并依今唐朝藏法师所集。"② 可见，周叔迦考证李通玄研读过法藏之著述，确有其事。李通玄在《新华严经论》中，也明确地说他认为法藏的判教思想非常有道理。

> 然今唐朝藏法师，承习俨法师为门人，立教深有道理。亦可叙其指趣，一小乘教，二大乘始教，三终教，四顿教，五圆教。③

李通玄认为法藏承袭智俨的思想，将佛教整体高屋建瓴地判为五教，非常有道理。当然，李通玄最终没有按照五教十宗的套路来进行判别。李通玄的判教思想与法藏的判教思想相对比的话，第一小乘教的判定，

---

① （唐）李通玄：《新华严经论》卷3，《大正藏》第36册，第734页中。
② 同上书，第735页上。
③ 同上书，第735页上—735页中。

《般若经》以及《解深密经》判为大乘始教，《维摩经》判为顿教，都与法藏有可以类比之处。但智俨与法藏对李通玄影响最大的则是判《华严经》为"别教一乘"。

智俨没有明确提出"别教一乘"的说法，他在《华严经内章门等杂孔目章》中提出了同别二教。别教，即指"别于三乘之教"。"夫圆通之法，以具德为宗。缘起理，实用二门取会。其二门者，所谓同别二教也。别教者，别于三乘故。《法华经》云：'三界外别索大牛之车故也。'同教者，经云：'会三归一故。'"① 智俨指出，《华严》与《法华》，同为一乘教，但《法华》为同于三乘之一乘，而《华严》则为别于三乘之一乘。虽然未明确说《华严》为"别教一乘"，但其含义已经非常明显了。

首次明确提出"别教一乘"说的人为法藏。法藏作为华严宗的实际创始人，既要承继天台判教的一乘圆教说，又要凸显出本宗的高明之处。因此，在通过对比分析后，法藏明确提出《华严》为"别教一乘"，而《法华》则为"同教一乘"。《华严经探玄记》卷1中云："三、同教一乘，如《法华》等。四、别教一乘，如《华严》等。"② 这一点对李通玄的判教思想影响非常大。李通玄认为，法藏等人将《法华经》判为共教，非常有道理，对此深以为然。"《法华经》会权入实为宗者，此经引彼三乘之人，归一乘实教故。引众流而归大海，摄三乘而还一源。藏法师等，前诸大德，会为共教，一乘为三乘同闻法故。《华严经》为别教，一乘为不与三乘同闻故。"③ 李通玄为此专门论述了《法华》与《华严》的10种差别，以论证《华严经》作为"别教一乘"的殊胜之处。"《法华经》引权器以归真，《华严》者顿大根而直受。虽一乘名合，法事略同。论其轨范，有多差别。"④ 此10种差别，在后面专门论述李通玄的判教思想时会有比较详细的论述。

李通玄高推《华严经》，判其为别教一乘，很明显是受了智俨与法藏的影响。他对新译《华严经》的推崇是毫不掩饰的，在论述其判教思想

---

① （唐）智俨：《华严经内章门等杂孔目章》卷4，《大正藏》第45册，第585页下—586页上。

② （唐）法藏：《华严经探玄记》卷1，《大正藏》第35册，第116页上。

③ （唐）李通玄：《新华严经论》卷1，《大正藏》第36册，第725页上。

④ 同上书，第725页中。

的过程中，他对《华严》作为"别教一乘"的殊胜之处直白地大书特书。
这种对《华严经》的赞美方式也招致了天台宗人的不满，后世天台宗人
多对他颇有微词，不再详述。

（2）十玄与六相说

对李通玄的华严思想造成影响的还有智俨和法藏的十玄、六相说。
华严宗的十玄门，最初是智俨根据杜顺的法界观而创十玄门，后来法藏
进行发挥。法藏的十玄门与智俨之十玄在次序上略有改动，但基本内容
是一致的。后世称智俨所创十玄门为古十玄，法藏所立为新十玄。十玄
门是以十门开演法界缘起相状，说明万物同体、相即相入、圆融无碍的
理论。此十玄门十分玄奥，被认为是华严宗极具特色的核心理论之一。
古十玄与新十玄表格对照如下（见表1—1）：

表1—1　　　　　　　古十玄与新十玄对照表

古十玄	新十玄
同时具足相应门	同时具足相应门
因陀罗网境界门	广狭自在无碍门
秘密隐显俱成门	一多相容不同门
微细相容安立门	诸法相即自在门
十世隔法异成门	隐密显了俱成门
诸藏纯杂具德门	微细相容安立门
一多相容不同门	因陀罗网法界门
诸法相即自在门	托事显法生解门
唯心回转善成门	十世隔法异成门
托事显法生解门	主伴圆明俱德门

与十玄门相伴相融的是"六相说"，此说也是华严宗非常重要的一个
学说。六相原出晋译《华严经》中的《十地品》，六相圆融义根据《十
地经论》而立，经隋代净影寺慧远解释而得大成。后智俨对六相义做了
比较简略的解释。法藏将其发扬光大，成为了华严宗中独具特色的理论。
法藏在其《华严经一乘教义分齐章》中，详细地论述了六相的内容。六
相圆融之义为：六相的总相，譬如一个房舍是总相；房舍由诸缘集合成

立，如支柱、椽、梁等。而总相与别相又相互依存。别相是相对于总相而言，别相之上又有同相，如构成房舍的所有的支柱为同相；异相，如竖柱与横梁相异。总相之上另有成相，如由柱等而完成屋舍；坏相，别相各守自己本位，不成立总相，如柱等守各自之自相。学习此六相的意义在于："此上六相义者，是菩萨初地中，观通世间一切法门，能入法界之宗，不堕断常之见。"①

十玄与六相说也对李通玄造成了一定的影响，在其《新华严经论》中，也有几处提到十玄和六相。如《新华严经论》卷8中提出：

> 此经以法体本无次第，本末两头，中间时分长短故。如王宝印，一时普印，无前后成文也。以法宝印普印诸位。……以总别、同异、成坏，十玄六相义融通，道理自明。此六字义为缘起三对六字都该万法。一总别一对。二同异一对。三成坏一对。总不相离。不可废一留一，亦不可双立，亦不可双舍。总是断、常、生、灭、中、边等见，皆是情量。不了任法，自性缘生。此乃以无思正慧力方解。②

李通玄认为《华严经》的法体无次第、本末，而这个道理，通过总别、同异、成坏等十玄、六相相互融通的道理可以明白。李通玄认为，此六相的总别、同异、成坏六个字可以概括万法，此六相不可相离，不可拆分。此六相遣除了生灭、断常、中边等见，圆融无碍，并非情识所能了解，需以"无思正慧力"才能了解。《新华严经论》卷9中说：

> 第十会在《法界品》者，明此一会，普含诸会及十方刹海法界虚空界，总为一会，重重无尽。一切诸佛海及一切众生之海，总以此法界一品，总为一体。一切境界随众生心，以此为别。以六相十玄该之，以无思之心照之观之可见。③

---

① （五代）永明延寿：《宗镜录》卷46，《大正藏》第48册，第690页下。
② （唐）李通玄：《新华严经论》卷8，《大正藏》第36册，第770页上。
③ （唐）李通玄：《新华严经论》卷9，《大正藏》第36册，第773页中。

李通玄认为，十方刹海重重无尽，总为一会。一切世界海、众生海、佛海，都可以此法界一品为一体。而这些，都可以十玄六相该之。《新华严经论》卷13中解释古佛与今佛为同为异，也是通过十玄六相说加以探讨："为法身、智身九十七大人之相，大慈大悲智慧解脱，是一。各各众生发心成佛，是异。又无量三世诸佛，皆同一念成佛，无前后际，是一。然亦不坏一念中，见无量众生三世劫量，是异。以十玄门、六相义该通可解。"① 在《新华严经论》卷24中，李通玄比较详细地通过举例等方式解释了六相与十玄说。

> 入此初地法，乃至是创始具足凡夫，能发广大愿行，能趣入故，非是由因地前行解而来者。意明设教备明，修行滞障，节级安危，然发心者一时总顿修，居一时一行之内，非是要从节级次第来修，以总别、同异、成坏六相法，圆融可见。于此六字三对法中，一字有六。且如人类之，余可准知。如一人身，具足是六相。头、身、手、足、眼、耳、鼻、舌等用各别是别相；全是一身一四大，是总相。一空无体是名同相；不废如是同无异性，头、身、手、足、眼、耳、鼻、舌等用有殊，是为异相。头、身、手、足、眼、耳、鼻、舌等共成一身，名为成相；但随无作缘有，各无自性，无体无相，无生无灭，无成无坏，名为坏相。又一切众生名为总相；愚智区分名为别相。皆同佛智，而有名为同相；随执业异名为异相。所因作业，受报得生，名为成相；心无所依，业体无生，名为坏相。又十方报佛名为总相；众宝所严，身土差别，名为别相。同一法身，理智无二，名为同相；智随行异，名为异相。成就众生，名为成相；能所皆无，无得无证，名为坏相。又以一智慧，该收五位，名为总相；行解升进，名为别相。同佛根本智名为同相；修差别智名为异相。成大菩提具普贤行，名为成相；智体无依，用而不作名为坏相。又三世久劫差别，名为别相；以智普观在一刹那，名为总相。随业长短名为异相；情亡见尽，长短时无名为同相。智无依住，名为坏相；应根与法，名为成相。约举五翻，六相同异，自余一切法，准

---

① （唐）李通玄：《新华严经论》卷13，《大正藏》第36册，第806页中。

此例知。又明一字中有六相义，互为主伴，十玄义亦在此通。一同时具足相应门，二一多兼容不同门，三诸法相即自在门，是其义也。①

李通玄认为，发大心的菩萨，可以一时顿修，不一定要从次第、节级来一步步地修学。而这些都可以通过总、别、同、异、成、坏六相圆融之法可见。李通玄非常详细地解释了六相。分别以一个人、众生、诸佛、智慧、时劫等为例，形象地说明六相之义。如一个人，就同时具足了六相。人的头、身体、手、足、眼、耳、鼻、舌等各有各的功用，为别相，而总体是一个由四大构成的身体，是总相。人身体的性质为空无体性，这是同相，而在这空无体性的本质上，人的头、身、手、足、眼、耳、鼻、舌等用有别，这是异相。头、身、手、足、眼、耳、鼻、舌等共同聚成一个整体的身体，为成相，而各个又无体无相、无所谓成坏，为坏相。李通玄对六相的解释在近现代也成为了辞典中可以引用的解释，如《佛学大辞典》中对六相的解释就部分引用了李通玄的说法，从中也可以看出李通玄的思想对后世的影响。总之，发端于智俨、大成于法藏的六相与十玄说，也是李通玄华严思想的一个重要渊源。

（3）法藏的"自性清净圆明体"及"性起"思想

作为如来藏系华严哲学的典型代表，法藏最重要的华严哲学思想"自性清净圆明体"，对李通玄也产生了深刻的影响。法藏在其《修华严奥旨妄尽还源观》中对"自性清净圆明体"有明确的定义，此圆明体为法性之体，因其"处染不垢，修治不净"②，随迷流则染、返流则净，所以，可说为无染无净之"自性本来清净"。同时，此体为诸佛与众生所本具，在凡不减、在圣不增，从来"性自满足"。此体被烦恼无明所覆，则隐而不显，智慧照烛之下则显。此说明显对李通玄产生了影响。但因李通玄的华严哲学思想未被人进行充分的研究，也少有学者注意到法藏在哲学思想上对李通玄产生的影响。

李通玄的核心华严哲学思想为"根本智"说。"根本智"在李通玄的

---

① （唐）李通玄：《新华严经论》卷24，《大正藏》第36册，第886页上。
② （唐）法藏：《修华严奥旨妄尽还源观》卷1，《大正藏》第45册，第637页中。

华严哲学体系中是一个核心概念，提到"根本智"以及与"根本智"相关和相似的概念有百处之多，可见李通玄对这个概念的重视程度。他认为，"根本智体"为诸佛与众生所本具，本来清净，只不过被烦恼无明所覆。能够觉悟无明本来即根本智，则能够照破无明，彰显本来清净的智慧。"根本智"的概念出自唯识学。在唯识学中，此智又称"根本无分别智"，乃证得我、法二空所显示的真理，只以无相之真如为所缘境，故能断除烦恼。此智又称"如理智""真智""实智"等。"根本智"为唯识学中一个非常重要的概念，在李通玄的华严哲学体系中，"根本智"不仅仅为证得真如之智的含义，他赋予了"根本智"以华严哲学如来藏系的内涵，并受《大乘起信论》的影响，有"心之觉性"的含义。李通玄对"根本智"的定义中，包含了以下几个方面的内涵：第一，此"根本智"与真如法身为不一不异的关系。此智无依、无方所、无本末，体性虚空。第二，此智并非为佛所独有，而是为"一切众生同共有之"。第三，正因此智为诸佛与众生都"同共有之"，因此此智"不属修生"，而是"本自具足"的。在其著作中，李通玄多次表达了"根本智"为诸佛与众生之所依；《华严经》的教体在于"根本智"；在其判教体系中，他以《华严经》为中心的华严哲学体系判为"别教一乘"、最上乘，无比殊胜、圆顿的内在原因，依然是源于"根本智"；华严五位中的菩萨位直至佛位，位位不离"根本智"；源于"根本智"，圆教学人"初发心时即成正觉"。从中可以看出，李通玄的"根本智"说与法藏之"自性清净圆明体"，同为如来藏系华严哲学，思想上有相似之处，因此，可以推断有一定的承继关系。

　　法藏的思想受《大乘起信论》影响是毋庸置疑的，《大乘起信论》中的本觉思想，更是对法藏产生了巨大的影响。《修华严奥旨妄尽还源观》卷1中说："言海印者，真如本觉也。妄尽心澄，万象齐现。"① 此一句话，含有华严宗的基本观点，也明确表达了《大乘起信论》之真如本觉思想。李通玄的华严思想受其影响非常大。至于是通过法藏而受《大乘起信论》的影响还是两者共同影响了李通玄，从而构成了李通玄华严思想的重要渊源，笔者不得而知。不过，李通玄在其著作中，多处引用了

---

① （唐）法藏：《修华严奥旨妄尽还源观》卷1，《大正藏》第45册，第637页中。

《大乘起信论》中的观点。《大乘起信论》对李通玄华严哲学思想的构成也起到了非常重要的作用。

李通玄的华严哲学，与智俨以及法藏的"性起"思想也有一定的承继关系。华严宗建立性起说，以区别于众生界诸法从缘而起的"缘起说"。李通玄接受了"性起"这个概念，并且在其论著中多次运用。"此经大体以性起大智法界为体用，于性起大智法界体用门，安立诸地差别化生之法。"① 提出"性起大智法界"的思想。指出法界之性起"一多无碍"，诸佛性起则自在无碍。"诸佛自在于性起法门，智身法身入众生界。"② 同时，我人凡夫亦同如来，不离性起如来之智。李通玄的性起思想与法藏等人的不同之处在于，法藏的性起思想与"一心"相连，而李通玄则将其归结为了智体。

总之，通过以上论述可以发现，智俨、法藏的华严思想，尤其是他们的华严哲学思想，对李通玄也产生了不小的影响，是李通玄华严哲学思想的一个重要来源。

（三）《大乘起信论》对李通玄华严思想的影响

在李通玄的《新华严经论》中，多处直接引用了《大乘起信论》中的语言，可见《大乘起信论》对李通玄华严思想的形成起到了非常重要的作用。在李通玄的判教思想中，引用了两处《大乘起信论》的说法。在《新华严经论》卷16，引用了《大乘起信论》中的"三种发心"思想。"如《起信论》有三种发心。一信成就发心，二解行发心，三证发心。"③ 这些都是在论述过程中自然地引用，可见李通玄对《大乘起信论》是非常熟悉和重视的。《大乘起信论》对李通玄影响最大的，还是其"本觉思想"。

> 如《起信论》云，不思议业相者，以依智净相，能作一切胜妙境界，所谓无量功德之相，常无断绝。随众生根，自然相应，种种而现得利益故。又云依本觉故而有不觉故，又云依于智故生其苦乐。

---

① （唐）李通玄：《新华严经论》卷2，《大正藏》第36册，第732下。
② （唐）李通玄：《新华严经论》卷4，《大正藏》第36册，第746上。
③ （唐）李通玄：《新华严经论》卷16，《大正藏》第36册，第825页上。

如《起信论》广明。意明一切众生迷根本智，而有世间苦乐法故。为智无性故，随缘不觉苦乐业生。为智无性故，为苦所缠，方能自觉根本无性。众缘无性，万法自寂，若不觉苦时，以无性故，总不自知有性、无性。如人因地而倒因地而起，一切众生因自心根本智而倒，因自心根本智而起。①

学者一般称李通玄的智性思想为"真智慧本源说"。李通玄的华严思想以"根本智"为核心。他认为，众生迷于根本智，则有苦乐种种法生；觉悟根本智体，即解脱生死轮回。根本智为解脱与迷惑的根源，如同人因地而倒，因地而起。根本智为解脱之源，这一点比较容易理解，即真心、本来清净的自性为解脱之本。但为何又说其为惑苦的根源？此思想明显是受到《大乘起信论》"一心开二门"思想的影响。《大乘起信论》中最著名的论断："依本觉故而有不觉，依不觉故说有始觉。"②此说对中国佛教影响巨大，影响了大乘的各个宗派，尤其是华严宗。众所周知，法藏也受其影响巨大。李通玄在《新华严经论》中，多处直接引用了《大乘起信论》中的思想，甚至直接用"如来智"来代替了《大乘起信论》中的"觉"这个词，将《起信论》中的"依本觉而有不觉"，转换成为"依如来智而有不觉"；将"依不觉说有始觉"直接转换成"依无明上而有觉"。可见在李通玄的概念体系中，"如来之智"与"觉性"的概念是可以互通的，而"无明"与"不觉"也是可以互通的。李通玄受《大乘起信论》中"本觉思想"的影响是毋庸置疑的。

（四）中国传统儒道思想的影响

当代学者研究李通玄，最注重的即是他的"以易解华严"思想。关于李通玄的传记都记载李通玄在年少时钟情于易道，而且研究得十分精彻。直到四十岁才"绝览外书"，专门研究佛学，尤其是《华严经》。因此，中国传统的儒道思想，尤其是《周易》，对李通玄思想的影响是毋庸置疑的，同样也是李通玄华严思想一个很重要的来源。

---

① （唐）李通玄：《新华严经论》卷14，《大正藏》第36册，第812页中—812页下。
② （梁）真谛译：《大乘起信论》卷1，《大正藏》第32册，第576页中。

　　《周易》即《易经》，是儒家重要的经典之一。《易经》为春秋群经——《易》《诗》《书》《礼》《乐》之首，相传为周人所做作。《周易》是中国传统文化思想中人文与自然科学的典型代表，甚至被誉为中华文明的源头之学。几千年来，《周易》思想对中华文明的政治、经济、文化等各个方面都产生了深刻的影响。作为中国传统的读书人，李通玄不可能不受其影响。李通玄放旷无拘的性情，也是深受中国传统隐士风格的影响。无论是中国传统的知识结构，还是风俗习惯，都潜移默化地贯穿在李通玄整体的注经风格当中，成为其华严思想中不可分割的一部分。

　　佛教自汉代传入中国，就面临着与中国传统文明的融合与博弈的问题。魏晋南北朝时期盛行的格义佛教——用本土儒家、道家的思想来解释佛学的一种理论，就是中华文化与佛教融合与博弈的最重要的表现之一。在当时，很多佛学家都习惯援引玄学的理论来解释佛教，学习《周易》的佛教人士更是层出不穷。东晋时期的慧远十分喜欢《周易》，对易学也进行了非常深入的研究。智者大师在《摩诃止观》中说："易判八卦阴阳吉凶，此约有明玄。"① 尽管智者大师认为《周易》等世间学问均属于"外道"，但是，从他对《周易》的把握来看，无疑是认真学习并研究过的。

　　进入唐代后，中国传统的儒道两家以及佛教都有了很大的发展，各种文化并行发展，既相互斗争，也相互借鉴、影响。佛教徒和道教徒研究儒家《周易》的人不在少数。与李通玄同时代的法藏，同样在其论著中偶尔采用以《周易》注解《华严》的方法。如法藏解释"南"有四义：一为正，南方代表正。二为明，背暗向明的意象。三为无增无灭，东西方的日出、日落有增有减，而南则无，表中道。四为生，也同李通玄的解释一样，认为南代表着生发、阳、正等含义。② 魏道儒认为："法藏把'南'解释为'正、明、生、阳'，明显是受了《周易》的影响。"③ 不过，法藏以这种方法来解释《华严经》的地方为数不多，不够直接和

---

① （隋）智顗：《摩诃止观》卷10，《大正藏》第46册，第135页上。
② （唐）法藏：《华严经探玄记》，《大正藏》第35册，第453页中。
③ 魏道儒：《中国华严宗通史》，江苏古籍出版社2001年版，第175页。

明显。澄观也曾经有过类似的解释方式，但同样为个别的现象。李通玄则是对《周易》进行了大规模的、直接的引用，因此，后人多认为李通玄华严思想的特色即是"以易解华严"。

对于李通玄的"以易解华严"，笔者在李通玄的表法思想中，会做比较详细的论述。李通玄认为东方为震卦，为卯位。震为长男，为头，为首，为吉庆，为春生。因此，无论是世间法，还是佛法，都以东方为初首，象征着日出之光明能够普照万物。文殊可以震卦表示，因为文殊为入法界之初。普贤也可以用此表示，因为普贤为行之首。

李通玄认为南方为离卦，在《周易》中，南方离象征着明、正、日、虚无等。因此，在李通玄看来也象征着与虚无类似的"虚空"，代表着空性、般若。"南方者，为明为正，以主离故。离为明，为日。为虚无，即无垢也。"①

西方为兑卦，为秋、杀之位，因此也象征着慈悲，代表着苦圣谛。

北方，为坎卦，为黑、愚，又象征着君位与师位。因此，也代表着破除黑暗、愚痴。

东北方为艮卦。艮代表着山、石，童蒙、初明、高显、寂静等。"以明定体遍与诸位、诸行修进，启蒙发明，清凉惑热，进修始终之本末，故为艮。"②

东南方为巽卦。巽代表着风，代表言说。"巽卦位在东南，爻辰持丑为艮位，艮为小男。为童蒙，为明。巽为风，教化童蒙令发明故，如来法之。"③

西南方为坤卦。坤就象征着顺、柔，母亲、大地、大众等。就如方便波罗蜜中，以大悲为母，顺生死之流，教化众生顺入正法。

从周易的角度讲，西北方代表父亲、刚强，代表与坤相对的天。此外还有上、下两方，不再详述。

从以上论述可以看出，儒家作为李通玄华严思想的一个渊源是毋庸置疑的。李通玄还在其著作中专门用易的解释方法解释了孔丘名字的

---

① （唐）李通玄：《新华严经论》卷8，《大正藏》第36册，第768页下。
② （唐）李通玄：《新华严经论》卷17，《大正藏》第36册，第830页下。
③ （唐）李通玄：《新华严经论》卷15，《大正藏》第36册，第815页下。

含义：

> 如孔子头顶下如反宇，表处俗行谦之道，以身表法，像尼丘山，似彼山顶中下，非彼山因求祠而生，此俗说非也。姓孔者，圣人无名无姓，以德为名为姓，非以俗姓为姓。约德以有，究明之德。以之姓孔，孔者，究也，以行化蒙；名之为丘，丘者，山岳之称，以艮为山、为小男、为童蒙。因行所化，而立名也，故名丘也。亦以德超过俗，名之为丘。亦至德尊重，无倾动之质，名为丘。①

儒家思想，尤其是《周易》的思想，对李通玄的影响是巨大的。中国本土的道家思想等，也或多或少对李通玄有一定的影响。不过这种影响主要表现在语言学方面。面临异域文化的进入，本土文化通过这些细微的方式与外来文化进行着潜移默化的交融。李通玄讲述根本智的难得与重要性，采用了道家语言的表述方式。"如是之智以如上五位和会进修，乃得成故，独修一法不可得也。只可多不离一，不可守一以为自然。"② "方广虚门，净秽互参于无极。"③ 这些论述中的守一、自然、虚门、无极等都是道家的表达方式。当然，这对于李通玄来讲，也只是在自己原本具有的文化背景下很自然的表达方式而已，属于语言借用的范畴。

尽管儒（道）家思想是李通玄华严思想的渊源之一，大量引用儒家的《周易》来解释华严，毋庸置疑有会通不同文化的巨大意义。但笔者认为，李通玄对于儒家的借用还仅仅是限于解释学的范畴——仅仅是一种解释经典的方法和手段，不是最终的目的。李通玄整部《新华严经论》所展现出的大乘佛学的圆顿思想精华才是真正值得我们去学习、研究和发扬的。李通玄的"以易解华严"，尽管作为一种解释的方式、手段很新奇，值得重视，但如果因此而忽略李通玄华严思想中有关佛学精髓的大乘圆顿思想，则是得不偿失的。正如洪梅珍所说："盖不论是以易解佛或以传统文化解佛，对李通玄而言，这些都是解经的手段与方法，是在其

---

① （唐）李通玄：《新华严经论》卷40，《大正藏》第36册，第1003页下。
② （唐）李通玄：《新华严经论》卷33，《大正藏》第36册，第948页上。
③ （唐）李通玄：《新华严经论》卷6，《大正藏》第36册，第759页中。

学思背景与民族传统文化的熏染下，灵活运用所熟悉的世间学问以俗会真的表现，绝不能将这些手段与方法视为其华严教学重点之所在。毕竟'方法'虽有助于了解李通玄所参悟的真理，但绝不是'究竟'；一旦落入以中土文化作为言诠手段的民族自信的迷思之中，就远离了李通玄以之为诠释方法的初衷。"①

---

① 洪梅珍：《李通玄及其华严学之研究》，博士学位论文，高雄师范大学，2010 年。

第 二 章

李通玄的判教论

关于李通玄的判教论，魏道儒先生在其《中国华严宗通史》（2001年）中有一小节的论述，比较简略地讲述了李通玄的经文组织与判教思想；邱高兴在《李通玄佛学思想评述》（1996年）中有一章的论述，论文《李通玄与法藏的佛学思想比较》中有一小节论述；韩焕忠在其论著《华严判教论》（2014年）有一节专门论述"方山长者"的判教，主要介绍了其十教十宗说；桑大鹏的论文《李通玄对〈华严经〉性质和结构的解说》中也有一些论述；论述的最为详细的是洪梅珍的《李通玄及其华严学之研究》，她用了很长的一章篇幅，从各个角度论述了李通玄的判教思想。

李通玄的判教思想不同于其单纯的判教说，一般说李通玄的判教说，就是其"十教十宗"的判教理论，再加上其"十处十会"的华严结构说。洪梅珍在其《李通玄及其华严学之研究》中比较详细地论述了李通玄的判教思想，除了十教十宗、十处十会说，还着重论述了其判释经典的"宗趣"。这一点对于李通玄的判教思想来说是很重要的，在本书中，笔者也会采用这一说法。

对于李通玄的判教理论，诸位学者的研究情况大致如此。笔者通读李通玄著作文本，力图对李通玄的判教思想做一个比教全面和深入的论述。对李通玄所涉及到的关于判教思想的大部分内容，从各个角度做一个比较详细的梳理，并且探寻李通玄这样进行判教的内在原因，以期能够比较完整地呈现李通玄判教思想的全貌。其判教思想中的"十教十宗"说确实是非常重要的一点，但还有很多未被挖掘与整理的其他判教思想，笔者期望能够在这一方面有所突破。

李通玄的判教思想，在其最重要的著作《新华严经论》中已经论述完备，因此，本文在论述其判教思想的时候，就以《新华严经论》为中心。《新华严经论》的结构是很明显的，前 8 卷为综述，综述部分李通玄着重论述了其判教思想，以及《华严经》的宗乘、宗趣等方面的内容。在前 7 卷中，李长者提出了将《华严经》作"十门分别"："第一依教分宗、第二依宗教别、第三教义差别、第四成佛同别、第五明见佛差别、第六明说教时分、第七净土权实、第八摄化境界、第九因果延促、第十会教始终。"① 这十门分别为贯穿李通玄判教思想的纲要，层层论述了李长者所认为的《华严经》与其他经典、华严宗与其他宗派的不同之处，以彰显《华严经》作为一佛乘、圆教一乘以及"别教一乘"的殊胜之处。第 8 卷作为过渡的章节，从几个层面概说全经的宗趣、结构、分段、意义等。从第 9 卷至第 40 卷末，都是逐章、逐品、逐句地解释《华严经》的经文。因此，其判教思想的内容，也就着重在前八卷中。李通玄将判教思想作为其整部论著综述最重要的内容，也可见李通玄对判教理论的重视。

第一节 判教目的及"别教一乘"说

一 佛教判教的内涵及意义略说

判教，又称"教相判释"，即对各种佛经进行总结、分类，判定其类别、先后及地位。② 依教说的形式、方法、顺序、内容、意义等，对佛经进行分类，以明佛法真意。佛教经典浩瀚繁杂，数目极多。其中因为经典出现的时间、因缘以及听法对象的不同，佛经典籍所讲述的内容也有不同的角度及层次，甚至会有互相矛盾的地方。因此，需要对佛典进行一定的判释以及分类，判教的形式也就应运而生。

在很多佛典自身中，已经隐含有初步的教相判释的思想。例如《法华经》示大、小乘之别；《楞伽经》显示顿、渐之别；《涅槃经》中分五味（五时）教；《解深密经》说三时教；《大智度论》有三藏与摩诃衍、显露与秘密之说；《十住毗婆沙论》分难行、易行二道，都是教相判释的

---

① （唐）李通玄：《新华严经论》卷 1，《大正藏》第 36 册，第 721 页中。
② 陈兵：《新编佛教辞典》，中国世界语出版社 1994 年版，第 20 页。

初步表达。佛教流传到中国，由于不同的典籍传译的时间并不一致，造成了人们对于不同教义理解上的困难，不同的义理出现相互矛盾的情况更多。因而，历代祖师大德或依自己的学修经验，或依本宗派的立场对佛教的教义、教理作出编排和解释，将经论按照不同的体系和方法加以系统化，对其价值、意义作出判定。这就出现了种种不同的判教理论。

二　判教目的

《阿毗达磨大毗婆沙论》卷79中说："佛以一音演说法，众生随类各得解，皆谓世尊同其语，独为我说种种义。"[①] 佛以一音说法，众生随类得解，可谓是中国佛教建立判教的重要依据。正是因为众生根器不同，对佛教义理的理解千差万别，因此，才需要判教。自魏晋南北朝到隋唐以后，佛教诸宗派纷纷提出各自不同的判教说。在南北朝时期，判教说就已很盛行了。慧远《大乘义章》卷1中记载，晋刘虬有五时七阶说。东晋的竺道生，刘宋时期的慧观、后魏菩提流志、北魏慧光以及隋朝天台宗的智者大师，都提出了自己的判教观。法藏作为华严宗的实际创始人，也是华严判教中最有影响的人物，无疑把握了判教的重要意义："纵无教证，依彼义异，尚须分宗，况圣教云披，焕然溢目矣。"[②] 李通玄也在《新华严经论》第1卷起始即表明为什么要对教相进行判释，"只为器有差殊，轨仪各异；始终渐顿，随根不同"[③]，正是因为研究或修学佛法的人"器有差殊"，佛法的仪轨也各有差异，因此有随根器不同而产生的始、终、渐、顿等教义上的差别。"若不咸举众宗，类其损益，无以了其迷滞者矣。"[④] 如果不对众宗派进行一个合理的判释，"类其损益"，就不能解释修学者诸多的疑惑。

就判教目的来说，李通玄认为，判教最终的目的绝不仅仅是分类，解释疑惑，而是为了"使得学者知宗，迁权就实，不滞其行，速证菩提"[⑤]。也就是说，"迁权就实"——舍离三乘权教，修学大乘实教，"速

---

① （唐）玄奘译：《阿毗达磨大毗婆沙论》，《大正藏》第27册，第410页上。
② （唐）法藏：《华严一乘教义分齐章》卷1，《大正藏》第45册，第478页中。
③ （唐）李通玄：《新华严经论》卷1，《大正藏》第36册，第721页下。
④ 同上。
⑤ 同上。

证菩提"，才是李通玄对《华严经》进行判教最根本的目的。李通玄对
《华严经》的判释，可以从以下几个方面来进行说明。

三 判《华严经》为圆顿教

圆教，指究竟圆满之教。顿教，指与渐教相对而立的教法，指顿证
佛果之教门。一般将此两者合称为圆顿教。《佛学常见词汇》解释"圆顿
教"为"大乘穷极的实教，若悟圆教之理，能顿入佛位，顿足佛法，故
名圆顿"①。圆顿教所讲道理至圆、至顿，深奥难解，因此一般认其为中
国佛教发展的顶峰。比较明确说《华严经》为圆顿教的是华严宗二祖智
俨。"三言圆教者，为于上达分阶佛境者，说于解脱究竟法门，满足佛事
故名圆也。此经即顿及圆二教摄。"② 李通玄对《华严经》的推崇，首先
表现在他把《华严经》判定为圆顿教。李通玄在其《新华严经》论中，
并没有直接论述说《华严经》为圆顿教，但是其思想处处体现出这种
观点。

李通玄在《新华严经论》卷 1 中，开宗明义即说，此经所述法门彰
显极其圆满、圆融的佛果体用法门。"善财发明导首，用彰来众齐然。又
成五位法门，具德行。……遂信首文殊之前，正证妙峰之顶。经过五众，
成一百一十之法门。至慈氏之园，结会一生之佛果。返示文殊之初友，
明以果同因。后入普贤之身，彰体用圆极。"③ 同卷中，李通玄将《华严
经》与其他经典进行了多处对比。其中，此经宗趣圆顿，是与其他经典
非常重要的区别之一。"不同《华严经》毗卢遮那所说也。……圆教之
宗，一下顿示本身法界，大智报身，因果理事齐彰。"④ 李通玄强调《华
严经》作为一乘圆顿之教为实教，其他为三乘权学之教。此一乘圆教
"一圆真报，不生不灭，不常不断。性相无碍，自在果海法门，直受上上
根人"⑤。权教与实教是根据不同根器的人而设立的不同教法。佛学法门
千差万别，但是，作为学人还是要明了此权实、真假，不能够长久地滞

---

① 陈义孝编：《佛学常见词汇》，台北：文津出版社 1990 年版，第 269 页。
② （唐）智俨：《大方广佛华严经搜玄分齐通智方轨》卷 1，《大正藏》第 35 册，第 14 页中。
③ （唐）李通玄：《新华严经论》卷 1，《大正藏》第 36 册，第 721 页中。
④ 同上书，第 722 页上。
⑤ 同上书，第 729 页上。

碍于权宗而迷失一乘圆满之教。因此，无论是权教还是实教，最终都将归于此一乘圆满之教。"此义故圣说不同，或渐或圆，应诸根器。如此经教顿示圆乘，上上乘人所应堪受。设不堪受者当须乐修，究竟归流毕居此海。"① 需要的只是学人不要妄自菲薄，在初发信心时即能够以此一乘圆顿之教为所依，为发信心之首，就能够在后面的修学中直入一乘法门。至十住位时便能够"初发心即成正觉"。

李通玄将《华严经》与《涅槃经》进行对比，认为《涅槃经》中所讲是位阶十地以后，才能够证得佛果。而《华严经》则是："十住菩萨初心见道，顿见自他无始无终，无古无今，本来是佛。身心性相本是佛生。以此佛门以为解脱。乘如来乘直至道场。"② 李通玄认为，《华严经》是顿证佛果的法门，十住初心见道，则能够顿见法界实相，自己的身心、性相本来是佛。按照此法门来修学，则能够乘如来乘，直达佛果。李通玄认为，按照《华严经》修学，十住初心，就已经算是成就佛果了，因为见到了法身佛性，无作之智果。能够与法身无作之智相应，那么就是"一念相应一念佛，一日相应一日佛"③，无须经过三乘权教所谓的"三大阿僧祇"劫。如果学人心中有以时间为真实的见解，那么，对于觉悟来说，这本身就是巨大的障碍。佛教中一般认为，修行者从初发心到圆满成就佛果，要经历三大阿僧祇劫，词典解释阿僧祇为"极数不能知，是名一阿僧祇"④，表示极长、不可计量的时间。一般认为，如果是大乘发心，要经过菩萨五十二阶位。其中，十信、十住、十行、十回向，地前菩萨位的修行，经历一阿僧祇劫。地上菩萨，初地至七地，经历第二阿僧祇劫；八地至圆满佛果，为第三阿僧祇劫。小乘发心则有另外的计算方法，这里不再详述。《大乘起信论》中也说一切菩萨都要经过三大阿僧祇劫的修行，不能超越。李通玄对《华严经》进行解说，却坚定地认为，华严为至圆至顿之教，若真能依其圆满教义发心，必然"初发心时即成正觉"。在其华严思想的修行论中，他多次强调了不经过三大阿僧祇

---

① （唐）李通玄：《新华严经论》卷4，《大正藏》第36册，第740页中。
② （唐）李通玄：《新华严经论》卷2，《大正藏》第36册，第729页下。
③ 同上书，第733页上。
④ （南宋）法云编：《翻译名义集》卷3，《大正藏》第54册，第1107页上。

劫的内在逻辑，那就是如果能够证悟法界实相，那么，所谓时间的长短，本身也就是虚妄的执念。如果不破除这种妄执，是不可能证悟实相，成就佛果的。而按照华严圆教的观念去修习、证悟，在十信终、十住初，就能够与佛的智慧齐等，因此，从某种意义上讲，也可以说是成就佛果了。《新华严经论》卷4云：

> 如《华严经》，但于地前三贤，初发心住中，即能顿证佛果法门。普印诸位十住、十行、十回向、十地等觉等位，如印印时，文相具足，无前后际。即以初发心时，顿印三界无明，便为佛智之海。以如来法身、智身、大悲之印，一时顿印世间，以为法界大用。无前后故，法如是故。不同权教，法外施设，且引三根来归一实故。①

《华严经》作为圆顿法门，在初发心住，即能够顿证佛果。就如同印文一样，印时即成，无前后之分。其圆顿表现在，初发心时就能够顿证三界的分别无明，即为佛智慧之海。这个充满烦恼与痛苦的五蕴世间本身，就是法界全体大用，无世间、出世间的二元对立。菩萨如果能够依初发信心时所信之圆满佛果圆发心，则能在初住位顿证圆果。而初发信心之信与初住位之证，均与无明与智慧的关系问题十分密切。此论题也是佛教中非常重要的一点，如何看待这个问题也是大乘与小乘，一乘与三乘的分界处之一。李通玄的这种看法，是极圆、极顿的。小乘一般认无明为实有，因此汲汲于断烦恼而入涅槃。大乘空宗一般认为，证悟到无明本空，即能够顿断三界无明。李通玄则认为，大乘圆教顿悟三界无明，即为根本智体（佛性、心体）。关于无明与根本智体之关系问题，在后面会有比较详细的论述。总之，李通玄认为《华严经》顿示圆成，是上上根人才能够修学的法门，很明显地表现出了将《华严经》判为圆顿教的思想。

四　别教一乘说

"别教一乘"理论最初是由华严宗二祖智俨提出的。他并没有明确提

---

① （唐）李通玄：《新华严经论》卷4，《大正藏》第36册，第742页上。

出"别教一乘"的说法，只在《华严经内章门等杂孔目章》中提出了同、别二教。智俨引用《法华经》中的说法"界外别索大牛之车"为别教，"会三归一"为同教。① 正式而且鲜明地提出"别教一乘"说的为法藏。王仲尧在其《隋唐佛教判教思想研究》中，认为法藏判教的思想特征即是其"别教一乘"说。② 天台宗所依据的经典为《法华经》，在天台的判教中，《法华经》无疑具有至高无上的地位。而且，《法华经》本身就是一乘圆教的典型代表。因此，对于华严宗的人来说，怎样判定《法华经》就成为判教中必须引起足够重视的问题。法藏作为华严宗的实际创始人，既要承继天台判教的一乘圆教说，又要凸显出本宗的高明之处。因此，在通过对比分析后，法藏提出了《华严经》为"别教一乘"，而《法华经》则为"同教一乘"。

在法藏最重要的著作《华严一乘教义分齐章》中，他用十门来论述《华严经》作为"别教一乘"的殊胜之处：建立一乘；教义摄益；古今立教；分教开宗；乘教开合；起教前后；决择其意；施设异相；所诠差别；义理分齐十门。《华严一乘教义分齐章》卷1开篇即说："初明建立一乘者。然此一乘教义分齐，开为二门。一别教，二同教。"③ 在后面，法藏又旗帜鲜明地提出了别教一乘的理论依据。"分相门者，此则别教一乘，别于三乘，如《法华》中，宅内所指门外三车，诱引诸子令得出者，是三乘教也；界外露地所授牛车，是一乘教也。"④ 同教一乘，在《法华经》中以门外三车为所表，表示引权归实，会三为一。而别教一乘则以露地白牛为代表。法藏用了比较庞大的体系来论述别教一乘的殊胜之处，在此不再多叙。

在这一点上，李通玄表达了与法藏非常一致的看法。甚至可以讲，在同别问题上，李通玄是将法藏的判教思想进行了演绎与解说。李通玄在其判教体系"依教分宗"中，将佛教分为十宗。其中，他将《法华经》列在第七："第一小乘戒经，为情有宗。第二菩萨戒，为情有及真俱示为

---

① （唐）智俨：《华严经内章门等杂孔目章》，《大正藏》第45册，第585页下。
② 王仲尧：《隋唐佛教判教思想研究》，博士学位论文，武汉大学，1998年。
③ （唐）法藏：《华严一乘教义分齐章》卷1，《大正藏》第45册，第477页上。
④ 同上。

宗。第三般若教，为说空彰实为宗。第四《解深密经》，为不空不有为宗。第五《楞伽经》，以五法、三自性、八识、二无我为宗。第六《维摩经》，以会融染净二见，现不思议为宗。第七《法华经》，会权就实为宗。"① 在这里李通玄说《法华经》是会权就实，引导三乘之人会归为一乘实教，"引众流而归大海，摄三乘而还一源"②。李通玄在其论著中明确肯定了法藏将《法华》判为共教，而将《华严》判为别教。"藏法师等前诸大德，会为共教，一乘为三乘同闻法故。《华严经》为别教，一乘为不与三乘同闻故。"③ 李通玄对此深以为然。"《法华经》引权器以归真，《华严》者顿大根而直受。虽一乘名合，法事略同。论其轨范，有多差别。"④ 李通玄对此专门论述了《法华经》与《华严经》的 10 种差别："一教主别，二放光别，三国土别，四请法主别，五大会庄严真化别，六序分之中列众别，七龙女转身成佛别，八龙女成佛所居国土别，九六千之众发心别，十授诸声闻远记别。"⑤

第一，教主别。李通玄认为《法华经》为化佛所说，所以，才需要已经灭度的多宝如来为做证明，证明《法华经》为三世诸佛共同宣说。《华严经》的教主则是毗卢遮那，"法报理智真身，具无量相海功德之所庄严"⑥。毗卢遮那为法身、报身、智身、真身，并非化身。此佛报身庄严，重重无尽，同时"古今一际，非三世故"⑦。因为是本报佛所说，所以此经为向大根、顿根之人宣说。此为第一别。

第二，放光表法别。李通玄认为宣说《法华经》时，虽然佛放出眉间光明（李通玄的放光表法思想认为，眉间光表佛果德光明），但是，其光明仍有限量。不似《华严经》中所说，佛放光明无量无边。而且《华严经》中，佛自脚底、脚趾、脚上、膝上、眉间、头顶等均放光明，各有所表。放光表法是李通玄很重要的一个表法思想，也有学者专门写过

---

① （唐）李通玄：《新华严经论》卷1，《大正藏》第 36 册，第 721 页下。
② 同上书，第 725 页上。
③ 同上。
④ 同上。
⑤ 同上书，第 725 页中。
⑥ 同上。
⑦ 同上。

放光思想研究的论文。佛身不同部位所放光明，有不同的表法。如脚趾放光代表因位的光明，而眉间放光则表果位的光明，膝上放光，以似膝盖的随意弯曲回旋表示回真入俗等，不再详述。《华严经》中，佛身身上不同部位均放光明，表示此经完整地叙述了菩萨道直至成佛的过程，为圆满无缺的一乘法门。

第三，国土别。说《法华经》的时候，佛陀三次使用神力，使本为秽土的娑婆世界变为净土。说《华严经》时，当体即泯灭了净秽二边的对立。"即此娑婆世界即是莲华藏世界，一一世界，互相含入。"① 李通玄认为，有净秽对立，无疑是因为内心还有净秽分别的权说，并非实说。

第四，请法主别。在说《法华经》时，请法之主为舍利弗。而在说《华严经》时，则是佛陀令文殊、普贤等诸大菩萨，各自宣说自己的当位法门。舍利弗是佛的常随弟子之一，是声闻乘的典型代表，在佛陀诸弟子中智慧第一。而普贤、文殊则是大乘佛教的典型代表，文殊代表着法身智慧，普贤代表着万行庄严，二者同说《华严经》，这无疑代表着一种境界上的提高和圆满。李通玄认为，《华严经》中都是"总令十信、十住、十行等当位之内菩萨自说，佛但放光表之"② 诸大菩萨自说当位法门，目的是"为悟大根者故，顿将佛果直受为因"③。只有在说《阿僧祇品》《随好光明功德品》时，由于法门的广大难量或者其他原因，才由佛亲口自说。

第五，大会庄严真化别。在说《法华经》时，佛以神力令三千大千世界清净庄严，其中充满了化现的众生，而所来的诸佛也都是化现。在说《华严经》时，所有十处十会④之众，则是"皆满十方，不移本处，而充法界。一一身相及身毛孔，国刹重重，菩萨佛身，互相彻入。杂类众生，亦皆无碍，身土相彻，如影含容"⑤。华严海众，充满法界，却又不移本处，身及土互彻含容，正体现了华严事事无碍的最为圆满的境界。

---

① （唐）李通玄：《新华严经论》卷1，《大正藏》第36册，第725页中。
② 同上书，第725页下。
③ 同上。
④ 李通玄认为《华严经》的组织结构并非一般所说的"七处九会三十九品"，而是"十处十会四十品"，具体说法及原因后面会有所述及。
⑤ （唐）李通玄：《新华严经论》卷1，《大正藏》第36册，第725页下—726页上。

李通玄认为，所有这些并非化现，而是法界真实相状的表现，全相即真。不似其他，真化相参，在《华严经》中，所有境界皆真，一真一切真。

第六，序分之中列众别。在《法华经》中，列举了参加法华会的人众，先列声闻二千人，然后列佛陀出家之前的姨母、妻子等，然后列举菩萨众八万，再次天龙鬼神等。《华严经》则不同。华严海会上，首先列举上首菩萨，有十佛世界微尘数。然后是执金刚神、诸神龙天等，所来众有五十五部。"一一部从各别，各各部从，各有佛世界微尘数众。或有部从直言无量。"① 各个部众的数量，都是以佛世界微尘数来表示，或者直接说无量无数。这是因为在华严境界之中，"佛身众海，无边法界以重重，一一诸身，普含容而无际。一身即以法界为量"②。不似其他经典中的境界，皆有限齐，数量都有边际，显示出一乘圆教的殊胜之处。

第七，龙女转身成佛别。在《法华经》中讲龙女年始八岁，智慧猛利，发菩提心，以宝珠献佛，忽女转男身，后于南方无垢世界成佛。李通玄认为，《华严经》则不如是，只要能够去掉俗世情见，则无所谓女转男身之说。"但使自无情见，大智逾明。即万法体真，无转变相。"③ 并列举《维摩经》中天女不转女身之公案。李通玄指出，《华严经·入法界品》中，善财童子参访五十三善知识，各显现不同的形象，包括菩萨、比丘、比丘尼、长者、童子、优婆夷、童女仙人、外道等，各自具有不同的菩萨行，各自都具有无量广大的佛法。"随诸众生见身不同，不云有转。"④ 其原因在于"若以法眼观，无俗不真。若以世间肉眼观，无真不俗。"⑤ 李通玄在此处说《法华经》是为了引三权归一实，其说经对象是权教三根，还不能深信大乘实教，因此让龙女快速转身成佛，使令权根小信之人心生奇特，从而升起对大乘法的信心。同时，龙女刹那成佛，也是为了破除权根小信之人对于时间的执着，认为成佛一定需经过三大阿僧祇劫。"令于刹那证三世性，本来一际，无始无终，称法平等。裂三乘之见网，撤菩萨之草菴。令归法界之门，入佛之真实宅。故

---

① （唐）李通玄：《新华严经论》卷1，《大正藏》第36册，第726页上。
② 同上。
③ 同上。
④ 同上书，第726页中。
⑤ 同上。

令龙女成佛。"① 而《华严经》作为法界缘起之门，则不需显现此种转变之相。"华严经法界缘起门。明凡圣一真，犹存见隔。见在即凡，情亡即佛。称性缘起，俯仰、进退、屈身、谦敬，皆菩萨行。无有一法可转变相，有生住灭。是故不同龙女转身成佛。"②

第八，龙女成佛所居国土别。《法华经》中一个著名的公案即是龙女成佛。龙女向佛献宝珠后，"即往南方无垢世界，坐宝莲华，成等正觉。三十二相，八十种好。普为十方一切众生，演说妙法。"③ 李通玄认为，《法华经》中言龙女是往南方无垢世界成佛，南方无垢，有其特定的含义："心得应真故称无垢，正顺本觉故号南方。"④ 有其理即有其事，《法华经》中所指示的南方确有其国。但是，李通玄认为，"若有别住南方，自他彼此犹隔，此乃犹顺三乘，分别引权根而生信解。"⑤ 这说明了《法华经》所导，犹是三乘权学。此不同于《华严经》所言，"顿印法界之体，自他相彻，一一微尘之内，住因陀罗网之门"。⑥

第九，六千之众发心别。《法华经》中龙女在南方无垢世界成佛时，婆婆世界的菩萨、声闻全部都遥遥礼敬。在李通玄的华严思想中，有一个很值得注意的思想，即"配法观心"思想。李通玄认为，经文中所有的字词，都有其特定的含义，不可只做表面的理解。比如《法华经》中的"遥敬"，在李通玄看来，固然有遥遥礼敬的含义，但是，更重要的是表达了一种证悟境界上的不足，自他相隔，所以才称"遥敬"。如在《新华严经论》卷8中，李通玄说："明三乘权学信而未自证故，言遥见。夫法界一真，自他相彻。若当自得，焉得称遥见。"⑦ 所以，李通玄认为，《法华经》中的遥敬，正是彼此、自他未亡的权学之见，有为菩提。《华严经》中则是全然不同的境界："普门法界，普见法门，如来藏身三昧境，因陀罗网庄严法门，世界海旋，重重妙智，一时同得。为一证一切

---

① （唐）李通玄：《新华严经论》卷1，《大正藏》第36册，第726页中。
② 同上。
③ 《妙法莲华经》卷4，《大正藏》第9册，第35页下。
④ （唐）李通玄：《新华严经论》卷1，《大正藏》第36册，第726页中。
⑤ 同上书，第726页下。
⑥ 同上。
⑦ （唐）李通玄：《新华严经论》卷8，《大正藏》第36册，第768页下。

证，一断一切断故。即自身之内，有十方诸佛刹，刹海庄严。佛身之内，即自身之境，重重隐现。十方世界法合如斯。……一切众生亦复如是。迷之与悟虽然有殊，本来佛海元本不出。云何《法华经》中娑婆之众，有遥敬礼，以此事仪、法则，与《华严》全别。"①

第十，授诸声闻远记别。在《法华经》中，龙女虽然为诸菩萨、声闻等示现了可以一时成佛，法界无时。三乘权学虽有"信顺之心"，但是，"余风未殄，未能顿证，远劫方登。故受远记"②。此处与《华严经》又不相同。李通玄认为《华严经》是"迷则处凡，悟则是佛"，是"乘如来乘，直至道场"③，大根直授的顿证法界大智之门。不需要授记经过无量远劫才能成佛。

李通玄非常详细地列举了《法华经》与《华严经》的这10种差别，以说明《法华经》虽然也是一乘、佛乘，但只是引权归实的"同教一乘"，而《华严经》才是顿示直受的"别教一乘"，"门前三驾且示权门，露地白牛方明正教"④。

关于《法华经》与《华严经》的差别，别教一乘的思想，李通玄在其他地方也有提到。如《新华严经论》卷2中，有人提问，《法华经》中门前三车中也有牛车，与露地大白牛车有何差别？李通玄回答说："如门前牛车，不云白色，不云装饰，为有漏故。且得一分胜人天乐，未得无作智身功德妙乐故。不同露地白牛之乘，具言装饰高广等事。此乃门前与露地之乘，全别不同。诸有余意，下文更明。是故《法华经》是会权入实，此《华严经》即诸佛根本所乘。"⑤ 关于这点差别，法藏有更加详细的论述。

法藏在论述三乘一乘差别时，其中涉及到门前三车与露地白牛的多种差别。权实差别中，法藏认为："以三中牛车亦同羊鹿，权引诸子务令得出，是故临门三车，俱是开方便门；四衢道中别授大白牛车，方为示

---

① （唐）李通玄：《新华严经论》卷1，《大正藏》第36册，第726页下。

② 同上书，第727页上。《法华经·授记品》中，佛陀为所有参与法华会的声闻、菩萨等都授予了远劫成佛的记莂。

③ （唐）李通玄：《新华严经论》卷1，《大正藏》第36册，第727页上。

④ 同上书，第727页中。

⑤ （唐）李通玄：《新华严经论》卷2，《大正藏》第36册，第733页下—734页上。

真实相。"① 法藏指出可以证明露地白牛不同于门前牛车的理由："三所明差别，以彼一乘非是界内先许三车。是故界外四衢道中授诸子时，皆云非本所望。……露地牛车本非悕冀故，今得之言非本所望也。"②《法华经》中讲到，长者为了引诱诸子出三界火宅，许以羊车、鹿车、牛车等"好玩之具"，是为门前三车。诸子得出火宅之后，却有不同于门前三车的露地大白牛车，装饰更加殊胜、更加庄严，所以才叫"本非所望"。超出之前的期望，代指"别教一乘"。另外，露地白牛车不同于门前牛车的还有："四德量差别。谓宅内指外，但云牛车不言余德。而露地所授七宝大车，谓宝网、宝铃等无量众宝而庄严等，此即体具德也。又彼但云牛不言余相，此云白牛肥壮多力，其疾如风等，用殊胜也。又云，多诸侯从而侍卫等，行眷属也。此等异相并约同教一乘，以明异耳。……此则不尔，主伴具足摄德无量。……此显一乘无尽教义，此义广说，如《华严》中。此约别教一乘，以明异耳。"③ 露地白牛车相较于门前之牛，还有许多殊胜之处。如牛更加肥壮多力，行走迅速。白牛车又多有侍卫、随从等，也有众宝无量庄严。因此，法藏认为，别授的大白牛车指代在出世间之上，是出世间上上法，是不同于其他的别教一乘。

　　由此可见，在判《华严经》为别教一乘这一点上，李通玄和法藏是相当一致的。有学者认为李通玄没有创宗立派的需要，所以在判教时没有刻意抬高《华严经》，也不存在抬高《华严经》的心理动机。如邱高兴在其《李通玄与法藏的佛学思想比较》中说："法藏处于诸宗竞立的长安，当时天台、唯识等宗派也有很强的势力，特别是唯识在当时的长安吸引了很多的信众，因此法藏在判教上就有很强烈的抬高本宗，而贬斥别宗经典的倾向。……李通玄既没有创宗的条件，也没有创宗的欲望，处于恬静的山野之间，没有法藏那种强烈的竞争要求，因此他在判教时用语也就缓和得多。"④ 通过李通玄和法藏关于别教一乘的判别分析，似乎不能得出这样的结论。李通玄身处山野，确实没有创宗立派的内在需

---

① （唐）法藏：《华严一乘教义分齐章》卷1，《大正藏》第45册，第477页上。
② 同上书，第477页下。
③ （唐）法藏：《华严一乘教义分齐章》卷1，《大正藏》第45册，第477页下。
④ 邱高兴：《李通玄与法藏的佛学思想比较》，《世界宗教研究》1998年第1期，第39页。

求，但是，他对《华严经》的推崇确是发自内心的，是很明确的、毫不忌讳的。李通玄对比《华严经》和《法华经》的 10 种差别，崇华严而略其他的倾向是十分明显的。更有一点，李通玄并未将《法华经》作为圆教一乘的特殊性体现出来。在将《华严经》与其他经典进行对比时，《法华经》与《涅槃经》《胜鬘经》等列于一处，没有单独给予特殊的说明，这一点曾引起天台僧人的强烈不满，对李通玄提出过诸多批评，兹不详述。

五 与其他经典的比较

李通玄的别教一乘说，还体现在他将《华严经》与其他大乘经典的比较，例如与《维摩经》的 10 种比较，与《涅槃经》的 10 种比较等方面。

（一）与《维摩经》的比较

作为大乘很重要的经典《维摩经》，又称《不可思议解脱经》，指维摩诘所说的解脱法门，为真实不可思议，所以说是"不可思议解脱法"。此经弹偏斥小，叹大褒圆，是很重要的一部大乘经典，也是对中国佛教影响极大的一部经典。李通玄在对比《维摩经》与《华严经》后，认为《华严经》与其有 10 种别，1 种同。尽管《维摩经》已经非常圆顿，但是比起《华严经》所具之法界大智法门，还是有其局限性的。

> 第六《维摩经》以不思议为宗者，《维摩经》与《华严经》十种别，一种同。十种别者。一净土庄严别，二佛身诸相报化别，三不思议德神通别，四所设法门对根别，五诸有闻法来众别，六说教安立法门别，七净名菩萨建行别，八所阐法门处所别，九常随佛众别，十所付法藏流通别。一种入道方便同。[①]

第一，净土庄严别。《维摩经》中所说净土，为如来以足趾按地，即显现出三千大千世界的众宝庄严。而《华严经》中，则是无尽佛刹、无尽庄严在一微尘之中。"具说十佛毗卢遮那境界，十莲华藏世界海，一一世界海，有无尽世界海，圆满十方佛境界，众生境界，互相涉入，不相

---

① （唐）李通玄：《新华严经论》卷 1，《大正藏》第 36 册，第 723 页中—723 页下。

障碍。"① 显示出华严境界的圆满无碍。

第二，佛身诸相报化别。李通玄分析指出，《维摩经》是显现出三十二相庄严的化佛所说。而在说《华严经》时，则是显现出九十七大人之相以及"十华藏世界海微尘数大人之相"② 的报身如来所说。

第三，不思议德神通别。李通玄认为《维摩经》中所说的菩萨神通，以芥子纳须弥，四大海水入一毛孔，以小小一间屋室能够容纳三万二千师子之座以及百千菩萨、声闻、天人等。又维摩诘显现神通，以手取断妙喜佛国来至此处等广大神变。其目的是为三乘权学之众示现神通，显示大乘佛法的神奇，并不是"法尔如是"。而《华严经》中的无量神变，则是法界本来如是的实相，并非刻意造作的神通变现。"以本法力，法如是故。能以一尘之内，含容十方，一切佛刹、众生刹。总在尘中，世界不小，微尘不大。十方世界，所有微尘，一一尘中，总皆如是。"③

第四，所设法门对根别。《维摩经》对二乘之根，目的是为了让他们回小向大，回向大乘。也针对执着净与不净的菩萨，让他们学习此圆融无碍的法门，从而泯灭净与不净、生死与涅槃等法执，达到彻底平等、清净的境界。不似《华严经》顿示佛门，十住初心便成正觉，即便圆融无尽。

第五，诸有闻法来众别。李通玄认为，在《维摩经》中，所来听法的大众，除了文殊、慈氏菩萨以及舍利弗等，其他的来众，都是三乘权学之众。而《华严经》中的所来之众，"皆是乘如来乘，佛智果德，自体法身，具普贤行。而随影现十方刹海一切道场，还成如来所乘本法，无有一个三乘根机"④。即便有三乘权学之众来入华严海会，也是如盲如聋，不睹不闻。李通玄比喻说，如盲人对日月，聋人闻天乐。

第六，设教安立法门别。《维摩经》的设教法门，为维摩大士显现不可思议的神通，以让二乘回小向大。又显现身有疾病，使令二乘得知染净无二之不二法门。不似《华严经》，直接陈述十住、十行、十回向、十地等菩萨大智法门。

---

① （唐）李通玄：《新华严经论》卷1，《大正藏》第36册，第723页下。
② 同上。
③ 同上。
④ 同上书，第724页中。

第七，净名菩萨示行别。净名菩萨为了表示大悲心，示现入生死，身染疾病。而《华严经》中毗卢遮那如来，其大悲则表现在入生死而成正觉，以此不同。

第八，所阐法门处所别。说《维摩经》，在毗耶离城菴罗园，维摩诘居室内所说。说《华严经》，则在"摩竭国菩提场中，及一切世界，及一切尘中说"①。

第九，常随佛众别。《维摩经》中，佛陀的常随众是五百声闻大弟子。说《华严经》时，一乘大菩萨为佛陀的常随众，数量为十佛刹微尘数。

第十，所付法藏流通别。李通玄认为《维摩经》中，佛陀将此经付嘱给弥勒菩萨，弥勒菩萨为授记继释迦牟尼佛之后成佛，是已经入佛位之大菩萨。而《华严经》则是将经典付嘱给初发菩提心的大心凡夫。其原因在于，只有凡夫能够修学此法门，并且修证悟入，才能够保持此法门的长久传承，使佛种不断。如果凡夫无缘修学，那么这部一乘圣典恐怕也很快会随着时间的推移而逐步散灭。因此，付嘱凡夫，而不是付嘱给已经入圣位的诸大菩萨。

从这里可以看出李通玄对《华严经》的无比推崇。他认为，《华严经》是极圆顿、极高明的一乘直至法门，即便是诸大声闻、修学六波罗蜜的诸大菩萨，都不能够完全理解此法门。而且，如果他们不修学此法门，也必将不能够成就佛果。但李通玄同时也认为此法门是付嘱给大心凡夫，并不是付嘱给诸大菩萨。因为大心凡夫只要能够对此一乘圆教法门升起信心，理解其中的深刻含义，并且认真修学，就能够于初住位成就无上圆满的佛果。这就是所谓的"极高明而道中庸"的道理。

（二）与《涅槃经》的比较

李通玄还将《华严经》与《涅槃经》进行了对比，也总结出 10 种别 1 种同。10 种别分别为，"一说法处别，二境界庄严别，三大会来众别，四所建法轮主伴别，五所来之众闻法别，六报土净秽别，七佛身权实别，八出生灭度现相别，九示教行相别，十从初为友轨范别"②。笔者也对此进行比较简略的叙述。

---

① （唐）李通玄：《新华严经论》卷 1，《大正藏》第 36 册，第 724 页下。
② （唐）李通玄：《新华严经论》卷 2，《大正藏》第 36 册，第 727 页下。

第一，说法处别。《涅槃经》是在拘尸那国阿利罗拔提河边娑罗双树间说，《华严经》则是在摩竭提国菩提树下说。说法的处所不同。

第二，境界庄严别。《涅槃经》中，娑罗双树间为吉祥福地，以佛陀神力所加，所有的土砾、砂石、荆棘、毒草等，都化为无量众宝庄严，相似西方极乐世界。而《华严经》中则有重重无尽的依正庄严、世界庄严、国土庄严，而此庄严皆是"如来自身实报之所庄严"①。并非是佛以神力使令庄严。因为所对根机不同，以致有此区别。

第三，大会来众别。与以上论述的区别一样，李通玄认为《涅槃经》中的来众，都是人天种姓或者三乘根机。《华严经》中则纯是一乘，大乘种姓。

第四，所建法轮主伴别，即请法之主的区别。《涅槃经》中，迦叶、文殊、狮子吼、舍利弗等，分别劝请佛陀讲法。而魔波旬，则劝请佛陀入涅槃。《华严经》中，则是"普贤、文殊、觉首、法慧、功德林、金刚幢、金刚藏等，如是十首、十慧、十林、十幢、十藏，佛果位内大菩萨"②。此诸大菩萨，非是往来可以限齐，"纤尘之内，有无尽身云。微毫之中，显现难思相海"③。而《涅槃经》中的迦叶、舍利弗等，则是显示声闻身，示同凡位。

第五，所来之众闻法别。李通玄认为，《涅槃经》中所说法门，为"诸行无常，是生灭法，生灭灭已，寂灭为乐"这个著名的偈语。其目的是为了引导有生灭二元对立的众生得知诸行以及涅槃皆无生灭，能、所心尽，方证大涅槃。"令知诸行、菩提，能证、所证涅槃悉是无常，生者本无，不证诸灭。无行无修，名大涅槃。"④ 而《华严经》则是，只要能够参加华严海会，初始发心，则能够即时达到理事自在、理行无碍的境界。"一时顿印，如印印泥，一时顿印，无有先后中间等。"⑤《华严经》为"最上大心者说，如将宝位直受凡庸，如夜梦千秋觉已随灭"⑥，为无上圆顿的一乘直至法门。

---

① （唐）李通玄：《新华严经论》卷2，《大正藏》第36册，第728页上。
② 同上书，第728页中。
③ 同上。
④ 同上收，第728页下。
⑤ 民上。
⑥ 同上书，第729页上。

第六，报土净秽别。《涅槃经》中所指佛报身土，为过三十二恒河沙佛土，目的是接引三乘权学，仍旧有净秽的二元对立，见此娑婆世界，以为不净，报身土乃说为净。而《华严经》作为一乘实教，即此娑婆世界本自清静无垢，十方世界也同样清净无瑕。

第七，佛身权实别。《涅槃经》中三十二相为权，涅槃无相为实。而《华严经》中，"毗卢遮那佛理事无二，不坏法身而随相海。无量无尽，即相即性，即报即理。如光如影，自在无碍"①。

第八，出生灭度现相别。《涅槃经》中为人天、声闻以及缘觉，则示现降生、八相成道以及入涅槃等相。为诸大菩萨，则说常乐我净、不生不灭。而《华严经》则"一圆真报，不生不灭，不常不断。性相无碍，自在果海法门，直受上上根人"②，没有层级、没有阶梯，大根直示。

第九，示教行相别。李通玄认为，《涅槃经》中所示法门，为渐见佛性法门，菩萨即使已经证到十地，仍然不能够了了分明，知见佛性。十住之位，则仅能少分知见佛性。而《华严经》则是"乘如来乘直至道场"的一乘直至法门，十住初心，就"能够顿见自他无始无终，无古无今，本来是佛。身心性相，本是佛生。以此佛门以为解脱，乘如来乘直至道场"③。《华严经》才是《涅槃经》中所比喻的"雪山有草，名曰肥腻，牛若食者，纯得醍醐"④之醍醐乘，不需要从奶酪等渐渐而生熟酥。

第十，从初为友轨范别。《涅槃经》中，雪山童子遇罗刹，听闻"诸行无常，是生灭法，生灭灭已，寂灭为乐"的偈语而悟道。讲如来不同于诸行，诸行有为无常，佛性涅槃则是"不可以行修，不可以心证"⑤。而《华严经》中善财童子，从文殊师利而发心，继而参访五十三善知识，直至普贤菩萨，皆言发菩提心，学菩萨道，行菩提行。原因在于《华严经》为法界缘起法门，理事无二，为即行是菩提的一乘圆顿法门。

《涅槃经》与《华严经》的一种相同之处是其雪山肥腻草的比喻，纯得醍醐，纯是一乘。

---

① （唐）李通玄：《新华严经论》卷2，《大正藏》第36册，第729页上。
② 同上书，729页中。
③ 同上书，729页下。
④ （北凉）昙无谶译：《大般涅槃经》卷8，《大正藏》第12册，第411页上。
⑤ （唐）李通玄：《新华严经论》卷2，《大正藏》第36册，第730页上。

李通玄在论述"依教分宗"时，很详细地论述了十宗说。其中涉及和小乘及《般若》《解深密经》《楞伽经》《法华经》《维摩经》《涅槃经》等诸多经典的比较。其中，比较详细的即是我们所列举的《法华经》《维摩经》《涅槃经》。从其中的比较，我们可以看出，李通玄对于《华严经》是一乘、圆顿直至最胜的圆满佛教，进行反复的述说与比较。但是，正如之前有学者指出，李通玄作为"山野派"，并没有开宗立派的内在驱动，因此，其所做的种种《华严经》和其他经典的分别，只是由于他自身对《华严经》的理解与契入。魏道儒在《中国华严宗通史》中说："通过评判佛教各派学说抬高本宗所尊奉的经典，进而抬高本宗的地位，对李通玄来说，的确没有必要。他的判教内容对其学说构成也没有重要影响。不过，相对于法藏的判教言，他贬抑《法华》的倾向还是明显的。……而在李通玄那里，宗派观念是没有的。他贬抑《法华》的主要原因，不过是针对法藏'同教一乘'之说提出一点小分别而已。"① 洪梅珍也持同样的看法，"李通玄通过其深湛的佛学造诣，判释诸经，其目的在高推《华严》为一乘圆教的殊胜地位。但这与维护华严宗的宗派利益或权威无关，应该是来自于他对于《华严》教理的契会。"②

第二节　《华严经》的宗乘、宗趣、教体

以上我们论述了李通玄的"别教一乘"说，详细地论述了李通玄将《华严经》与其他经典的对比。那么，李通玄认为《华严经》到底是怎样的一部经典呢？其宗趣、宗旨到底是什么呢？李通玄又是如何推崇作为一乘圆教的《华严经》的呢？这也是我们研究李通玄的判教思想所着重要分析的。

一　判别《华严经》宗乘

在李通玄的判教中，除了大家熟知的十教十宗外，也按照一般的佛教传统，将整个佛教分为"五乘"即人天乘、声闻乘、独觉乘、菩萨大乘，最后一乘则是作为最上乘的佛乘。人天乘讲述诸行皆悉是苦，尤其

---

① 魏道儒：《中国华严宗通史》，江苏古籍出版社 2001 年版，第 171 页。
② 洪梅珍：《李通玄及其华严学之研究》，博士学位论文，高雄师范大学，2010 年。

是恶道众生的没有福德苦，引导众生袪恶行善，远离诸难无福德处。讲述四圣谛，诸行无常，是生灭法。灭圣谛之涅槃寂静，是无为安乐之法。众生闻之，远离有为，勤修无为善法，此是声闻乘。声闻乘是通过其他人的语言而了解到圣谛的，因此智慧狭劣。独觉乘则是无师自悟，智慧更胜一筹。更有菩萨大乘，菩萨行六波罗蜜，不离菩提心，处生死而不厌，于生死海中度化众生，为菩萨乘。

最胜乘则是佛乘。《新华严经论》卷 2 云："第一乘、胜乘、最胜乘、上乘、无上乘、利益一切众生乘。若有众生信解广大，诸根猛利，宿种善根。为诸如来神力所加，有胜乐欲，希求佛果，闻此音已，发菩提心。此是佛乘。"[1] 李通玄称《华严经》所代表的思想为第一乘、最胜乘、无上乘、利益一切众生乘等，给予了至高无上的赞美。认为此佛乘甚深而广大，非三乘权教所能比。"法界圆满无限之乘，非是三乘权施设故，甚深广大无比。"[2] 其针对的对象为发起大心、求佛果，善根深厚、智慧猛利之人。李通玄又说，此经"以一部教大体正宗，以如来大智法界，性绝古今，体用圆满，一乘佛果以为正宗。常以此佛果正宗，以为开示悟入进修，使令惯习成就"[3]。这也是对此经宗乘的说明，从中可以看出李通玄对此经的极度推崇。

二　所判宗趣[4]

宗为中心教义，趣是所趋之意。"宗趣"是指一部经的根本趣旨、宗旨。法藏在《华严经探玄记》中对宗趣的定义为："语之所表曰宗，宗之所归曰趣。"[5] 法藏认为《华严经》的宗趣极为"难辨"，因圆教的圆融、涵摄广泛，所以"难辨"。法藏首先列举了先贤对于《华严经》宗趣的判说，有以因果为宗、有以华严三昧为宗、有以无碍法界为宗、有以甚深法界心

---

① （唐）李通玄：《新华严经论》卷 2，《大正藏》第 36 册，第 732 页上。
② 同上书，第 731 页上。
③ （唐）李通玄：《新华严经论》卷 8，《大正藏》第 36 册，第 770 页中。
④ 关于李通玄判教思想的宗趣、以及下一节的何藏所摄、付嘱对象等问题，为洪梅珍博士最先从文本中提炼并加以论述。笔者在阅读文本的过程中，发现这些是李通玄判教论中非常重要的几个方面。为了论述的全面性，笔者在洪梅珍论述的基础上，加以了深化说明。
⑤ （唐）法藏：《华严经探玄记》卷 1，《大正藏》第 35 册，第 120 页上。

境为宗、有以因果理实为宗等。"六今总寻名案义，以因果缘起、理实法界，以为其宗。"① 此依光统律师的"因果理实为宗"而来，加"缘起法界"而成"因果缘起、理实法界"为宗。因为因果缘起本无自性，无自性故即是法界之理实。法界理实亦同样无定性，无定性故，即成就因果缘起。因此，"此二无二，唯一无碍自在法门故以为宗"②。但法藏又说，别开摄法界以成因果，只以因果为宗趣也可；会因果以同法界亦可。法界、因果分相显示可，法界、因果双融亦可，因"性相混融，无碍自在"③。因此圆教圆融无尽，因此所说皆圆。"是谓华严，无尽宗趣。"④

李通玄对于《华严经》宗趣的判定，则是简单直接，直接述说华严之圆满无碍宗趣。

> 一明经宗趣者，此经名毗卢遮那大智法界，本真自体，寂用圆满。果德法报，性相无碍，佛自所乘为宗。如《法华经》云，乘此宝乘直至道场。又此经云，有乐求佛果者，说最胜乘、上乘、无上乘、不思议乘等。是还令初发心者，为志乐广大故。还得如是如来大智之果，与自智合一无二故。此经宗趣甚深难信。若有信者，胜过承事十佛刹微尘数诸佛，尽于一劫所得功德，不如信此经中如来大智境界，佛果法界门，而自有之，信此福胜于彼。⑤

李通玄对《华严经》的宗乘与宗趣，再次不吝溢美之词，"大智法界，本真自体，寂用圆满，果德法报，性相无碍，佛自所乘"。认为此经讲述了毗卢遮那报身佛完满的智慧法界法门，性相无碍、圆融无尽。因果地之圆满，以果为因之因也无比圆顿，因此，一旦进入此圆教之信位，则胜于长时承事十佛刹微尘数诸佛所得功德。此种宗乘的经典与法门，自然是其他经教法所不能及的，也无怪乎李通玄在遍学世间诸学后，最终倾心于华严学。李通玄以《华严经》中的偈语为例子，说明此经宗趣

①　（唐）法藏：《华严经探玄记》卷1，《大正藏》第35册，第120页上。
②　同上。
③　同上书，第120页下。
④　同上。
⑤　（唐）李通玄：《新华严经论》卷8，《大正藏》第36册，第767页中。

难信。"又前颂云，一切世界诸群生，少有欲求声闻乘，求独觉者转复少，趣大乘者甚希有。趣大乘者犹为易，能信此法倍甚难。为明此经宗趣甚深难信。"①

李通玄认为，《华严经》的宗趣，也是为了"大心众生"而设立的。所谓的"大心"众生，是指虽然还是凡夫，却从一开始便立志高远，不发二乘心，不求权教学，只学诸佛最根本、最圆满法门的一类众生。《华严经》的目的是为了让大心众生直接证入佛果智慧，莫要先入权宗，迁延时日，歧路绕行。《新华严经论》卷8云："是故此经宗趣为大心众生，设如斯法，诸佛自所乘门，一乘妙典法界道理。令大心众生入佛根本智佛果故。一念契真，理智同现，即便佛故。"② 李通玄在《新华严经论》中也论述了这样判别《华严经》的内在缘由。这些内在原因是非常重要的，其中的很多观点和思想都是李通玄华严思想的核心，散落在其论著的各个部分。

三　如此判别《华严经》的内在缘由

李通玄之所以判别《华严经》为最胜乘、上乘、无上乘、不思议乘，佛所自乘，其原因在于李通玄认为《华严经》中蕴含着不同于其他三乘教典的特殊思想。这些思想涉及李通玄的华严哲学观、修行论等各个方面的内容，在此大致说明一下。

（一）性起大智法界体用

李通玄认为，《华严经》是"性起大智法界为体用"。"性起"思想是华严宗独有的思想。"性起"一词源出晋译《华严经》之《宝王如来性起品》，显示如来以无量因缘成等正觉，出兴于世，所以唐译《华严经》把它译作《如来出现品》。所谓性起，就是称性而起。如来性起思想，是华严作为一乘圆教、顿教的一个基本理论依据。法藏的《修华严奥旨妄尽还源观》说："依体起用，名为性起。"③ 是站在佛果智慧上谈论诸法，虽为缘起，实际却都是毗卢遮那如来果满的本性所起。既都是称性而起，便无所谓净缘、染缘，无所谓净秽，都是如来果海之法称性

---

① （唐）李通玄：《新华严经论》卷8，《大正藏》第36册，第767页下。
② 同上书，第768页中。
③ （唐）法藏：《修华严奥旨妄尽还源观》卷1，《大正藏》第45册，第639页中。

而起。华严宗的性起思想可以与天台宗的性具思想进行类比，都是圆教思想的体现，这里不再详述。

李通玄认为《华严经》性起法界门为因，"于性起大智法界体用门，安立诸地差别化生之法"①。因此，能够以此法初成信心，发起菩提心，便能够"初发心便成正觉"。"十住初首便即见性起法身智慧，便成正觉。然始即从性起智慧之位，行诸行相教化众生，即觉行圆满佛。"② 正是这一点与权教是不相同的。权教菩萨因为不能理解性起的圆顿思想，因此需要经过漫长时劫的持戒、观空等勤苦修学，折服现行烦恼，十地见性，经过三阿僧祇劫，百劫修相好，才能够成就佛果。即使成就一乘佛果，最终还是要修习《华严经》的法界大智法门。不如直接修习《华严经》，乘如来乘，直至道场，初发心便成正觉。

（二）众生分别心即如来根本智

李通玄认为《华严经》为一乘直至法门，初发心便成正觉。那么初发心便成正觉的内在原因是什么呢？这就涉及他所认为的华严一乘法门的最根本的殊胜之处，一乘与三乘的教理、教义差别。正是对这个问题认识的差异，决定着能否进入一乘法界之门。

首先是对自心根本无明与根本烦恼的认识。如何认识并对待人心本具的烦恼无明，是大小乘的分水岭，也是不同宗派的一个根本分别处，更是如何选择修学路径的关键点。小乘人认烦恼、无明实有，其最根本的理论为苦集灭道四谛法，一般称之为"生灭四谛"。小乘行人通过推理与观察，确认人生的本质是苦，而造成人生痛苦的根源是人自心的烦恼与无明，要想得到解脱，就要消灭造成人生痛苦的根源——烦恼与无明，这即是灭谛。消灭了烦恼与无明，消灭了痛苦，最终就能达到一个不同于充满烦恼的现实世界的彼岸——涅槃寂静。

而大乘始教的"无生四谛"则认为小乘集谛所讲的烦恼是本来无生，本无实体。因此，其修行方式不是要断掉或者消灭烦恼与无明，因为烦恼无明本无实体，本无可断，所以其修行方式也只是通过观察痛苦、烦恼、无明没有实性，用这样的智慧来观察，实际上无苦可集，无烦恼可

---

① （唐）李通玄：《新华严经论》卷2，《大正藏》第36册，第732页下。
② 同上。

断，无道可修，无涅槃可证。但"无生四谛"也并未圆满，还有大乘终教的"无量四谛"与圆教的"无作四谛"。

"无量四谛"指苦有无量，集有无量，道有无量，最后证得的涅槃境界也是无量，所以叫作无量四谛。"无量四谛"更加圆满些，但更为圆满的则是圆教的"无作四谛"。

圆教的"无作四谛"认为，众生与佛本来没有差别，都同时圆满具有佛的一切功德，丝毫无差。只不过烦恼深重的众生不能确信与认识到这一点。就像太阳被空中的云雾遮挡住一样，太阳的光芒并没有消失，只是我们看不见它。烦恼具足的凡夫只要一念回光，觉悟到自心佛性，当下就与佛没有差别。因为本来是佛，本自具足佛的一切功德，所以，修行的过程，也没有阶级、地位可言，也无所谓修与不修。这也就是《华严经》中非常著名的："奇哉！奇哉！此诸众生，云何具有如来智慧，愚痴迷惑，不知不见？"① 如来智慧，一切众生本具，却因为妄想执着，不知不见。

李通玄在其《新华严经论》中，多次提到他对自心分别无明的认识，笔者没有做详细的统计到底有多少处，但在40卷的《新华严经论》中，几乎每卷都提到这个问题，可见李通玄对此问题的重视程度。涉及其判教思想，为什么李通玄会判《华严经》为无上乘、最上乘，为其他诸乘所不能及。当然原因有很多，但最根本的一个原因是其他乘对自心分别无明认识上的不足所导致的，对这个问题不能正确认识，也就导致了发心的不同，修行路径的不同，最终达到的目的也不一样。李通玄认为，华严作为圆教一乘，正是因为其认识到了自心的烦恼、分别无明，本自与如来智慧无二无别，这也正是笔者上文所提到的圆教"无作四谛"的思想。

李通玄在《新华严经论》卷4中指出修学其他乘的菩萨与修学《华严经》的菩萨修行路径有差别的原因："一念佛力、修戒、发愿力生于净土者，是化净土非真净土，为非见性及了无明是一切如来根本智故，是有为故。"② "修空无我观所乘门者，为初说般若，破凡夫实有二乘生空我执故，多修空法，有无俱空门，为空观增胜故，虽行六波罗蜜，修种种菩提分法，得六神通，行菩萨行，福胜人天，不生佛家，不见佛性。

---

① （唐）般若译：《大方广佛华严经》卷51，《大正藏》第10册，第272页下。
② （唐）李通玄：《新华严经论》卷4，《大正藏》第36册，第741页中。

为析法明空，不了无明是如来智慧故。"① 李通玄指出，无论是修空无我观的菩萨，还是修行净土的菩萨，不生佛家，不能见到佛性最根本的原因，都是因为不能了解无明的体性本就是如来智慧。

李通玄在《新华严经论》卷8中说，说此经"以如来大智法界，性绝古今，体用圆满，一乘佛果以为正宗"②，其原因正是在于：

> 为十方诸佛以自心分别烦恼，成一切智、一切种智法界体用，以为所乘，成正觉故。此根本烦恼非三乘所知故。二乘且折伏而不起，菩萨以空观折伏无现行故。广如《胜鬘经》说。一切众生以法界门以为开示悟入，明如来根本智是众生分别心，契同无二故，则法界自在故。以是义故，十住初心便成正觉。以将十行、十向、十地、十一地法门，治令惯习智悲成就，更亦不离初心法界智体用故。但以此法界智体用无依住门，以治诸习惑。惑薄智明，分分殊胜。但须定慧照用，身心诸法，皆无依、无根、无本。诸贪恚痴渐渐微薄，诸佛智慧渐渐增明，法乐自娱，非贪世乐。此是法界中渐渐非始末也。③

从中可以看出，诸佛之所以能够成就佛果，此经之所以为一乘正宗，正是因为认识到，自心分别烦恼即成一切智、一切种智的法界体、用。诸佛智慧与众生分别心，契同无二，能够证到这一点，就能证悟法界真实相状，十住初心便成正觉，无阶级、无次第，后面的修行皆是随缘消除习气疑惑而已。

以上所论述的，就是李通玄判别《华严经》为上乘、最上乘、胜乘、最胜乘、不思议乘等的内在理路，这些也是李通玄的华严哲学思想。在后面的论述中，笔者会进一步论述其中的一些观点。

第三节　关于《华严经》的其他判释

李通玄的判教思想，除了我们上面所论述的判《华严经》为圆顿教，

① （唐）李通玄：《新华严经论》卷4，《大正藏》第36册，第741页中。
② （唐）李通玄：《新华严经论》卷8，《大正藏》第36册，第770页中。
③ 同上书，第770页中—770页下。

"别教一乘"说，以及所判宗乘、宗趣等，还有其他可以划归为其判教思想的内容，如何藏所摄、《华严经》的说经对象及付嘱对象等。

一 毗卢遮那法界藏所摄

李通玄也从文献学的角度对《华严经》进行了判摄。我们都知道，一般佛教中将佛典归纳为"三藏"。"藏"最初指盛放东西的竹箧，佛教中则专门指所有的佛教典籍。我们最为熟悉的是"三藏"说。经藏，音译素怛缆藏或修多罗藏，指释迦牟尼佛以及一些菩萨、罗汉所说法的记录集合。律藏，音译毗奈耶藏或名毗尼藏，指各种戒律的集合。论藏，音译阿毗达摩藏、阿毗昙藏，是解释佛经的论著集。除了三藏之说，三论宗的判教说则将佛典分为声闻藏和菩萨藏，为二藏说。此外，还有四藏五藏说，四藏说是根据《大智度论》，将所有的佛典分为经（《阿含》）、论、律、杂藏，五藏则是以上四藏再加上菩萨藏或者大士藏，即大乘经。[①]

法藏也有关于《华严经》为何藏所摄的论述，法藏将所有的经藏分为声闻藏与菩萨藏。声闻藏中又有三：净论声闻藏、称实声闻藏、假立声闻藏。菩萨藏中又分为三：一是小乘中菩萨藏，指虽然是小乘论典，但也讲述了初步的大乘法。二是大乘共教中菩萨藏，指"虽说有回心直进不同，俱依十地行布，渐次修至佛果。如瑜伽菩萨地及诸大乘经论中说"[②]。三是不共教中菩萨藏，指"诠示菩萨，依普贤行位，五位圆融，谓一位即一切位，一行即一切行。圆极法界，无碍自在，始终皆齐。一一位满，即成十佛主伴具足等"[③]。很显然，法藏认为《华严经》属"不共教中菩萨藏"所摄。法藏又论述了《华严经》其他所摄内容，部类繁杂，不再多叙。

李通玄则根据自己的理解和创造，简单直截地归纳出《华严经》的所摄藏，为"毗卢遮那藏"所摄，《新华严经论》卷8中说：

> 二明此经何藏所摄者，此经名毗卢遮那法界藏所摄。以遍照法

---

① 参见陈兵《新编佛教辞典》，中国世界语出版社1994年版，第334页。
② （唐）法藏：《华严经探玄记》卷1，《大正藏》第35册，第110页上。
③ 同上书，第110页上—110页中。

界海，一切诸法门尽含藏故。此经不许三乘化佛，权教所收，众生所知解故。化佛教中菩萨及二乘之众，不能解了一真法界报佛法门，唯知三乘自分法故。设是菩萨，但知三千大千世界为一报佛境界故，千百亿释迦是化身故，不解此一乘实报，法界报佛所说法门故。是故此经还名毗卢遮那法界佛果智海所收，非同三乘菩萨化佛教中，权施菩萨藏所摄。是故下文《法界品》中，慈氏所居楼阁名毗卢遮那庄严藏。①

李通玄判《华严经》为何藏所摄的观点，充分体现了其创造性。他提出《华严经》为"毗卢遮那法界藏"所摄，此藏既非声闻小乘藏，也非指菩萨藏，而是以代表法身与报身的"毗卢遮那"为名来说明其所摄藏，代指《华严经》本身含摄无边，重重无尽，无量广大，无量庄严，如文中所说，"遍照法界海一切诸法门尽含藏"。同时，又因为《华严经》所含摄的甚深圆教之理，非权教中的声闻、缘觉二乘所能理解，也并非三乘菩萨化佛教中菩萨所能明了，因此，单独将此经典提出，为"毗卢遮那法界藏"所摄。同时，李通玄将一般的菩萨藏称之为"权施菩萨藏"，以此加以区分。李通玄在同文中解释"藏"的含义："藏者，含容义，含容法界一切法门因果法，皆无尽故。"②《华严经》中所涵容的法门之数，"以一佛刹尘及十佛刹尘，乃至无量佛刹微尘，为法数之比量"③，非三乘所能比。又《华严经》中，以佛果为修行的道迹，以佛根本大智为迹，非三乘所能为。因此，《华严经》应为"毗卢遮那藏所收，非三乘菩萨藏所摄"④。在这一点上，李通玄与法藏不同，充分体现了其注经风格简单、直截、明了的特点，干脆地将《华严经》称为"毗卢遮那藏"，与其他经典均不相同，为单独的一个部类，没有过多的铺陈与论述。

二　明说教时分

说教时分，也是历来判教思想中很重要的组成部分。一般说来，判

---

①　（唐）李通玄：《新华严经论》卷8，《大正藏》第36册，第768页下。
②　同上书，第768页下—769页上。
③　同上书，第769页上。
④　同上。

教的时分说分为"三时说",以及"五时八教"说。三时说为法相宗的判教说,初时说"有教",即小乘的《阿含》等经,虽然破我,但依然认为世间实有,为"我空法有"。第二时为"空教",即《般若》等经,说"我法二空",为大乘空宗。第三时为"中道教",指法相宗所宗的《解深密经》以及圆教的《华严经》等。"五时八教"为天台宗著名的判教思想。五时分别指:第一华严时,指释迦牟尼成道后最初三七日,为诸大菩萨说《华严经》,唯是无尽法界,性海圆融,空有齐彰,色心俱入。小乘学者则如聋如哑,莫能理解。第二鹿苑时(阿含时),指在鹿野苑为小根者说《阿含》等经,开示小乘道。第三方等时,指在鹿野时后8年说初级大乘法,如《维摩经》《光明经》等"方等"经典,引小向大。第四般若时,方等时后22年说《般若经》,开示诸法皆空。第五法华、涅槃时,般若时后8年说《法华经》,一日一夜说《涅槃经》,开权显实,会三归一。

　　法藏在《华严经探玄记》中判别了说教时分。之所以进行说教时分的判别,是因为可以"约时以显教"。法藏对此问题也进行了比较复杂的论述,分为四门来进行论述:本末差别门、依本起末门、摄末归本门、本末无碍门。本末无碍门中,法藏认为:非本无以起末,非尽末无以归本,因此"本末交映,与夺相资。方为摄生之善巧也"①。因此,他依时判定了五教:"一根本一乘,此如《华严》说。二密意小乘教,三密意大乘教,四显了三乘教,上三如《深密经》说。五破异一乘教,如《法华》《涅槃》等说。"② 同时,他又认为,以上四门是圆融无碍的,因此"是前后即无前后,无前后即前后。皆无障碍,思准之耳。"③

　　李通玄判定《华严经》的所说时分,则同样是简单、直截,即"法界无时、法界一时"。与法藏最终的"前后即无前后",是同一表达。只不过法藏把所有的判定进行了综述,而李通玄则只择其终论,直达最圆最顿之果。此说充分体现了其顿悟思想。李通玄华严思想的修行论,以顿悟为主。而顿悟最重要的原因即在于对时间的判断。李通玄认为,如

---

① (唐)法藏:《华严经探玄记》卷1,《大正藏》第35册,第115页下。
② 同上。
③ 同上。

果能够证悟到法界实相，那么就应该理解，时间其实是虚妄的。因此，他认为《华严经》的说经时分，并不是一般人的凡情见解所认为的那样，于初时说、二时说等，而是法轮常转，无始无终。

> 如此经，以法界本智性自体用，理事大悲本实为宗，不依情量时分之说。古今见尽，常转法轮，无始无终，法本如是。如上所说，总依根自见时分，并非如来有此不同。如来本法智体，并无时分可立。但使令心，信解法界无时，即是如来说法时也。情亡心尽，任智利人，即是如来成佛转法轮时也。若也情存立见，云如来如是时出世，如是时说法者，并不依佛见，总是自情。如此《华严经》教门，即是无始无终为门，不何逐情强立时分。此经乃是无时之时，一切时说。①

李通玄这样判定的内在思路是，法界本无时。所谓的几时说法，也只是依照俗情见解而说，并非真谛。李通玄这种判定方式，是其一贯解释《华严经》的思路，无有一字离实相。说《华严经》，可以说是无时说，也可以说是一切时说。李通玄在《新华严经论》卷9的"定经时分"中，提出同样的说法："如《十定品》说，如来于刹那际出现于世入涅槃，总无时也。言刹那际者，犹是寄言尔。以无时即一切时出现，一切时说法，一切时涅槃，为寂用无碍故，随众生心现故。又如《法华经》，吾从成佛已来，经无量阿僧祇劫。以无时可量，故言无量。此为佛说法时，以此为定。不逐世情远思，为无量之想也。以无时是佛说法时也，以本教说本时。本时者，法界无时也。如《十定品》，以刹那际出现于世入涅槃者，意言时无可移，如刹那际，总明法界无可迁移时也。今定说经时分，只是三世古今情尽，以为本说法时也。不可依前权教逐情引接之说。"②

李通玄认为，其他经典所说的"一时"，即是正说此部经典时，非说其他经典时。如《法华经》中的"一时"，即是正说《法华经》时。《金

刚经》中的一时，即是正说《金刚经》时。《华严经》即不然，《新华严经论》卷9说："今此说《大方广佛华严经》时即不尔，即是以法界体寄言。一刹那际，出世及涅槃。以一言音，一时遍周，十方国土转法轮时，名为一时。"①

三　说经对象与付嘱对象

李通玄对《华严经》说法对象的判断，也是其判教思想中的一个方面。通过经典的说法对象，可以判断出所说经法的目的、大致内容以及经典所属的部类、阶级等。李通玄判《华严经》的说法对象为"大心众生"。

> 此《华严经》直为最上大心者说。如将宝位，直授凡庸，如夜梦千秋，觉已随灭。如《涅槃经》所说雪山有草，名曰肥腻。牛若食者，纯得醍醐，无有青黄赤白黑色。最上大心者亦复如是，顿见佛性，便成正觉，不从小位渐渐而来。②

李通玄在这里解释"大心众生"为"最上大心者"，指圆满理解最上乘之佛法，且能顿见佛性之人；纯一乘者，无须经过二乘、菩萨乘而来，纯醍醐乘。那么《华严经》也就当然为上乘、最上乘、最胜乘。在卷6中，李通玄又指出，此经不入余众生之手，来听法的众生，纯是果德菩萨。设有三乘之众，也是如聋如盲，不闻不见。其原因在于所说的经法不同，听众也自然不一样，突出《华严经》作为一乘圆顿法门的殊胜之处。李通玄虽然高推此经为别教一乘、圆教一乘、最为殊胜的一乘，此经的付嘱对象却并非诸大菩萨，而是"大心凡夫"。

> 此经法门付嘱大心凡夫。经云：此经法门不入一切余众生手。解云：余众生者，三乘及外道，乐著人天，及求出世乐者。何以故？此经不许三乘菩萨具六神通，自未能闻经生信，何况二乘人天外道。

---

① （唐）李通玄：《新华严经论》卷9，《大正藏》第36册，第777页上。
② （唐）李通玄：《新华严经论》卷2，《大正藏》第36册，第729页上。

经云：唯除生如来家法王真子，即大心凡夫能生信证入，故生于佛家。不言已生佛家诸大菩萨。诸大菩萨常为众生说法，无大心凡夫信证不名付嘱，不名流通，为无人信、无人悟入故。经云：若无此子此经当灭者。解云：若无凡夫信证者此经当灭。若不如是，诸大菩萨已生佛家者，已有如是无量佛世界海微尘数故，如来何须念此经当灭。既不念已生佛家大菩萨众。明知当念大心凡夫，非为已入圣位者，当知此经付嘱大心凡夫故。①

李通玄解释"如来法王真子"为：信解一乘圆教并依此发心、修行的"大心凡夫"，而非诸大菩萨，也非三乘圣众。其原因在于，三乘圣众如果不回心向大，不发大心，则不能理解此一乘圆顿之法；而如果只是已生佛家的诸大菩萨才能够信解、证入，那么此经就会落入无人修学、证悟的境地，不久即会散灭。正是因为有"大心凡夫"，能够信解发心即成正觉，能够理解、接受此一乘圆教的法门，此经的存在与流通才有意义。《新华严经论》卷1中也有同样的说法："此经义者付嘱凡夫，令觉悟入此法门故，令生佛家，使其转教，佛种不断。即令凡夫，得入真境。若嘱累诸大菩萨，凡夫无缘。诸圣自明，无凡夫修学者。凡夫道中佛种即断，此经散灭。以此义故，付嘱凡夫令修，不付已前大菩萨旧见道者。"② 尽管此经的听法对象为诸大菩萨，纯一乘者。但是，如果没有凡夫能够依此修学，能够依此证悟，那么佛种就会断灭，此经也即将散灭。因此，此经不付嘱诸大菩萨，而是付嘱"大心凡夫"。也是激励后学，莫要妄自菲薄之意。尽管为后学凡夫，发心要大，要依圆教一乘而发心，必得圆教一乘之佛果。

李通玄十分强调这一点，在第12卷中，李通玄说如果认为《华严经》作为一乘圆顿之法，过于高远，凡夫不能证入，则为灭佛知见，破坏正法。"若有人言，此经非是凡夫境界，是菩萨所行。是人当知，灭佛知见，破灭正法，令其正教世不流通，令其世间正见不生，断灭佛种。

① （唐）李通玄：《新华严经论》卷8，《大正藏》第36册，第770页下。
② （唐）李通玄：《新华严经论》卷1，《大正藏》第36册，第725页上。

诸有智者，不应如是不劝修行。"① 李通玄这样判定《华严经》付嘱对象的目的，正如洪梅珍所说："他这样的诠释与理解，其实对于建立大众信证《华严经》有很大的鼓励作用，因为只要愿意信证此经，'凡夫'就能位超三乘而成为佛真子，与诸大菩萨同入佛家，对于那些望《华严》而却步的人来说，这种说法是不可思议的。……他对于'付嘱对象'的辨析，目的就是要大家发大心入佛乘，不要滞于《华严》门外，更不要误入歧途。"②

但李通玄同时又说，真正的"大心凡夫""佛之真子"，必须是证入十住的佛子。只是听闻此法，但不能依此修学证入，则不是真正的"佛之真子"。"要待入证十住之位，生在佛家，为佛真子，方是流通。但有圣说无入证者，不名流通。但有凡夫说教无证者，亦不名流通。……以此义故，要待入证，同诸佛智心，方可决知佛教门故。以是义故，付嘱大心凡夫，入证者故，始名流通。但闻不契，不名流通。"③ 可见，要成为真正的"大心凡夫"，也并不是一件容易的事情。依然要依教修学至初住位。其实，按照李通玄的修行论，证入初住，已经位同于佛了。其目的，还是要鼓励学人从一开始发心即发大心，在圆教初住时，便能够同于正觉，永不退转。

第四节　李通玄的十教、十宗说及与法藏的对比

李通玄最为学人所重视的判教思想就是其"十教十宗"说，此说前人已经多有论述。在此节，笔者也做一个比较粗浅的总结，同时对比李通玄的判教思想与法藏判教思想之异同处，以此更全面地把握李通玄的思想，分析、吸收其思想的精华。

一　法藏的五教说与李通玄的十教说
（一）法藏五教说

法藏的判教学说主要集中在其《华严一乘教义分齐章》与《华严经

---

① （唐）李通玄：《新华严经论》卷12，《大正藏》第36册，第800页中—800页下。
② 洪梅珍：《李通玄及其华严学之研究》，博士学位论文，高雄师范大学，2010年。
③ （唐）李通玄：《新华严经论》卷6，《大正藏》第36册，第756页下。

探玄记》中，他的判教思想总体并无太大差异，因此本节主要以《华严一乘教义分齐章》中的内容作为论述的依据。法藏的判教就是著名的"五教十宗"说。五教即为《华严一乘教义分齐章》卷1所说："圣教万差，要唯有五。一小乘教，二大乘始教，三终教，四顿教，五圆教。"①

法藏简略地解释了自己的判教思路及依据：小乘教即是声闻、缘觉等"愚法二乘"教，圆教即是作为"别教一乘"的华严教。法藏把天台判教中"渐、顿"二教的渐教又分为始教与终教，"以始终二教所有解行，并在言说。阶位次第，因果相承，从微至著，通名为渐"②。顿教即是离言绝虑，"理性顿显，解行顿成"③，没有阶位，不立次第，一念不生即与佛等的教法。

（二）李通玄十教说

李通玄认为，如来设教，是应病施药，本来无前无后，不必做此细分。但是为了众生理解方便，才做此区分。《新华严经论》卷3云："如来设教，亦复如是。称自根缘，得自心之法，随增广而成熟之。亦无常宗而成立教。对病施药，病瘥药除。一念之间，雨无量法。称周法界，对现色身。法既无穷，宗教无尽。无前后际，普备诸根。但为众生，自分前后。"④ 李通玄从总体上是很认同法藏的判教体系的，他在《新华严经论》中说，"然今唐朝藏法师，承习俨法师为门人，立教深有道理"⑤，并且对法藏的判教做了比较详细的解释。法藏在判教时首先列举了10位先贤的判教，并对先贤提出了充分的肯定："此上十家，立教诸德，并是当时法将，英悟绝伦。历代明模，阶位叵测。"⑥ 并且对天台宗的祖师给予了很高的赞誉。李通玄在此处，基本上是引用了法藏的原文，列举了诸位先贤，包括法藏在内的13位先贤的判教思想。当然，李通玄同样认为诸位先贤的判教都非常有道理，但他根据自己对《华严经》的理解与把握，提出了自己的判教体系。

---

① （唐）法藏：《华严一乘教义分齐章》卷1，《大正藏》第45册，第481页中。

② 同上。

③ 同上。

④ （唐）李通玄：《新华严经论》卷3，《大正藏》第36册，第734页上。

⑤ 同上书，第735页上。

⑥ （唐）法藏：《华严一乘教义分齐章》卷1，《大正藏》第45册，第481页中。

李通玄认为，《华严经》一个不同于其他经典的重要特色即：此经以十为圆数，十代表着无量、无尽、圆满与终极。用"十"这个数字，就能清晰地表述事物所具有的一切特征及性质。因此，在《新华严经论》中，李通玄处处都以"十"这个数字代表着终极与圆满。对于《华严经》的特质以及与其他经典的区别，李通玄也全部用"十"这个数字表达。"十智、十地、十身、十眼、十耳、十鼻、十辩、十宝山王、十龙王、十刹尘、十海。一一各具十不可说境界，譬喻无尽，法门广大无比。"① 这一点可以说是充分尊重《华严经》的经典本身，《华严经》在表达事物的属性以及在表达圆满、终极之意时，确实大都采用了"十"这个数字。因此，在分宗判教时，李通玄也同样是采用了以十为单位的表述方式。

> 何者为十？第一时说小乘纯有教。第二时说般若破有明空教。第三时说《解深密经》，和会空有，明不空不有教。第四时说《楞伽经》，明契假即真教。第五时说《维摩经》明即俗恒真教。第六时说《法华经》明引权归实教。第七时说《涅槃经》令诸三乘舍权向实教。第八时说《华严经》于刹那之际通摄，十世圆融，无始终前后，通该教。第九共不共教，第十不共共教。②

李通玄的判教思路与先贤的判教思路有本质上的不同。李通玄的判教，没有受到之前程序化的判教思路的制约，基本是按照其对于经典本身的理解与把握进行判别。但无论如何，历史的承继性都是不可避免的。李通玄与法藏的判教相比较的话，第一小乘教的判定，《般若经》以及《解深密经》判为大乘始教，《维摩经》判为顿教，都与法藏有可以类比之处。至于《楞伽经》，邱高兴认为李通玄将其判为了大乘终教。③ 但李通玄在后面说"不从地位渐次而说故，立为顿教……《楞伽经》云：'初地即八地，乃至无所有，有何等次？'"④ 我认为李通玄在此处将其判定为

---

① （唐）李通玄：《新华严经论》卷2，《大正藏》第36册，第731下。
② （唐）李通玄：《新华严经论》卷3，《大正藏》第36册，第735页下—736页上。
③ 邱高兴：《李通玄与法藏的佛学思想比较》，《世界宗教研究》1998年第1期，第38页。
④ （唐）李通玄：《新华严经论》卷3，《大正藏》第36册，第735页中。

了顿教。

关于李通玄在此处判教的标准问题，历代都有不同的看法，有很多学者也对此提出质疑。主要指在李通玄的判教体系中，其第九共不共教与第十不共共教，属于不同于以经典为依据的判教方法。我在读文本的时候认为李通玄在此处主要还是以经典作为主要依据的。共不共教与不共共教，主要都是对《华严经》的补充，或者说是他对不同经典之间的关系的一种总结与解说。"共不共教"指"如是与佛，共法、共智、共时、共身、共心、共乘，以知见解脱，各各不共，故言共不共教"①。如在华严海会上的五百声闻乘人，虽然与佛、诸大菩萨共在华严会，但是却如聋如盲，所得法益是不共的。李通玄认为，《华严经》的这一特质，也为一乘教所共有。而"不共共教"，李通玄也以《华严经》为例，指出参会之众，虽然器有差殊，但同时得闻毗卢遮那的果德法门，所得或同或不同。对此，洪梅珍也有同样的看法："综观李通玄之十教，可知前八种皆有具体之经部，故而可以排定时序。后两种则可视为他对诸经关系的理解。"② 洪梅珍还认为："李通玄认为华严教理才是圆融之法，从其一多相彻、体用无别、一时顿印的教理高度来看，以上八种教判，其实皆容摄于华严教法之中，共不共教与不共共教，则进一步说明何以圆融绝对之教法会有异时之不同教说，其原因就在佛说教须应众生根机之差别而有方便之权设"。③

二　法藏与李通玄的十宗说

（一）法藏所判十宗

在五教之外，法藏又依佛所说的义理所宗加以区别，"以理开宗"，判立十宗。第一，我法俱有宗，其中包含人天乘和小乘，主要指小乘中的犊子部等。此部小乘建立有为聚、无为聚等法，认过去、未来、现在、无为以及不可说等为我，因此为我法俱有宗。第二，法有我无宗，主要指萨婆多部等，此部虽然认我为空，但认心、心所以及色法、不相应行

---

① （唐）李通玄：《新华严经论》卷3，《大正藏》第36册，第737页中。
② 洪梅珍：《李通玄及其华严学之研究》，博士学位论文，高雄师范大学，2010年。
③ 同上。

法、无为法等实有。第三，法无去来宗，主要指大众部等，认现在及无为法实有，过去、未来诸法，则体用俱无。第四，现通假实宗，主要指小乘说假部及成实论等所宗，认五蕴为真，其他为假。第五，俗妄真实宗，即主张世俗一切事物皆假，但出世间法为真实。第六，诸法但名宗，即主张一切诸法仅为假名而已，并无实体可得，为小乘一说部所宗。法藏认为此宗"通初教之始"①。即说此教初通大乘始教。第七，一切法皆空宗，即大乘始教，主要指般若类经典，说一切诸法皆悉真空。第八，真德不空宗，指大乘终教。此类经典认为一切事物之本性为真如，但具足如来藏无漏功德，真如之理与万有之事无碍互融。第九，相想俱绝宗，即顿教，离言绝虑，不可说、不可思议者。第十，圆明具德宗，即指华严圆教，法藏上面所判的别教一乘，为诸法主伴具足，重重无尽，自在无碍的圆教法门。

（二）李通玄的十宗说

李通玄的"依教分宗"也是将所有的佛典分为了"十宗"，依然是以十为单位进行判释。"第一小乘戒经，为情有为宗；第二菩萨戒，为情有及真俱示为宗；第三般若教，说空彰实为宗；第四《解深密经》，为不空不有为宗；第五《楞伽经》，五法、三自性、八识、二无我为宗；第六《维摩经》，以会融染净二见，现不思议为宗；第七《法华经》，会权就实为宗；第八《大集经》，以守护正法为宗；第九《涅槃经》，明佛性为宗；第十《大方广佛华严经》，即以此经名一切诸佛根本智慈、因圆果满、一多相彻，法界理事自在、缘起无碍、佛乘为宗。"②

第一，小乘戒经，李通玄认为小乘教"且约凡情虚妄之处，横计诸恶，以教制之，令生人天"③，所以，此宗为情有为宗。小乘教认诸法为实，因此，小乘戒律一般也以严格的制恶为目的。但是，大乘一般认为，诸法本来虚妄不实，所作业果也本自空无自性（并非不持戒，而是不执着于持戒）。以《华严经》为代表的大乘经则是"持佛性戒"，因为与佛一样是持法界本性平等的大戒，"与佛体齐，理事平等，混真法界。如是

---

① （唐）法藏：《华严一乘教义分齐章》卷1，《大正藏》第45册，第482页上。
② （唐）李通玄：《新华严经论》卷1，《大正藏》第36册，第721页下。
③ 同上。

持戒，不见自身能持戒者，不见他身有破戒者，非凡夫行、非贤圣行，不见自身发菩提心，不见诸佛成等正觉，若好若恶，若有少法可得，不名菩提，不名净行"①。

第二，菩萨戒经，相较于小乘而言，"当教之内，顿示权实，故不同小乘"②。但与《华严经》相比较，仍然是化身所讲，而后才是本法身。不似《华严经》"圆教之宗，一下顿示，本身本法界，大智报身，因果理事齐彰"③。

第三，般若教，是为了破除小乘理事实有的执着，因此说空法以破除之。但是李通玄认为，般若教所说教法，还是有成有坏，空成坏有，不够圆融。作为圆教代表的《华严经》则是"具实报相好庄严，能虚能实……轮贯空有之法，不独孤行"，"一成即一切成，一坏即一切坏"④。

第四，《解深密经》，为不空不有宗。李通玄认为，如来在说有教、空教之后，"说此一部之教，和会有无二见，为不空不有"⑤。虽然如此，仍然不及《华严经》，因《华严经》"但影本身法界一真之根本智，佛体用故。混真性相，法报之海。直为上根人，顿示佛果德，一真法界本智，以为开示悟入之门"⑥。

第五，《楞伽经》，李通玄认为此经是为了对根机成熟的菩萨顿说业识种子即为如来藏。不同于二乘趋于寂灭，也不同于般若修空增胜。李通玄对《楞伽经》及《维摩经》评价较高，指出："《楞伽》《维摩》直示惑之本实，《楞伽》即明八识为如来藏，《净名》即观身实相，观佛亦然。"⑦ 尽管如此，它依然与《华严经》有别。李通玄认为，《楞伽经》是化身佛所说，所在境即是秽土，问答是大慧菩萨为首。化身佛所说，代表为权教。《华严经》中的佛则是法身、报身真佛，非化身，境界即是华藏庄严世界，问答即是文殊、普贤等大菩萨，讲说华严之理、事、智

---

① （唐）李通玄：《新华严经论》卷1，《大正藏》第36册，第722页上。
② 同上。
③ 同上。
④ 同上书，第722页中。
⑤ 同上书，第722页中。
⑥ 同上书，第722页下。
⑦ 同上书，第723页中。

等无尽妙用。

第六，《维摩经》，李通玄判其"不思议为宗"。《维摩经》本身就含有很多类似华严圆教的思想。比如如来以足趾按地，则三千大千世界庄严尽皆显现；说菩萨神通，能以须弥之高广内芥子中等。但李通玄认为，比起《华严经》，《维摩经》依然有其不够圆满之处，并列举出 10 条与《华严经》的不同之处。此点在前讲述"别教一乘"时已经有详细的论述，不再多述。

第七，《法华经》，李通玄认为《法华经》是"会权入实"为宗，"引众流而归大海，摄三末而还源"①。李通玄在此处提到了法藏的判教，法藏把《法华经》判为同教一乘，而《华严经》则为别教一乘。李通玄非常赞同此种说法，上文已有论述，不再详说。

第八，《大集经》，此段论述疑有缺文，未能展开详细论述。

第九，《涅槃经》，李通玄认其"佛性为宗"。此经与《华严经》之相同处在于，都是"如雪山有草，名曰肥腻，牛若食者，纯得醍醐"②。而不同之处则有 10 种，如说法处所别、境界庄严化报别、大会来众别、所建法轮别等。同样，在前文已有详细论述，此处不再详说。

第十则是《大方广佛华严经》，李通玄认为其是"根本佛乘为宗"③，"又以因圆果满，法界理事自在、缘起无碍为宗"④。这一点可以参考前文的宗乘与宗趣的判释。李通玄认为《华严经》为根本佛乘、别教一乘、最殊胜乘，在不同的地方用不同的方式表达此思想。

此外，李通玄又提出，此经有 10 种"甚深广大无比法与诸经别"⑤，作为总体的与其他经典区别的总结：

第一，《华严经》是代表诸佛自体的根本理、智、大悲等，充满法界，圆满无限的佛所自乘之乘，非是如三乘为权且施设，法门甚深广大无比，不可限量。

第二，此经的佛身为报身，有无量相海以为庄严，"一一毛孔含容法

①　（唐）李通玄：《新华严经论》卷 1，《大正藏》第 36 册，第 725 页上。
②　（唐）李通玄：《新华严经论》卷 2，《大正藏》第 36 册，第 727 页下。
③　同上书，第 731 页上。
④　同上。
⑤　同上。

界，一切境界重重无尽，甚深广大无比"①。

第三，此经所居境即是一切诸佛报身所居国土，有十莲华藏世界海。"一莲华藏最下世界，皆有十佛世界微尘数广大刹清净庄严。一一广大刹，复有十佛世界微尘数诸小刹眷属围绕。已上倍倍增广。一一华藏世界，皆满虚空，互相彻入，重重无尽，甚深广大无比。"②

第四，此经有菩提树，金刚为身，琉璃为干，众杂妙宝以为枝条，高广无比，殊胜美妙，甚深广大无比。

第五，讲说此经的普光明殿，作为依报，也同样是广大无比，重重妙宝庄严，量等虚空，包含法界。

第六，此经的请法主，为一切处文殊师利，普贤菩萨也是体用相彻，量等虚空法界。所讲述法门皆是理事无碍，"纤尘之内，行海无尽，甚深广大无比"③。

第七，尽管在《华严经》中，也讲述了如来刹那际降神母胎、成佛、说法度众生以及最后涅槃的过程，但是报身依然出现在《华严经》中，身相广大，充满十方。报身庄严之真金色，具众相海，甚深广大无比。

第八，此经为付嘱大心凡夫，若有这种根性的大心凡夫，能够于此经深生信心，哪怕不读其他的经典，也能够"小方便疾得菩提"④。初发心，位入十住时便生如来家，成正觉，位齐诸佛。如果没有听闻过此广大无比的法门，或者听闻过但是不信，不能随顺趣入，李通玄认为此种人只能称之为"假名菩萨"。因此，此经是超越三乘的、具大威德的、不可思议的。

第九，此经的表法之首为善财童子，遍参五十三大善知识，得一百一十城法门。所有的善知识，"一一菩萨法门诸艺行相，身色形貌，摄生之轨，皆齐法界，具足无尽。广大行门，不离一生便成正觉，更无始终前后之际。则广大如法界，究竟如虚空"⑤。

第十，此经有多种"十"，这多种"十"，都代表着无尽法门，无边

---

① （唐）李通玄：《新华严经论》卷1，《大正藏》第36册，第731页上。
② 同上。
③ 同上书，第731页中。
④ （唐）李通玄：《新华严经论》卷2，《大正藏》第36册，第731页中。
⑤ 同上书，第731页下。

境界，甚深广大无比。

以上 10 种"甚深广大无比"，也是李通玄对《华严经》判释的一个展示，《华严经》具有此 10 种无比之法，因此，超越三乘，是我们应当认真修学的教法。在后面，李通玄又提出此经的"十德"，太过庞杂，暂不论述。

第五节　李通玄判教中贯穿的十个纲要

笔者在阅读经论文本的过程中发现，李通玄的判教思想，除了一般学者已经广有论述的"十教""十宗"说外，在《新华严经论》的第一至第八章中，还有个内在的主线，为贯穿于整个判教思想中的纲要类内容，大体论述了《华严经》的 10 种殊胜之处，以及与其他经典的区别。之前研究李通玄的学者都没有对此加以说明，也未能提出确定的名称，笔者在此暂且称之为"十纲"，统领李通玄的整个判教学说。这应该说是其判教思想中一个重要的特色。李通玄的思想十分广博，在论述的过程中，他喜欢用"十"这个数字，前面我们也有提及，李通玄认为"十"代表着圆满，为圆数。因此，其判教思想中经常出现"十"这个数字，十种纲要，十教、十宗、十门、十种不同，十种甚深广大、十种德性……，往往是十中套十，十中又有另外的十。类似《华严经》中所说，如因陀罗网，环环相套，很容易弄不清楚其中的逻辑关系。王仲尧在其《隋唐佛教判教思想研究》中，就提出了"十法说"①，作为与"十宗说"对立的一个单独的类别。但仔细看其"十法说"，其实是论述"教义差别"中的 10 种差别，李通玄称之为"十门差别"，单独提取出来作为与"十宗"相对的一类恐有不妥。在后面的"成佛同别"中，李通玄也提出了"十门分别"，因此不应单独提取出来与十宗说相对。

这也是为什么对李通玄判教思想的研究，至今未有一个比较完整论述的原因。当然，本人能力有限，时间也有限，绝不能够说至此就完整了，还有很多没有涉及的地方，学术研究就是这样一步步前进，待后来者能够提出更多的未被发现的思想。

---

① 王仲尧：《隋唐佛教判教思想研究》，博士学位论文，武汉大学，1998 年。

李通玄的"十纲"说作为其判教思想的 10 个纲要，笔者在此也进行简要的论述。10 个纲要分别为：一依教分宗，二依宗教别，三教义差别，四成佛同别，五见佛差别，六说教时分，七净土权实，八摄化境界，九因果延促，十会教始终。以上 10 个纲要，因为是贯穿于李通玄整个判教思想中的中轴线，所以有些思想在前文中已有论述，对于没有论述过的，笔者会进行比较重点的说明。

第一个纲要"依教分宗"和第二个纲要"依宗教别"，分别就是前面"依教分宗"中的"十宗说"和"依宗教别"中的"十教说"，已有论述，不再多说。

第三个纲要，"教义差别"，说明《华严经》的教义与其他经典有何差别。李通玄在此处又做了"十门分别"。"其十门者，一佛日出兴教主别，二光明表法现相别，三问答所诠主伴别，四所示因圆果满别，五地位所行行相别，六重令善财证法别，七明六位菩萨来众别，八明所施法门理事别，九与诸三乘得果别，十所付法藏流通别。"①

一佛日出兴教主别，指华严圆教的主法者为法身、报身毗卢遮那佛，不同于其他权教为释迦牟尼化佛。

二光明表法现相别，指《华严经》中佛陀放光并非一时一处放光，而是根据不同的讲法内容，为表征不同的意义，身体不同部位放射不同的光明，从足轮光明至眉间光明等，不一而足，不同于其他教典仅一时一处放光。

三问答所诠主伴别，指《华严经》中问答主伴分别为佛、文殊与普贤。佛为报佛，文殊与普贤，一个表大智、一个表大行，德用圆满，不同余经为化佛所说。"化佛所说之教，无如此经也。一切诸教皆权施设，引彼诸根，咸来至此华严大海，入毗卢遮那一真境界。"② 此经所说，全部旨归华严智海，一乘实教，入毗卢遮那之一真境界。

四所示因圆果满别，指《华严经》发心之初的"因"圆，因此所证果"满"。"显佛果有三种不同。一亡言绝行，独明法身无作果。二从行

① （唐）李通玄：《新华严经论》卷 3，《大正藏》第 36 册，第 737 页下。
② 同上书，第 739 页下。

积修，行满功成多劫始成果。三创发心时，十住初位，体用随缘所成果。"① 这三种佛果分别指：一是《涅槃经》等经典所讲述的无作果，但说诸行无常，是生灭法，生灭灭已，寂灭为乐，没能够具说普贤万行。因此是无作果。二是指权教中所说，要经过三大阿僧祇劫的勤苦修学，才能够证得的佛果。其原因是"不了无明十二有支本是法身智慧，厌而以空观折伏现行烦恼，欣别净门"②。第三即是指《华严经》，十住初心便成正觉，其原因则是因为在十信位的时候，便"以方便三昧，达无明十二有支，成理智大悲。即具文殊普贤体用，法界法门"③。修学华严圆教，在十信位便相信佛陀所讲述的最圆满的教理，无明即法性，因此，以此修学，最后成就的佛果，也是理体、万行具足，圆满无缺。关于初信之信与初住之证，在李通玄的整个华严思想体系中是很重要的，在后面的章节，还会有更加详细的论述。

总之，李通玄认为《华严经》是"一念顿证法界法门"的圆顿之教，为上上根人所应当修学的法门。其他教法都是先有因，后有果，唯此法门是因果同时。"为法性智海中因果不可得故，为不可得中因果同时，无有障碍……如是一一位次法门，皆悉如是，互相成就。如帝释网，互相彻入，一中无量，无量中一。诸佛菩萨体用相成，因果相入同时无二。"④

五地位所行行相别，李通玄提出大乘六种行相："一念佛愿生净土门，二作净土观行所生净土门，三修空无我观所乘门，四和会有无观智门，五渐见佛性进修门，六顿证佛性圆融门。修大乘者不离此六种所乘行相。"⑤ 行相，就是指"修行之相"。李通玄认为《华严经》所讲修行之行相为"顿证佛性圆融门"，不同于余宗或发愿念佛求生净土、或作净土观行、或修空无我观、或和会有无等。

六重令善财证法别，以善财童子遍参五十三大善知识，得无尽法门，别于余经。

---

① （唐）李通玄：《新华严经论》卷4，《大正藏》第36册，第740页上。
② 同上。
③ 同上。
④ 同上书，第740页中—740页下。
⑤ 同上书，第741页上。

七明六位菩萨来众别,《华严经》中诸菩萨,总是果位菩萨,六位之中,又一具十,各从十方,与十佛微尘数菩萨来。此中菩萨,不同权教菩萨,乃是"犹如全将金体以成环钏,全将佛体以成菩萨,全将佛果以作自身。今还以自佛本智成初证也。"① 权教菩萨却是一地证一真如,待十地证十真如后,方见佛性。

八明所施法门理事别,《华严经》不同余教,不论情与非情,以佛果根本智为先证,差别智为资。"因果行相,一时顿彻。"② 一成一切成,一坏一切坏。

九与诸三乘得果别,三乘经都讲说四谛、十二因缘,《华严经》也讲说四谛、十二因缘。但是此经四谛"明苦集本真元来是根本智,不同三乘有忻厌故"③。因此,在十信终、十住初便能够顿证法界本来智慧,凡不异圣,即体全真。

十所付法藏流通别,此《华严经》所付嘱流通者,唯付嘱趣向大乘的菩萨,唯付嘱菩萨摩诃萨,唯付嘱如来法王真子。不同余经,付嘱三乘,付嘱诸圣及未生佛家凡夫。此经除诸圣外,只付嘱大心凡夫。

第四个纲要,"成佛同别"。尽管法身无相,万象无形,但是化仪有所差别,三乘行人在见佛成道时也有差别。李通玄也将其分为"十门差别"。"第一成佛身别,第二成佛时别,第三菩提树别,第四所坐座别,第五大众别,第六示相别,第七转法轮别,第八转法轮处别,第九大会庄严别,第十所受法门别。"④

一成佛身别。此经所现佛身为毗卢遮那佛身,有九十七种相好及无尽的光明、庄严之相。而不是三乘所见三十二相、八十种好之身。

二成佛时别。三乘说法,释迦牟尼为修道逾城出家,在菩提树下成佛。而此《华严经》即是法身、报身佛,成佛以来无量阿僧祇劫,李通玄认为此才是实说,这也正是《法华经》中所倡导的会三归一很重要的一点。"此毗卢遮那佛依本法界成大菩提,还依本法界。无始无终,不出

---

① (唐) 李通玄:《新华严经论》卷5,《大正藏》第36册,第752页上。
② (唐) 李通玄:《新华严经论》卷6,《大正藏》第36册,第755页中。
③ 同上。
④ 同上书,第757页上。

不没，无成无坏，无有时分。此经云：如来不出世，亦无有涅槃。此为实说。"① 所谓降神入胎，成佛转法轮，以及最后入涅槃，无非随缘示现，本无实事，俱是一真法界之大用而已。

三菩提树别。三乘所见菩提树，与人间相称相等。此经中菩提树，则是量等三千大千世界，无量庄严。

四所坐座别。三乘中化身成佛，抛弃荣华，坐草褥垫成道。一乘实教之中，报身成道，坐宝莲华师子之座，众妙宝饰，无量庄严。

五大众别。在《华严经》中，围绕在毗卢遮那周围的都是普贤、文殊等大菩萨，即使是新发意的菩萨，也是发心求取一乘佛果之众，不同余经。

六示相别。华严经中的示相，"十佛刹微尘数莲华藏，刹海参映重重。为明无尽佛国互相彻入。一一佛刹皆满十方，十佛刹微尘数国土，皆无限碍，身土相称，都无此彼往来之相。不同三乘为小根故，权安分齐身土之相。如此毗卢遮那之相海也，纤尘匪隔其十方，毛孔讵亏于刹海。三乘示相者。萤光不可以比日月之照功，琉璃难以类摩尼之净德。"②

七转法轮别。其他乘转三乘法轮，此乘转一佛乘法轮。

八转法轮处别。在三乘权教之中讲说佛法，或者在鹿野苑，或者在给孤独园，皆有具体的处所。李通玄认为在《华严经》中，则是"十处十会及一切尘中，佛国佛身，重重重重，重重无尽，无尽无尽……不去不来，不出不没"③。

九大会庄严别。《华严经》所讲十处十会，遍满法界，重重无尽，纤尘之中，亦重重众会，一一尘中众会皆与法界虚空等的圆满境界。

十所授法门别。三乘权教之中，渐渐修学四圣谛等教法，或修学无常、不净等观，或修空观折服烦恼，为渐学渐修之法门。《华严经》却是为上上根人顿授直指的圆顿教法，一念具足文殊智、普贤行。"全将佛果顿授十住初心。一念、一时、一际，一法界门顿授，文殊普贤万行

---

① （唐）李通玄：《新华严经论》卷6，《大正藏》第36册，第757页上。
② 同上书，第757页中—757页下。
③ 同上书，第757页下—758页上。

理事。"①

第五个纲要，"见佛差别"。李通玄认为，佛身本无差别，"佛由情应，以此乖真。心尽情亡，智身自称"②。由于俗尘情见的差别，才导致见佛的差别。去假归真，返本归源，见到真正的佛身性相。李通玄将见佛差异也分为了十种。人间见佛有三十二相，天人见佛有八十种好，诸龙见佛则为大龙，仙人见佛则为大仙，其他外道、鬼神等一例同然。声闻人见佛则为大声闻，缘觉见佛为缘觉，权教菩萨见佛但为三千大千世界主。"一乘教中菩萨见佛，为十佛刹微尘数莲华藏世界海，为法界主。……福智充满一切诸刹，无尽相海重重故。"③ 由发心与信乐之不同，见佛不同。需要发广大心，相信广大教门，才能最终成就重重相海无尽的圆满报身佛，成就广大菩提。

第六个纲要，"说教时分别"。此点在前面的章节中已经有单独论述，不再详述。

第七个纲要，"净土权实别"。李通玄依然将净土观分为 10 种，其目的最终是凸显华严净土的殊胜。"即十佛刹微尘数莲华藏佛国土。总含净秽，无秽无净。无有上下，彼此自他之相。一一佛土皆充法界无相障隔。……以法为界，不限边际，相海纯杂，色像重重。"④ 净土权实，在后代是有争议的，尤其是在净土宗发展壮大以后。

第八个纲要，"佛摄化境界别"。如同见佛差异一样，人天和三乘人所见佛的摄化境界也不尽相同。人见佛只教化一阎浮提，天见佛也同样是随自己境界的不同而所见不同，大罗汉见佛，也只见佛摄化三千大千世界。小罗汉则不定。权教菩萨所见也是地地不同，初地百佛，二地千佛，三地万佛等。而以《华严经》为代表的一乘实教则不同，初地菩萨见无尽之百佛世界，二地菩萨见无尽之千佛世界，三地菩萨见无尽之万佛世界，以此而上，如帝释网，重重无尽。如《华藏世界品》所讲无量三千大千世界，一一微尘与无量世界相融摄入。"其佛摄化境界，一一尘

① （唐）李通玄：《新华严经论》卷6，《大正藏》第36册，第758页中。
② 同上。
③ 同上书，第758页下。
④ 同上书，第759页下—760页上。

中境界与法界虚空界等。不言独化三千大千世界。于中表法，至后释《华藏世界品》广明。"①

第九个纲要，"因果延促别"。因果延促也是李通玄非常注重的问题，在《新华严经论》中，他多次提到，因果同时，时间本虚妄，无始无终。因此，《华严经》中才有"初发心便成正觉"之说，也才有善财一生成佛之说，不似余教，要经多生多劫。

第十个纲要，"会教始终别"。会教始终主要讲述了《华严经》哪些品类可以归于哪一会，这些品类的内容是什么。在此处，李通玄即提出了其判教思想中的一个重要的特色——"十处十会四十品说"。对此，有一些学者专门写文章进行过研究。如邱高兴的《李通玄佛学思想评述》中专门有一节论述李通玄的《华严经》结构观，对其"十处十会四十品说"进行了详细的分析。洪梅珍的《李通玄及其华严学之研究》，也有一节对其进行了专门的论述，非常详细，也都用表格做了说明。李通玄没有按照一般的判释方法，将《华严经》判为"七处九会三十九品"，而是大胆地提出了自己的新见解，判为"十处十会四十品"。他这样判的原因大致有三：

第一，是源于李通玄一贯的解经思路，从理体的角度着眼，将世法皆认为是表法。李通玄认为，佛陀说法，本是一时一处说，一时顿印之法。尤其是普光明殿三会，李通玄认为"普光明殿"是一种表法，代表着法界智体，因此无所谓三会之说。"即总有十处十会四十品，并在始成正觉时，以一刹那际海印法门，一时顿说。以依本法，无前后故，为法本如是故，以本身本智示本法故，无重会普光明殿及三会等事故。……今言于普光明殿重重三会者。此非如是，总是一时顿印之法。"②

第二，李通玄将《璎珞本业经》作为《华严经》中缺失的一品，补入《华严经》。他的理由是《华严经》少十一地一品经，而《璎珞本业经》的内容恰好是在讲十一地《佛华品》。当然，李通玄这种说法在后世争议很大，不再详叙。

第三，李通玄一贯的观点，以十为圆数，认为十代表着圆满、终极。

① （唐）李通玄：《新华严经论》卷7，《大正藏》第36册，第760页下—761页上。
② 同上书，第762页上。

"十处十会，总在普光明殿。一真法界，因圆果满。……又此经中诸法皆以十为圆数。不可但言七处九会之说。"①

以上即是李通玄判教的十个纲要。通过以上论述可以发现，李通玄的判教思想是极其丰富的。在论述过程中，经常是信手拈来《华严经》与其他经典的十种不同，要论述完整，殊为不易。笔者通过这一章的内容，分门别类地大致进行了论述。其中，李通玄判教的宗趣、宗乘以及何藏所摄说，除洪梅珍外没有人提出。

本书又进行了进一步的论述，并且与法藏学说进行了对比。"别教一乘说"中，与其他经典的几个"十种"比较，都是李通玄判教思想中极其重要的内容，前人未有提及，本书一一将其论述明晰。通过对比论述，发现李通玄判教思想的核心和最终目的，也能够发现李通玄判教思想中所蕴含的华严哲学观和修行观等各方面的内容。最后的判教"十纲"说，也是笔者首次提出，希望能够对李通玄判教思想的研究有一点补充作用。

第六节　李通玄判教论的特点

综合以上对李通玄判教思想的论述，大致可以总结出李通玄判教的几个特点：

第一，李通玄的判教，以十为圆数，环环相扣进行论述，注重《华严经》与其他经典的对比。

《新华严经论》的前八章都可以归为李通玄的判教思想，以"十纲"为纲领，统摄全部的判教思想。第一依教分宗说，将全部佛典分为十宗。"十宗说"论述了李通玄所判十宗，其中又涉及到《华严经》与其他经典的多种区别。李通玄又分别将《华严经》与《维摩经》《涅槃经》进行了 10 种对比，列举 10 种不同。第二依宗教别，依宗又分为十教。第三教义差别也是列举《华严经》与其他经典教义的 10 种区别。第四成佛同别，也同样是列举了《华严经》中的成佛境界与其他经典的 10 种差别。后面的 10 种纲领，见佛差别，说教时分以及净土权实等，也是列举了《华严经》与其他经典的差别。其中的论述也多有重复之处。比如《华严

---

① （唐）李通玄：《新华严经论》卷 7，《大正藏》第 36 册，第 762 页中—762 页下。

经》的说法主为毗卢遮那佛、报身佛，身具无量庄严，量等三千大千世界，座无量庄严宝座。不同余经为化身，身具三十二相，坐草垫成佛。《华严经》中的请法菩萨以及伴随菩萨为普贤菩萨、文殊菩萨等佛果位内诸大菩萨，不同余经有的显示声闻身，有的则是权教菩萨。《华严经》中的国土境界庄严不同余经，一一尘中具无量庄严，无量无边，重重摄入，如因陀罗网等，不再一一列举。李通玄也多次论述到一乘、三乘的差别，如《新华严经论》卷8所言：

> 为权教菩萨虽有一分求菩提之心，犹有怖生死故，得离染不退，未得称真染净，平等不退。如修空观菩萨，乐空增胜，及假真如观一向离缠。皆有欣厌，及乐生净土等。诸菩萨众皆能离生死，出缠不退。不入法界性海一真，无欣厌门故。望此佛乘，乐生死者，及厌生死者，二俱是退。……唯此智境界违情所解故，甚难信也。三乘信解，顺情所忻。何以故？说佛果即在三僧祇之后，说佛净土在于他方，此娑婆是秽土。修菩提者，厌垢欣真，乐生净国。设有住世菩萨，亦言留惑润生，为济众生故。非由法尔根本智，自在力合如斯故。如是菩萨皆是顺情之法，法易信故。非如此经，说入佛果不逾刹那但隔迷悟，说无量劫总不移一时故。说从凡夫地创见道时，因果一时无前后际。不见未成佛时，不见成正觉时，不见烦恼断，不见菩提证，毕竟不移毫念。修习五十位，满一切种智悉皆成就。总、别、同、异、成、坏，一时自在。①

第二，李通玄的判教，没有很强的系统性、体系性，其核心是以《华严经》为主线，以圆教义理统摄诸宗。

李通玄判教的特征很明显，即以《华严经》为主线，通过不断对比的方式，来统摄整个佛教。正如有学者指出的，李通玄没有创立宗派的内在驱动，因此，其判教也并没有特别系统地提出一个理论体系，而是在层层论述的过程中，以华严圆教的义理来统摄整个佛教。对于这样判教的目的和意义，洪梅珍的总结十分精辟："一旦洞明了《华严经》所说

---

① （唐）李通玄：《新华严经论》卷8，《大正藏》第36册，第768页上。

的圆教一乘别教，立于佛教闻思修行的绝对高度，则可以对全部的佛教经典和理论一览无遗、了如指掌。亦即透过华严圆教的标准，可以对纷繁复杂的佛教经典和义理作理论的整合。因此，我们可说李通玄是将复杂而繁多的教理综括在简易的判教表述形式中，进而完成中国佛教的一种理论创造。"①

李通玄大力推崇《华严经》，既然他并没有创立宗派的内在驱动，那么，其缘由显然是来自于对《华严经》教义的深刻理解与对其圆满义理的真实认同，"是来自于对《华严》圆融教理的深刻体会。于是透过泛举诸经与《华严经》比较，来确认《华严经》殊胜之地位。这种认同，尊崇的情感，使他愿意孜孜不倦于此经的钻研，并致力于系统的分析和说明，以实现化他利群的目的"②。

当然，李通玄这种毫不忌讳的高推《华严经》的做法，在后世也曾引起过不小的争议。尤其是天台僧人，基于门户之见而带来情绪上的批判十分激烈。尽管李通玄与法藏一样，判《华严经》为别教一乘，但是并没有像法藏一样特别推崇《法华经》同为圆教的地位。反而在"十宗说"中将《法华经》列在第七位，仅在《涅槃经》之前，并专门论述了《法华经》与《华严经》的十种差别。这无疑会使天台宗人对李通玄有很大的偏见。如宋代清源在《法华龙女成佛权实义》中说："若李长者云成道不合转身者，此乃不见经文圆妙之意，亦不晓今家二释文巧之旨。"③宋代从义认为，李通玄为了崇尚《华严经》而广泛地贬斥诸经，实在不能说是通家。他认为李通玄的判教存在偏见。"所以撰述任运而生偏见者矣，惜夫！惜夫！"④ 笔者认为，就判教来说，既然是判，就必然有高低左右之分。各宗派的祖师或学者，之所以高推本派教典，固然与宗派有些许关系，但更重要的是来自于各人对于本宗派教理的契会，而非单纯是为了维护宗派利益或权威。

第三，李通玄的判教思想中，凝结了很多圆教思想的精华，这也是

① 洪梅珍：《李通玄及其华严学之研究》，博士学位论文，高雄师范大学，2010 年。
② 同上。
③ （宋）清源：《法华龙女成佛权实义》卷 1，《卍新纂续藏》第 56 册，第 699 页下。
④ （宋）从义：《法华经三大部补注》卷 9，《卍新纂续藏》第 28 册，第 302 页中。

其判摄诸宗的内在缘由。

李通玄的判教思想集中在第一至第八章，其思想的精华其实也在前八章多有论述。李通玄在判教思想中，以与其他经典的对比，与三乘权教的对比为主线。这样判别的内在缘由，与三乘权教、与其他经典的不同之处及其原因，本身就凝结了李通玄圆教思想的精华，也可以说是他华严思想的核心。在此笔者进行简要的论述。

1. 众生无明分别即诸佛根本智

在本章第二节已经讲到李通玄判《华严经》宗乘与宗趣的内在缘由，其中之一就是认识到，众生的无明分别体性即是诸佛根本大智。三乘权教都是因为不了这一点，所以需要用种种方法修学，历经多劫勤苦。小乘的厌离世间、持戒、观不净、析空，大乘的观诸有本空，以及往生净土，甚至留惑润生继续修行的菩萨，都是因为不了这一点。"以空破惑，乐生净土，及留惑润生菩萨，并不了一切众生无明诸惑，皆从一切如来根本性净普光明无中边智之所生，皆有净土、秽土，自佛、他佛欣厌等诸邪见，不称真障。"①"二从行积修行满，多劫方明果者。即权教之中，说行修成。三僧祇劫行满所成佛果是也，以不了无明十二有支本是法身智慧，厌以空观折伏现行烦恼欣别净门。"② 李通玄在《新华严经论》中说到这一点至少有几十处之多。此说确实也是华严、天台等圆教思想的最核心的一点。天台宗的"一念无明法性心"与此有异曲同工之妙。李通玄在讲到"信位"时，极其强调的一点即是"直信自心分别之性，是法界性中根本不动智佛，金色世界是自心无染之理"③，由此信心，直入十住之位，成就佛果。

2. 法界无时

李通玄判教思想的另外一个内在缘由是《华严经》不是依情见时分而说，这点在判别《华严经》的说教时分时十分明显，这也是贯穿李通玄华严思想的很重要的一个方面。"此经乃是无时之时，一切时说。""本

---

① （唐）李通玄：《新华严经论》卷3，《大正藏》第36册，第736页下。
② （唐）李通玄：《新华严经论》卷4，《大正藏》第36册，第740页上。
③ （唐）李通玄：《新华严经论》卷14，《大正藏》第36册，第809页上。

时者，法界无时也。"① 这点在《新华严经论》中也是多次提到。如卷 14
中，李通玄解释如来出现：

> 又著如来出现，明始终信进修行者。与三世佛一时出现，明
> 法界总一时故。如持宝镜，普临众像，顿照显现，无前后时故。
> 明于法界根本佛智境界中，顿现众法。不可将情量度量，作前后
> 解故。②

正是因为能够了解法界无时这一点，就能够相信《华严经》所说的
"初发心时便成正觉"，相信自心分别之性，即是法界根本智，顿证法尔
如是，法界无时。"从此信已，以定慧进修，经历十住、十行、十回向、
十地、十一地。日月岁劫时分无迁，法界如本，不动智佛如旧，而成一
切种智海，教化众生。因果不迁，时劫不改，方成信也。"③ "不取存情立
劫时分之生，如是无生便成佛果。"④ 此《华严经》正是如此，初心便入
佛智境界修学。如果认为需经多劫勤苦修学，有长短、往来之见，本就
是障。此《华严经》以无量劫入一念，一念即是无量劫，因果同时。能
够信解、证悟此点，便能够直入华严真实智海，还归本法，以根本智任
意施为。

> 然此《华严经》意即不然。识灭时亡，情尘顿绝，唯真智
> 境。一念则五位齐明，为全将佛果以为因故。设同凡夫，住世百
> 年，及以多劫，而不见须臾可迁。不见当成佛，不见已成佛，不
> 见现成佛。十住之位法既如是，更有何生不成佛耶，更有何生而
> 成正觉。⑤

第四，李通玄判教思想与法藏之对比。

---

① （唐）李通玄：《新华严经论》卷 9，《大正藏》第 36 册，第 776 页中。
② （唐）李通玄：《新华严经论》卷 14，《大正藏》第 36 册，第 809 页下。
③ 同上书，第 809 页上—809 页中。
④ （唐）李通玄：《新华严经论》卷 7，《大正藏》第 36 册，第 761 页中。
⑤ （唐）李通玄：《新华严经论》卷 4，《大正藏》第 36 册，第 746 页中。

　　李通玄的判教思想与法藏相对比的话，首先要注意的是李通玄判教思想与法藏之间的承继关系。李通玄在他的判教理论中，曾大段引用法藏的原话。其判教程式也与法藏有相似之处：分别判摄了《华严经》的宗趣、教体、何藏摄、说法时等。再者就是"别教一乘说"，李通玄非常认可此说，并进行了发挥性的论述。当然，不可否认的是，两者的差异也十分明显。

　　法藏在判教的时候，充分吸收了前人通认的判定方法。在论述宗趣、教体时，法藏均对前人的说法进行了充分的吸收，而且将各种说法都进行了层层的对比与论述，充分体现了作为华严宗祖师的严谨和圆融。而李通玄则是非常简明直接，宗乘就是第一乘、最胜乘、无上乘、佛乘；所摄藏就是"毗卢遮那藏"；宗趣就是圆满无碍的毗卢遮那大智法界、本真自体、寂用圆满。再比如前人所判渐、顿、圆三教说，一直得到大家的认可，但是不够细密，后人判教中对此多有补充。法藏在判教的时候对此也有所采纳。法藏所判五教与天台四教也颇有相近之处，前人也多认为法藏吸收了天台宗的判教说。法藏在判教时，采用众家所说之长，再加上自己对《华严经》的独特理解，最终形成法藏"五教说"，成为著名的"贤首五教"，与"天台四教"被公认为两种最具体系性、权威性的判教说。

　　法藏作为正统的华严学者，其思想更加注重对前人的吸收与总结，注重与其他宗派之间的融合与借鉴。其论述的方式也非常的严谨，具有很强的逻辑性，充分照顾到各个方面，因此非常圆融。李通玄深处山野，所以其著述风格也就具有了一定的"山野"气息，非常直截、简单，根据一个中心思想进行不同角度的论述。他整个的思想体系都比较独具一格，对《华严经》的梳理与解释也多与前人有所不同。这在一定程度上展现了李通玄整体思想的灵活性与独创性，也为后世的判教提供了新的思路。

　　李通玄以《华严经》圆教思想统摄诸宗，在论述判教思想的过程中，着重穿插阐述圆教圆融无碍的思想，使学者能够别具慧眼，准确地把握圆教思想的核心，顺利达到李通玄所期望的"迁权就实"的目标，不走弯路，直至一乘。李通玄由最开始的游心外典，后学习佛学，最终倾心于《华严经》，并终生为之注释，可见《华严经》作为一乘圆满教义的吸引力。在诸宗教义均需要重新认识与发展的今天，认识到《华严经》作为一乘圆教的意义，使作为中国佛教核心的大乘圆教能够重新彰显其时代意义，是我们研究李通玄判教思想的最终目标。

第 三 章

李通玄的智体论

　　对李通玄华严思想进行研究的学者已经总结出很多关于其华严思想的特色，其中，多次被提及的有：李通玄"十教十宗"的判教思想，李通玄"以易解华严"的释经方法，李通玄的"三圣圆融观"，李通玄关于《华严经》结构的"十处十会"说与原经"七处九会"的比较，李通玄的"如来放光思想""禅定观"等等。更进一步，也有学者发现了李通玄的"智慧本源"思想及其顿悟思想，并总结出其华严思想与般若学、禅学的关系。如潘桂明先生的论文《李通玄的东方智慧论》和专著《中国佛教思想史稿》中就提出，李通玄的智慧解脱论以及顿悟思想是对早期般若学的发展，与同时代慧能的思想有相似之处。姚之均的《论李通玄的"法界"思想》，以李通玄论著中的法界思想为切入点，从几个角度论述了李通玄顿悟法界实相的观点。洪梅珍研究李通玄的思想相对比较全面，她也同时研究了李通玄的"佛智观""佛境观""神通三昧观""成佛论"等。诸位学者的研究成果都非常具有启发意义，对李通玄华严思想特色的总结也很值得借鉴。目前被学者研究最为充分的是其"以易解华严"的思想，或者是文化会通的思想特色。邱高兴在《李通玄佛学思想评述》中说："在当时三教融合的文化背景下，李通玄凭借自己学习佛教前的中国传统文化功力，以佛教为基点，以佛学融摄儒道学说，李氏以《易》解释《华严经》，沟通《易》与《华严》的思想，实也是这种文化融摄工作的一部分。"①

　　笔者在研究中发现，李通玄的华严思想中，以易解华严、一定程度

---

① 邱高兴：《李通玄佛学思想评述》，博士学位论文，中国人民大学，1996年。

上的会通儒佛等，确系其思想特色。但是，通读李通玄的整个文本，能够很明显地发现，他最重视的还是纯粹的佛学教义。尽管在其论述中时而穿插着儒道风格的语言与叙述方式，但很显然这只是手段与方法，而非最终的目的。以易解华严，是一种解释学的方法，当然这种解释学的方法也很值得重视。但是李通玄华严思想中所体现出来的有关圆教思想的精华，应当是更加值得我们去深入研究与发掘的。因此，笔者在研究李通玄的华严思想时，着重研究了其佛学思想本身所具有的一些重要的点与面。真正影响后人的也正是这些思想，我们应当对此有足够的重视。

在判教思想一章中，笔者总结了李通玄对《华严经》作为一乘圆教的推崇。尤其是前八章，李通玄通过横向、纵向等各个角度来对比《华严经》与其他经典，以说明《华严经》作为一乘圆教或者说作为"别教一乘"的思想特性及其殊胜性。笔者也提到了李通玄将《华严经》判为一乘圆教的内在缘由，其中很重要的一点就在于李通玄的"根本智"思想，李通玄的"根本智"思想贯穿于整部《新华严经论》，是李通玄华严哲学的核心，是其华严思想的基石。因此，判教思想之后首先要论述的就是李通玄的智体论。

第一节 李通玄"根本智"思想的内涵及意义

"根本智"概念在李通玄的华严哲学思想体系中占据了极其重要的地位。"根本智"概念的提出，构成李通玄华严哲学的核心。在李通玄的华严学体系中，"根本智"具有体性、心性、本源性的含义，是李通玄华严哲学的基础，也是李通玄修行论顿悟思想的基础，是李通玄论释整个《华严经》的基石。由此可以看出，"根本智"思想在李通玄的华严体系中，是一个极重要、极核心的概念，但历来学者关注不多。邱高兴在《李通玄佛学思想评述》中，用了一小节的篇幅，论述了李通玄的"真智慧本源论"，从十二因缘的角度论述了"真智慧"是众生生命流转与解脱的根源。洪梅珍在博士论文《李通玄及其华严学之研究》中，也用了一节的篇幅来论述李通玄的智慧论，称为李通玄的"佛智观"，其论述内容，吸收了邱高兴的"真智慧本源说"，并提出了"智体无性说"。诸位学者的总结对于李通玄的华严思想来说，具有非常大的意义。但是，相较于"根本智"思想在李通玄的整个华严体系中所具有的重要地位来说，这些是不够充分的。因此，笔者不揣浅陋，就这个问题进行深一步的研究与思考，以期能够进一步探索出李通玄华严哲学中的思想精华。

一 "根本智"的概念

在李通玄40卷的《新华严经论》中，通过检索字符串检测"根本智"一词，共有三百多次，可见"根本智"这个概念对李通玄来讲是多么的重要。另外，还有"根本智体"有7处，"根本大智"有2处，还有"根本无分别智"1处，"法界大智"有25处，"普光明智"304处。其中，"根本智""根本大智""根本智体"含义基本相同，都是指如实证得法界实相的智慧。在使用"法界大智"这个概念时，却比较含混。有的是从体性角度来使用此概念，有的则包含了体、相、用俱足的含义在其中。如《新华严经论》卷1言："圆教之宗，一下顿示本身法界大智，报身因果，理事齐彰。"① 同样大量使用的"普光明智"一词，也主要是从根本智的意义上使用的。光明之智，含有了根本智体无量光明之义。《新华严经论》卷28中说："一乘菩萨依如来普光明智发心，但达根本无明，是一切诸佛根本普光明智。"② 有时使用这个词，也是为了与《华严经》中的普光明殿结合。

李通玄在提到"根本智"的时候，有时也是与"不动智"联系在一起使用的，在李通玄的体系中，"根本智"与"不动智"是同一意义上的概念。对于"不动智"，佛教词典并没有统一、明确的定义。笔者查阅《大正藏》，其中对于"不动智"的使用，也是有所不同，很多时候，确实是从根本智的意义上使用的。如《大方广佛华严经疏钞会本（第17卷—第34卷）》卷26云："愿一切众生，离诸动念思惟分别，入于平等不动智地。"③ 离开人惯常的思维分别对待，就能证入平等的不动智地，此处的不动智，很明显具有体性、不动、平等、无分别等特性，与"根本智"属于同一范畴。也有个别是从其他意义上使用此词语。但大多时候，

① （唐）李通玄：《新华严经论》卷1，《大正藏》第36册，第722页上。
② （唐）李通玄：《新华严经论》卷28，《大正藏》第36册，第912页中。
③ （唐）澄观述：《华严纲要》，（唐）澄观疏义，《卍新纂续藏》第8册，第682页中。

不动智代表了如如不动的体性，与根本智可以同说。李通玄在《新华严经论》中说："言彼世界中有佛号不动智者，为明不动智佛是十方凡圣共有根本之智。"①"有佛号不动智者，明是信者自根本智故。由有此智故，一切众生而能发菩提心故。"②《华严经》中，在讲述十信位时提到了"不动智佛"，李通玄认为，这是因为诸佛同具"根本智"的原因，而不动智佛本身也代表了凡圣所共具的"根本智"。

根本无分别智，又称如理智、实智、真智，为无分别智之一。相对于后得智，乃诸智根本，以其能契证真如之妙理，平等如实，无有差别，故亦称无分别智。《成唯识论》中对根本无分别智的定义为："根本无分别智，亲证二空所显真理，无境相故，能断随眠。"③随眠就是指烦恼，为烦恼的异名。烦恼随时跟逐着我们，使人昏昧沉重，隐微难知，束缚着我们，因此又叫作随眠。根本无分别智，证得我、法二空所显示的真理，只以无相之真如为所缘境，能够断除烦恼。《摄大乘论释》中，称此智乃为正证之慧。

《仁王护国般若波罗蜜多经疏》卷 3 云："悟诸法本来不生，由如虚空一相，清净平等无二，即是根本无分别智。"④

《大方广佛华严经随疏演义钞》卷 20："谓一根本无分别智，亲证二空所显真理，无境相故，能断二障种子现行。"⑤

《大明三藏法数（第 1 卷—第 13 卷）》卷 2："根本智亦名无分别智，谓此智不依于心，不缘外境，了一切法，皆即真如，境智无异。如人闭目，外无分别，由此无分别智，能生种种分别，是名根本智。"⑥

总之，根本智，又称根本无分别智，与"后得智"相对应。缘取真如，因此为无分别，但并非指昧暗不明之无分别。又称"如理智""真智""实智"等。《摄大乘论释》中称其为"正证慧"。但根本智与后得

---

① （唐）李通玄：《新华严经论》卷 14，《大正藏》第 36 册，第 812 页中。

② 同上。

③ （唐）玄奘译：《成唯识论》卷 10，《大正藏》第 31 册，第 54 页下—55 页上。

④ （唐）良贲述：《仁王护国般若波罗蜜多经疏》卷 3，《大正藏》第 33 册，第 517 页下。

⑤ （唐）澄观述：《大方广佛华严经随疏演义钞》卷 20，《大正藏》第 36 册，第 151 页下。

⑥ （明）一如等编：《大明三藏法数（第 1 卷—第 13 卷）》卷 2，《永乐北藏》第 181 册，线装书局 2000 年版，第 449 页中—450 页上。

智，其体性为一。《成唯识论》云："缘真如故是无分别，缘余境故后得智摄。其体是一，随用分二。了俗由证真，故说为后得。"①

李通玄在论述根本智这个概念的时候，会穿插着以其他的词语代替，如"根本无分别智""无分别智""光明智"等，这一点笔者在此首先进行说明。"根本智"的概念，本以唯识学中应用最为广泛，指证得真如的智慧。李通玄在使用"根本智"这个概念的时候，与唯识学中"根本智"的含义却有些不同。在李通玄的华严哲学体系中，"根本智"不仅仅为证得真如之智这样一个概念。李通玄赋予了"根本智"以华严哲学如来藏系的内涵，具有了"心体"的含义。并受《大乘起信论》的影响，有"心之觉性"的含义。

二 李通玄对"根本智"的定义及其重要地位

（一）李通玄对"根本智"的定义及"根本智"之特性

在前面的论述中，笔者罗列了一些经典以及佛学词典对根本智的定义。在《略释新华严经修行次第决疑论》卷1中，李通玄自己对"根本智"有一个定义。

> 然以此光明，一念十方遍周。然后照此能观光明之心，无体无相，无身无心，无内无外，无中无边，无大无小，一切皆无，名为法身。于此法身无作性海，体无一物。唯无依之智，本自虚空，性无古今。体自明白，恒照十方。无有本末、方所可依，名曰根本智，名为智身。一切众生同共有之。迷之不了，用作贪瞋，着我我所，流浪生死，诸恶道中。妄想执固，随自心所作行业流转，非他能与。若能如是，观照力灭，方能显得，不是修生。……五位行门，皆在一位通收。以初发心住，已契根本智。时不迁，智不异。②

这段定义非常全面地涵括了根本智的含义、特性、根本智与真如理体的关系以及证悟根本智后的状态。其特征有以下几个方面：第一，此

---

① （唐）玄奘译：《成唯识论》卷10，《大正藏》第31册，第56页下。
② （唐）李通玄：《略释新华严经修行次第决疑论》，《大正藏》第36册，第1015页上。

"根本智"与真如法身为不一不异的关系。此智无依、无方、无本末，体性虚空，并不是实在性的本体。这就避免了将"根本智"当作实体性的、如"大我""大梵"等先验性的存在。李通玄也很明确地判定了此智与空性之间的关系："空为智本，智不异空故……是故空者，众法之本。以此观之，明一切功德总从空智而有。"① 此根本智最根本的本质就是空性。第二，此智并非为佛所独有，而是为"一切众生同共有之"，即凡圣本来同时具足。只因迷之而不能明了，用作烦恼，因此迷流生死。第三，正因此智为一切诸佛与众生都"同共有之"，因此此智"不属修生"——不是通过修行才有的、才增加的什么，不修就没有，而是"本自具足"的。当然，不属"修生"，是指此智本来具足，并不代表一个人不需要后天的修学。李通玄认为，不修学则落入自然外道，属常见。所以须以观照力照破烦恼无明，则其智自然显现。这一点很明显是华严哲学最根本的观点，如来之智为众生本具，只是因为妄想遮蔽而不能现前，离开虚伪、颠倒的妄想执着，本有之智自然现前。我人证得此本具之智体，即与一切诸佛具有了同一智慧。

（二）"根本智"为一切诸佛与众生之所依

李通玄认为，不动智是诸佛与众生之根本智体，是佛与众生都本具的智慧。诸佛依之而起信、修行成佛，众生也是因此智随迷而做众生。如果没有此智，也就无所谓佛与众生。根本智为众生与诸佛之所共有，觉之即佛，迷之即众生。《新华严经论》卷14中所说，此智慧是一切诸佛、一切众生之"地"，为一切诸佛与众生之所依。

> 于自心根本佛智上而生信进修行故，此不动智是一切诸佛、一切众生之地。以此智故而作众生。以此智故，随迷作众生时，于六道中，随天上人间及恶道中，皆有随众生依正之果报也，随业麤细不同。以此智故，随觉悟时，成就三乘及法果圆满，一乘佛果依正妙报。若无此智，无是虚空，亦非众生，亦非诸佛故。②

---

① （唐）李通玄：《新华严经论》卷18，《大正藏》第36册，第844页中。
② （唐）李通玄：《新华严经论》卷14，《大正藏》第36册，第812页下—813页上。

若迷此智，则是众生，轮回不休。若能觉悟、明白此智，则能够乘一佛乘，直至圆满佛果。因此，有此智，才能说有诸佛与众生之别；没有此智，便是绝对的虚空、大空、恶取空，诸佛与众生也就绝对地不存在。很明显，此"根本智"在李通玄的概念体系中，已不仅仅指得证人法二无我所显真如之智慧了，而是具有了本源性的意味。

李通玄认为，此根本智为"万德之宗"，是解脱生死之本，是一切众生之"母"。李通玄用了宗、本、源、母等字眼来描述根本智。代表着根本智是一切众生与诸佛之源本。"为明根本普光明大智，是万德之宗，出生死之本，行大慈悲者之源，普贤行之宫室堂殿楼阁，生一切众生之本母，养一切众生之衣服饮食，资生之大海。人天善根总由此根本智生故。是以闻发心者，敬之即佛。"① 李通玄认为，从人天善根至成就最后的佛果，都是源于此智。因此，李通玄解释说，善财童子五十三参中，参访到弥伽大士，弥伽反礼拜善财童子，是因为善财童子已经得到根本智。弥伽代表着根本智中的万行，世间智慧要礼敬根本智。代表差别智的种种三昧、神通等，也是源于根本智。

（三）华严五位与"根本智"

就修学实践来讲，李通玄认为，法身根本智，是有为与无为，有漏与无漏的分野处。证得根本智，所修学的一切才具有佛法上真实的意义，否则，只是人天有漏之福。"若不见法身本智，所行万行皆属人天因果，皆为有漏生灭之福。以法身自智慧用治诸惑，以万行悲济众生，法身、智身任无作大悲，一时顿用。"② "如根本智，常与诸菩萨行作无著、无染、无生灭、无生死之性。若不得正觉之体，诸行并是无常、皆是人天有生死业报也。"③ 菩萨行必须以根本智为本、为基、为源、为性，才能保证菩萨所修、所行为"菩萨行"，不然只是有为、有漏的生死之业。李通玄认为，菩萨修行的五位，每一位都是以根本智为基础的。正是因为以根本智为基础，所以菩萨五位，除了断除习气、长养大悲之差别，在

---

① （唐）李通玄：《略释新华严经修行次第决疑论》卷2，《大正藏》第36册，第1026页下。

② （唐）李通玄：《新华严经论》卷5，《大正藏》第36册，第747页上。

③ （唐）李通玄：《略释新华严经修行次第决疑论》卷2，《大正藏》第36册，第1022页下。

根本智这一点上，是没有差别的。

华严宗的修学体系，从初发信心至成就佛果，分为 51 个阶位，十信、十住、十行、十回向、十地，直至最后的佛位。李通玄认为菩萨的每一个阶位，都是与根本智密切相关的，都是以根本智为所依的，都是以根本智为基础的。在十住位后的十行、十回向等位次，以行菩萨道，长养大悲为主，但也都是要在根本智的基础上，修学差别智。李通玄认为，尽管根本智不属修生，但差别智则需要通过修习而得。

十信位和十住位的初信和初住，对根本智的体认更加重要。因为对根本智的体认与证得，在李通玄看来，是最为关键和最为重要的一步。一旦在十信位的初发信心之时能够相信根本智，在十住的初住能够证得根本智，那么，在李通玄看来，就能够超越所谓时间、劫数的束缚，"初发心时即成正觉"。在《新华严经论》卷 4 中，李通玄论述了从凡夫位开始以信为首，只要在第一步的信位做到信心具足，且信心正确，则一定能够最终得"大菩提果"。那么，凡夫位的信，该相信什么呢？李通玄非常详细地列举了 10 种信，其核心，是相信根本智为自心所本具。已经成就佛果的佛陀当然具足根本智，人我烦恼深重的、在六道苦海沉沦的凡夫，也一样具有这个不可思议的根本智。因此，我的心与佛心无二，凡夫的智也与佛智无二。佛所具有的种种智慧、三昧、神通、大愿，甚至如来性起大智，作为初发信心的凡夫，也同样圆满具足、无欠无余。

> 又《贤首品》中从凡夫位以信为首，决定取佛大菩提果。故从凡夫地，信十方诸佛心不动智与自心无异故。只为无明所迷故，无明与十方诸佛心，本来无二故。从凡夫地，信十方诸佛身根本智与自身不异故，何以故？皆是一法性身、一根本智，犹如树枝一根生多枝叶等。以因缘故，一树枝上成坏不同故。①

李通玄认为，初发信心是极难的，能够相信自心本具如来智慧、本具根本智，就一定能够成就十信，最终成就佛果，永不退转。李通玄所说的初发信心之"信"，所信的内容包括相信"诸佛心不动智与自心无

① （唐）李通玄：《新华严经论》卷 4，《大正藏》第 36 册，第 745 页下。

异"，相信十方诸佛心与凡夫心无异，因为佛心根本智与自心无异，李通玄这里讲的自心与根本智的关系很模糊，界限也很模糊，根据李通玄一贯的表达思路，自心与根本智无异，那么，对李通玄来讲，二者应该是没有差别的。李通玄又认为，佛身根本智与自身也不异，因为都具有同一法身、同一根本智。从心性的概念过渡到佛性的概念，心不异、身也不异，因为同一法身，同一根本智。同时也相信诸佛所具有的无量三昧，我一介凡夫也能够具足，因为诸佛三昧皆依如来自性而得，如来清净的自性，我也同时具备，与诸佛平等，因此我也同时具足诸佛三昧。"诸佛三昧皆从如来自性方便生，我亦具有如来自体清净之性，与佛平等。"①李通玄一直使用"根本智"这个概念，很少使用自性清净的说法，在这里，本来清净的自性与根本智并列而说，至少说明李通玄认为二者的概念是相通的。

李通玄所说之信，还有相信诸佛所得之神通、诸佛大悲、大愿，我一介凡夫也同时具足。其原因在于诸佛于"性起法门"而得自在，而我一介凡夫，也同时具足如来性起之智慧。那么诸佛性起大用，我也同时具足。"何以故？诸佛自在于性起法门，智身、法身入众生界，不染色尘诸根自在。我亦不离性起如来智故。"② 但是，李通玄认为，要相信这一点是很难的，因此，入十信位也是极难的。

> 此明从凡入信心者难故。为凡夫总自认是凡夫，不肯认自心是不动智佛故，是故入十信难。明十信心成就，任运至十住初发心住故，乃至究竟佛果故。如三乘中修十信心经十千劫，此教中为以根本智法界为教体，但以才堪见实即得不论劫量。……若不信自心元是不动智佛者，即永劫飘沦，何能利人济物。……③

凡夫总认为自己是凡夫，不肯相信自性本来清净、自心也本具根本智，因此，入十信位是极难的。李通玄认为，如果能够进入这最难的第

---

① （唐）李通玄：《新华严经论》卷4，《大正藏》第36册，第745页下—746页上。

② 同上。

③ （唐）李通玄：《新华严经论》卷15，《大正藏》第36册，第819页上—819页中。

一步：信位，就能够任运至初住，从而到佛果。

十住初心对于李通玄的整个思想体系来说也是非常重要的。前面提到，周叔迦认为李通玄的思想与法藏的思想有承继之处，有很多相似的地方，不同之处只在于李通玄更偏重于华严五教中的顿教思想。而李通玄的顿教思想特别体现在他认为"十住初心便成正觉"这一点上。而这一点的基础，也在于其根本智思想。"一切众生以法界门以为开示悟入，明如来根本智是众生分别心，契同无二故，则法界自在故。以是义故，十住初心便成正觉。"① 李通玄在《新华严经论》卷28 中说，一个人从凡夫位至佛位，有五种初发心：十住初发心、十行初发心、十回向初发心、十地初发心、十一地初发心。这五种初发心，"皆不异如来根本智而起初发心故"②。李通玄认为，虽然菩萨确实有五种发心，确实是有阶级、次第的差别，但是因为这些发心都不能离开如来根本智，都必须以根本智为所依、为根基，其体性也都是根本智，因此，也可以说五位一时发心，此五种发心无二无别。

十信、十住、十行、十回向、十地都不离根本智，即使到最后的佛位，刹海重重无尽，毗卢遮那、普贤行海重重无尽，也依然不离初发信心时之根本智，区别只在于所修差别智。"令使开解，一一如是自心，观达修行令使相称，是众圣贤之大意也。意明不离初信心中菩提体、根本智，修差别智，满普贤行。充满十方，尘刹重重、普贤行海，是自行满。"③

（四）根本智与差别智

在李通玄的概念体系中，根本智与差别智是相对应的概念。根本智代表着体性、根源，而差别智则是在证得根本智后需要进一步修学的种种菩萨行的内容。差别智须要建立在根本智的基础上，要依根本智而起修，根本智是差别智之体。如三昧、禅定、神通等，都属于差别智要修习的范畴，需要在证得根本智的基础上进一步修学。如果没有根本智，差别智便只属于世间法，不具有佛法上的意义。"如是依根发起调伏，使

①　（唐）李通玄：《新华严经论》卷8，《大正藏》第36 册，第770 页下。
②　（唐）李通玄：《新华严经论》卷28，《大正藏》第36 册，第914 页下。
③　（唐）李通玄：《新华严经论》卷40，《大正藏》第36 册，第1008 页中。

令皆至一切智智者，根本智中修差别智也。如根本智，依无作定显差别智，依根本智加行起观方成。"① 在根本智的基础上，要依"无作定"来显现差别智，要在根本智的基础上修习加行，修定、修观等才能修习差别智。

根本智以及法身不是依靠行修而生的，根本智是众生与佛所本具的，是一切诸行愿、一切诸行之体。差别智则是通过修学而得来的。

> 意明法身及根本智不属行所修生。唯大悲及差别智，须依此根本智，加普贤大愿力，和融回向修学。常以根本智为无作之体，此之法身及根本智，虽加十波罗蜜、三十七菩提分法、四摄、四无量，成就饶益众生之行。然根本智法身，为无自性可有成坏。但能与一切诸行愿，作无染著、无烦恼、无三界业解脱果之体。②

李通玄这段将根本智与差别智的关系写得很清楚。根本智以及法身，不属修生，为众生与诸佛所本具，加修十波罗蜜、三十七菩提分法、四摄、四无量等，修成无量利益众生之行。但根本智本身，依然是无自性、无成坏，是一切解脱果之体。差别智尽管起无量利益众生之业行，但其本性，依然如幻、无作，以根本智为本。"根本智性自遍周，差别智业用亦如根本智遍周，所作供养诸佛依根本智起。以根本无作智印，起如幻业用，普印诸供养具无功而自成，以用归本故。"③ 在李通玄的表法体系中，分别用文殊与普贤代表根本智与差别智。

> 故以文殊主法身根本智之妙慧，为一切诸佛启蒙之师。有一切处文殊师利，亦乃一切众生皆自有之，皆从此法初入圣智也，初生佛家。与一切诸佛同一智慧、解脱知见，从兹之后，学差别智，发起愿行，成大慈悲，号曰普贤法界行也。是故如来取像世间法则，

---

① （唐）李通玄：《新华严经论》卷24，《大正藏》第36册，第882页中。
② （唐）李通玄：《新华严经论》卷31，《大正藏》第36册，第934页上。
③ （唐）李通玄：《新华严经论》卷37，《大正藏》第36册，第983页中。

用表其法，令易解故。①

文殊代表着法身根本智之妙慧，因此，文殊才被认为是"七佛之师"。在《华严经》中，提到有一切处文殊，代表着根本智为一切众生所本具，一切众生皆从根本智入佛法、生佛家。证得根本智，便与十方一切诸佛同一智慧、同一解脱。而后再修学种种差别智——种种慈悲、三昧等。

> 十方诸佛，皆以文殊师利妙德为发信心之首故，以彰显法身根本智故，常以文殊师利为果前之信，普贤明是差别智为果后之行故。是故善财童子初见文殊为信门，后见慈氏为佛位。后自见其身入普贤身，是佛果后行。文殊为小男，普贤为长子，二圣合体，名之为佛。文殊为法身妙慧，普贤为万行威德故，体用自在名之为佛。文殊小男者，为信证法身根本智慧，为初生故，因初证本智法身能生佛家故。普贤为长子者，为依根本智起行，行差别智治佛家法，诸波罗蜜事自在故。②

李通玄认为，十方诸佛，皆以文殊师利为信心之首，是因为文殊代表着法身根本智。此根本智为凡夫所本具，所以凡夫初发信心时，即能够乘一乘道，直至佛位。因此，代表着果前之信，而普贤是果后行。文殊代表根本智与普贤代表着差别智，就引发出了李通玄一个著名的"三圣一体说"或者是修行论上的"三圣圆融观"。

很多学者论述过李通玄的"三圣一体说"，并将其作为李通玄华严思想的一个特色。李通玄指出，文殊与普贤二圣合体，则可名之为佛。在《新华严经论》中的很多地方，都指出了此三法是同一体性，此三人不可相离。邱高兴在其《李通玄佛学思想述评》中也注意到这一点，"佛、文殊、普贤三者都有特定的内涵，从他们之间的相互关系看，则或为主、

---

① （唐）李通玄：《新华严经论》卷34，《大正藏》第36册，第954页中—954页下。
② （唐）李通玄：《新华严经论》卷4，《大正藏》第36册，第745页上—745页中。

或为伴、或为因、或为果，或为理、或为智，互不分离，圆融无碍。"①邱高兴先生很敏锐地看到了李通玄所说的三圣同一体性，不仅为诸佛、菩萨所共有，而且，也为一切众生所共有。"佛果之门，文殊妙理，普贤妙行等，一切众生咸共有之，非古非今，性自一体。令后学者如是信修。深诚非远，勿自生难。"② 这"性自一体"之同一体性，无疑是指根本智。文殊代表着因、体，普贤代表着果、用，二者结合缺一不可，才能成就佛果大用。差别智以根本智为体，二者不可分离。魏道儒先生也很明确地看到了这一点，在其《中国华严宗通史》中指出，所谓的"三圣一体"，其实是建立在"三智一体"的基础上的。

（五）三昧、神通等差别智用与根本智

三昧、神通等，是在证得根本智后修学差别智所必需。李通玄说三昧、神通等是以差别智为大用。在《华严经》中讲述了诸佛菩萨有无量无数的、具有广大神奇作用的三昧。由三昧之力，能得无量广大神通。依三昧、神通等力，能够起菩萨行中所需的无量差别智、无量功用、无量方便、无量不思议道，起无量神通智慧，清净无量国土，度化无量众生。《华严经》中说："愿得三昧游诸世界，而于世间无所染著；愿住诸世界无有疲厌，教化众生恒不休息；愿起无量思慧方便，成就菩萨不思议道；愿得诸方不迷惑智，悉能分别一切世间；愿得自在神通智力，于一念中悉能严净一切国土；愿得普入诸法自性，见一切世间悉皆清净；愿得生起无差别智，于一刹中入一切刹；愿以一切刹庄严之事显示一切，教化无量无边众生；愿于一佛刹中示无边法界，一切佛刹悉亦如是；愿得自在大神通智，普能往诣一切佛土。"③ 这一段论述正显示了三昧、神通等差别智大用的广大功用。

三昧，为梵语 samadhi 的译音，又称三摩提、三摩帝、三摩地，或意译为定、正定、禅定、等持、等念。原义是心定于一处而不动。将心集中于一个对象，使不散乱。佛教认为三昧是佛道修学上不可欠缺的方法，

---

① 邱高兴：《李通玄佛学思想述评》，博士学位论文，中国人民大学，1996 年。

② （唐）李通玄：《新华严经论》卷 32，《大正藏》第 36 册，第 941 页中。

③ （唐）实叉难陀译：《大方广佛华严经》（80 卷）卷 30，《大正藏》第 10 册，第 161 页上—161 页中。

又指由此所修得的精神状态。佛教诸经典中描述了无量无数的三昧。如：海印三昧、金刚三昧、师子奋迅三昧等。《法华经》中有无量义处三昧、法华三昧等。《华严经》中更是描述了无尽广大三昧。在《大方广佛华严经》卷61《入法界品》中，描述了众多广大无量三昧之境界，用语言文字表达出来的有一百多种，篇幅巨大，这里不再一一列举。而这些无量无数的三昧，在李通玄看来，依然是以"根本智"为体，以"差别智"为用。

> 三昧之体用者。此三昧体者，以法界根本智为体，以差别智为大用。又以法界根本智为体，随众生智为用。又以入三昧为体，出定为用。又以无出无入为体，又入出俱为用。又以入出俱为体，以义准之可见。大要言之，且以为化众生法则之中以入定明体，后从定起显示十种定名是用。于十个定名中，总以法界无依住智性为体，此体亦名首楞严定，与不可说一切诸佛三昧诸智慧门为体。……以下如来与普贤智，明普贤智契合佛根本智不殊，令后信者自知佛根本智一体无二、无疑故。……略举其十，以表无尽故。余义经文自具广明，大意佛根本智是定体，普贤行是用。①

李通玄认为，只有以根本智为体的三昧才是真实的三昧，否则此三昧只是生灭变异的有为法。有为会生灭变坏，以根本智为体的三昧才是"首楞严定"，无入无出、无成无坏、无定无乱、无住无作、无依住、无依止，也无所谓去来。是因为此根本智体，无时不在一真法界中，或者说本与一真法界一体，何谓入出？李通玄在《新华严经论》中，很多次提到"此三昧以根本智为体"，不再一一列举。依三昧而起的神通，也依然是以"根本智"为体。

> 何故名为遍往诸佛国土神通三昧者，为此三昧以理性自性遍周，则智用自体遍周。以智用自体遍周，则神通遍周。此明约理智自体遍周，以如幻智，应物动寂，依根本智，恒无往来、彼此、延促，

---

① （唐）李通玄：《新华严经论》卷13，《大正藏》第36册，第800页下—801页上。

以此立名，名为遍往诸佛国土神通三昧。二释三昧体用者，此三昧以法性身为体，以根本智起如幻智为用。此如幻智，如空谷响，应物成音，自无体故。①

李通玄解释为什么三昧与神通"遍周"，是因为根本智的理体是遍周的，理体遍周，理体与智用不二，因此此三昧与神通可以遍往整个国土。以根本智为体的三昧，是根本智的体现，又因为以根本智为体，也表现出了根本智所具有的所有特性。

（六）根本智为李通玄判教体系中一乘与三乘差异的根本原因

在李通玄的判教体系中，将以《华严经》为中心的思想体系判为"别教一乘"，此"别教一乘"无比殊胜、圆顿、不可思议，是使大心凡夫一乘直指的无上法门。然而李通玄这样判教的根底是什么呢，是什么原因使得此教乘如此殊胜、圆顿，为其他所不能比拟呢？李通玄认为，依然是"根本智"。李通玄认为三乘行人之所以不能够直入一乘，正是因为不能够认识到此"根本智"。

此一乘菩萨，从初发心，乘如来菩提心根本智乘，修大悲行，处生死海。观达众生根本源底，同一如来菩提体用智海。便常以法界智日，常于不达迷暗之夜，为一切众生解诸迷暗。不同前三乘别求自己清净乐果，而实未曾而得究竟一切乐果。是故说《法华经》会三归一，来归此法故。②

在这段论述中，李通玄干脆将他所认为的一乘无上法门称为"根本智乘"。此乘的修行者，能够洞达众生与佛皆本具的同一智慧海——涵括体用，认识到众生与佛同一智海，便能够处生死海、行大悲行。从而不同于三乘，在此智海之外，另外求有一个不同于众生烦恼大海的清净智海。三乘求取解脱的方法，看似得到清净乐果，其实"非真解脱"。只有认识到众生烦恼大海本即是诸佛清净智海，才能真实解脱。

---

① （唐）李通玄：《新华严经论》卷30，《大正藏》第36册，第927页下。
② （唐）李通玄：《新华严经论》卷38，《大正藏》第36册，第986页下—987页上。

是故此经宗趣为大心众生，设如斯法，诸佛自所乘门，一乘妙典法界道理，令大心众生入佛根本智佛果故。一念契真，理智同现，即便佛故。为法界道理，见则无初中后故，异彼三乘劣解者，异闻三无数劫登佛果故，异说释迦净土在于他方，此娑婆是秽土故。①

这段判教思想非常明确地表达了《华严经》是令大心众生入以根本智为基础的佛果。此佛果位非要经过无量无数劫才能够达成的，而是"一念契真"便能够同于诸佛的顿教法门。这些都是以根本智为基础的。即使华严圆教所特有的无限、无碍、重重无尽之法门，也是以自心的根本智为体用。三乘学人因为不能证悟此根本智体，因此，修学菩萨道，在时间上要以长久的劫数为量，空间上也要寻求他方净土，不能断除时间和空间上的障碍。

如此一乘经，但约如来根本普光明智境，发心所修十波罗蜜、四谛、十二缘、四念处、三十七品、四摄、四无量，一切助道，皆以自心根本智为体用。以智无依无限，所作行门报果皆无依无限。自他身土，重重玄玄、互相参现，以智无限无碍故。所有身土自他如幻如影，皆无障碍故。所修诸行，皆以自心根本智为体。②

依照此一乘经来修习，以"根本普光明智"为基础来修习一切佛法——四谛、十二因缘、四念处、三十七道品等诸助道法，体用无碍，空如幻影，则所有菩萨行皆无限碍。因为无限无碍，华严境界所谓的自他、身心国土重重无尽的无限碍境界才能够成为现实。以根本智为体，才能够成就这些法界大用。

通过以上论述，我们可以发现，"根本智"的概念，赋予了李通玄解释世界、解释法界、解释整个修学体系、解释所有现象的一个根本性的凭依。只要返源到此根本智体，便具有了实相所具有的一切特性，同时又遍含一切。这也是李通玄缘起论的基础，众生与佛都是依根本智而起。

---

① （唐）李通玄：《新华严经论》卷8，《大正藏》第36册，第768页中。
② （唐）李通玄：《新华严经论》卷28，《大正藏》第36册，第917页中。

通过李通玄所论述的根本智思想，可以很明确地肯定，李通玄是继承了华严宗的哲学思想的，具备了充分的如来藏系的特征。

三　李通玄的"根本智"思想属如来藏系

通过对李通玄"根本智"思想的梳理，我们可以肯定，在李通玄的概念体系中，根本智已经不仅仅代表真如空性的那一面，而是继承了华严宗的哲学思想，并具备了充分的如来藏系的特征。如来藏即"如来藏心"，即众生本来具有的真心、自性清净心。"如来藏是指在一切众生的烦恼身中隐藏着的自性清净的如来法身。"①

一般来说，如来藏具有以下特征：第一为"本具性"，即如来藏不仅为诸佛所本具，烦恼深重的众生也本具；第二是"应得性"，如来藏既不属修生，则是本来应当具有的；第三则是"本体性"，即逻辑上的先在性、恒常不变性，为一切有为法的根本所依。"本体性"带来的另一个重要问题即是如来藏的"空性"问题。近代批判佛教提出如来藏的"本体说"，认为其违反缘起无我的佛教基本思想。这些都是对如来藏的误解，如来藏思想自始至终都未脱离其在本质上为法身、真如、空性、实际等的基本特征。正如杨维中教授所提出："如来藏经典并非与中观、瑜伽行派并列的大乘佛教独立的派系，而是在般若类经典出现之后，力图在'空'义背景下重新对于如来藏法身以及众生成佛的依据等问题作的新诠释……"②李通玄也非常强调"根本智"的空性问题，多次提到"根本智"本自虚空，无生无灭、无增无减，以空为本等。最后即如来藏之"本觉性"。在晚期的如来藏思想中，本觉说已属完备的如来藏思想中的特征了。

吴可为先生总结如来藏的特征有三点："境论：众生皆具如来藏佛性，一切众生皆可成佛。行论：三乘归于一乘，三乘差别为方便，一乘平等为究竟。果论：诸佛具有常乐我净之四德，乃至无量无边性净功德。"③ 李通玄的"根本智"说无疑具有以上特性。

---

① 杨维中：《如来藏经典与中国佛教》，江苏人民出版社2012年版，第3页。

② 同上书，第980页。

③ 吴可为：《阿赖耶识、真如空性与如来藏心——大乘唯识学与如来藏思想辨微》，《上海大学学报》2007年第14期，第65页。

通过对李通玄"根本智"思想的分析可以看出，李通玄更多是在"根本智体"的含义上使用了这个概念，使其具有了终极性、本源性的含义，与心性、如来藏、觉性等概念可以互通。由此可知，尽管李通玄的华严思想一直被视为教外华严，但是就其哲学思想来说，依然属于华严哲学的范畴，与法藏以"自性清净圆明体"为核心的华严哲学有一定的承继关系。

法藏在《修华严奥旨妄尽还源观》卷1中对"自性清净圆明体"的定义为："然此即是如来藏中法性之体，从本已来性自满足。处染不垢，修治不净，故云自性清净。"① 此圆明体的特性为无论是处于烦恼染污之中，还是处于清净中，都自体本来清净，"亦可在圣体而不增，处凡身而不减"②，为《大乘起信论》中所说之"真如自体"。李通玄之"根本智"也具有同样的特性，为本具之体，处烦恼染污众生不为染、处诸佛清净不为净，恒常不变，自体遍周。所以，尽管李通玄的华严思想中有些较为独特的观点，如"以易解华严"的方法论，但其华严哲学思想与法藏等人的思想是一脉相承的。法藏受《大乘起信论》的影响，最终将真如归结于"一心"，称"心真如"。李通玄则是将真如自体归结于"智体"。

既然此根本智体如此重要，要怎样才能证悟此根本智体呢？此智体既然为众生本具、充满无限光明、含藏一切而又空无体性，怎样与在现实中充满烦恼无明的众生联系起来呢？在佛教的佛性论中，经常要追问的一个问题就是，既然此佛性为众生所本具，那么，众生为何不能认识到？它又是如何变为充满贪、嗔、痴等烦恼的众生呢？如何解决这个逻辑上的矛盾？众生的烦恼无明与此根本智体的关系又是怎样的呢？在李通玄的华严思想体系中，有关烦恼无明与根本智的关系问题，也是他华严哲学思想中特别值得我们重视的一点。在解决这个问题时，李通玄引用了《大乘起信论》中的"本觉"思想，这一点非常值得关注。

① （唐）法藏：《修华严奥旨妄尽还源观》卷1，《大正藏》第45册，第637页中。
② 同上。

第二节 李通玄的"智体无性说"及本觉思想

一 智体无性说

既然"根本智"为佛与众生所本具，是众生与诸佛之所依，是一乘、三乘差别的根源，是种种三昧之体，只不过被无明、妄想遮蔽不得显现，这就涉及如来藏学中很常见的一个争论：既为本具之体，为什么又有诸佛的觉悟与众生的执迷之别？诸佛与众生，差别到底在哪里呢？在《略释新华严经修行次第决疑论》卷2中，有一段比较长的问答，解答了这个问题。学人对李通玄提出疑问，既然"根本智"自体无垢，本来清净、众生本具，那为什么众生只是众生，而不自然本来就是佛呢？但如果"根本智"不是本具，是通过修行后才出现的，则属于有为生灭法。如何解决这个自相矛盾的逻辑悖论呢？李通玄给出的解决路径是"自体无性"说。

> 问曰：根本智既自体无垢，何不自然本是佛？何故能随迷作六道众生，轮回苦海。若修得即是生灭无常，属人天因果。若不修得，何不自然是佛，而作众生？有苦有乐，六道生死差别。

> 答曰：为其真智，自无有性。无有本体，凝然常住，言我是佛、是自性清净故。以无自性故，无自然我是佛，我清净。若有自然我是佛，我清净，我是智慧，我成正觉者，即有处所可得之法，即是常见，即是破坏。谛观十方，无有此物，有凝然者。若有此物，不应有十方三界，有苦有乐，长寿短寿，万物不同，众生差别。若无自体凝然常住者，要须待缘，方始显得。不是修生作得，为智无自性故。不属凝然常住，亦不属修生作得。此二者皆属断常诸见。以无自性故，迷心境，缘执著，成业因。执轻重，违顺情多，瞋爱贪痴，有种种六道生死苦乐不同。由执业瞋喜，爱著诸烦恼故，有种种业生。……知生死苦故，方能有自觉圣智。有因师发心，皆以知生死长远。方始发志，求于真道。皆无自然天生是佛，是真正为真智，无自性故。……以净心境，方能显发本心无性，方知心所缘境，总皆无性。自性无生，心境无生，名为智境。以智现故，方照意所

迷境。一切总无，方名为智境。夫三界因果，皆由业作得，智由无作定显，方能了智自无性。不作无明，不作成佛。为智自无性故，觉知一切总皆无性故，不作无明。为智自无性，不作凝然本有佛故。是故有教说云：诸法不自生，待缘故。不从他生，诸缘自无性故。不共生，智及修行体空无自性，无合散性故。不无因生，要待觉悟修行方显。①

这段话中，提问者提出两个问题：既然根本智体本来清净无垢，众生本具，那么众生为何不本来自然是佛呢？为何会迷真性而做众生？如果根本智不是众生本具，是修生，那么此智则属有为，有为则有生灭，说不通。李通玄回答说，原因是真智慧、根本智是没有自性的，"自无有性"——没有实在的本性，因此也并没有一个所谓实在的、凝然常住不变的本体——这个实在的本体是自然的佛，是一个清净的、不变的本性。因为无自性，不存在一个实体性的清净、本性、我是根本智、是佛，因此也不会说自然是佛的道理。如果认为有一实在的"我"、实在凝然的本性，自然清净、自然是佛，那么这个"我"，无论是小我还是大我，无疑就成为了佛教中所批判的"常见"思想。这个东西，也就成为了类似外道的"大我""大梵"等一类的东西。所以在如来藏系的经典中，都很谨慎地避免将本来清净的佛性思想误解成为实在性的本体论，由此区分于外道。如《楞伽经》中讲，如来所说的如来藏，不同于外道所讲的我。佛有时讲空、无相、无作、法身、实际等，有时又讲如来藏，是针对不同的执着所说的不同法门，并不同于外道所说常住、自然之"我"。李通玄也很明确地指出，如果认有一个实在的、常住的根本智体，众生自然成佛，属常见，为邪见。正因为智体无性，人才会产生种种执迷，从而有种种业因，造作业果，轮回六道，生死不休。根据《中论》的诸法不自生，要待缘；不从他生，缘无性；不共生，无合散性；也不无因生。因此，要成就佛果，也要待觉悟、修行方显。尤其是要遇到种种苦缘，了解苦圣谛，了解生命轮回的无意义，才能恳切发心，返本归源。再不

① （唐）李通玄：《略释新华严经修行次第决疑论》卷2，《大正藏》第36册，第1025页中—1026页上。

然就是要遇到善知识教诲发心之外缘，才能求取解脱。在《新华严经论》卷14中，李通玄又一次通过问答的方式，比较详细地论述了关于智性本无、智体无性的观点。

> 曰：一切众生本有不动智，何故不自应真常净，何故随染？
>
> 答曰：一切众生以此智故而生三界者，为智无性，不能自知，是智非智，善恶苦乐等法。为智体无性，但随缘现。如空谷响，应物成音。无性之智，但应缘分别。以分别故痴爱随起，因痴爱故即我所病生。有我所故，自他执业便起。因执取故，号曰末那。以末那执取故，名之为识。因识种子，生死相续。以生死故，众苦无量。以苦无量，方求不苦之道。迷不知苦者，不能发心。知苦求真者，还是本智。会苦缘故，方能知苦。不会苦缘故，不能知苦。知苦缘故，方能发心求无上道。有种性菩萨，以宿世先已知苦发心，信解种强者，虽受人天乐果，亦能发心求无上道。是故因智随迷，因智随悟。是故如人因地而倒，因地而起。正随迷时，名之为识。正随悟时，名之为智。……此智之与识，但随迷悟立名。若觅始终，如空中求迹，如影中求人，如身中求我。①

在这一大段的论述中，有三个层次的逻辑。第一，李通玄认为，尽管根本智是诸佛与众生本具之根本，但此智并非一个实体性的存在。它无自性，无一个不变的本性，"如空谷响，应物成音"。就如同空谷里的回声，接收到什么声音，便反射什么声音，无自性。因此，此无性之智，随缘而起分别。因分别故起痴爱，然后便生起我、我所等无量烦恼，便有生死轮回之苦。第二，因为有了生死相续，便有了人生的生、老、病、死、爱别离、怨憎会等种种无量苦。众生在无尽的轮回中，渐渐体会到生命轮回的毫无义利与本质为苦，便会升起求取出离的心愿，寻求真理从而解脱轮回。如果人迷昧不觉，不遇苦缘，则不能发起解脱的愿望。但是，知道此苦从而寻求解脱的主体，李通玄认为，还是根本智。因此众生是"因智随迷，因智随悟"。第三，智与识是一体两面。我人迷蒙不

---

① （唐）李通玄：《新华严经论》卷14，《大正藏》第36册，第813页上。

觉之时，有所分别、取舍，为识；觉悟之时，即为智。无分别之智与众生的有分别之识，本来也没有一定的自性，随着迷与悟的不同而为其定名。因此李通玄说："在缠名识，在觉名智。"而人要解脱，最重要的是要认识到，分别无明之本性即根本智，即解脱。当随缘取着种种色、声、香、味、触等，执迷不止，则为无明；当知苦缘而发心求取佛果，则为智。因此，有分别的无明与智体，本来无二，只因缘取不同而有差异。在觉悟成佛时，无明也没有被灭掉，为什么呢？因为无明本空，无明体性即智慧。而在随无明执迷时，根本不动智也不灭，为什么呢？也因为本空。当认识到这一点，分别无明即为根本智，即能起法界大用。"如此无明及智无有始终。若得菩提时，无明不灭。何以故，为本无故，更无有灭。若随无明时，不动智亦不灭。为本无故，亦更无灭。但为随色声香所取缘，名为无明。但为知苦发心缘，名之为智。但随缘名之有，故体无本也。如空中响，思之可见。"①

二　李通玄智体论中的本觉思想

李通玄的原文中有一句话特别值得注意，那就是"如人因地而倒，因地而起"，根本智就像大地，对于众生来说，是觉悟的根源，也是迷昧生死的根源。这种解释方式很容易让人产生误解，如果说根本智是觉悟的根源，这点相对来说还比较容易理解。又为何说"因根本智而倒"，根本智反倒成为了众生迷昧的根源？这一点非常明显是受到《大乘起信论》之本觉思想的影响，因本觉而有不觉故。

> 意明一切众生迷根本智，而有世间苦乐法故。为智无性故，随缘不觉苦乐业生。为智无性故，为苦所缠，方能自觉，根本无性。众缘无性，万法自寂。若不觉苦时，以无性故，总不自知有性、无性。如人因地而倒，因地而起。一切众生因自心根本智而倒，因自心根本智而起。以是义故，如来于此一乘之经，顿彰本法为金色世界。明法身自净无染，顿彰本智号不动智佛。顿彰文殊师利，是自

---

① （唐）李通玄：《新华严经论》卷14，《大正藏》第36册，第813页上。

心妙择之慧。①

　　李通玄认为自心根本智，为一切众生之所依、一切佛之所依，是一切众生修行的起点，觉悟的根源。此根本智不属修生，一切众生本来具足。根本智是一切众生执迷的根源，也是一切众生解脱的根源。一切众生，因根本智而倒，因根本智而起；因根本智而悟，因根本智而迷。此逻辑明显与《大乘起信论》之"依本觉故而有不觉，依不觉故说有始觉"②是一样的。

　　李通玄受《大乘起信论》的影响是显而易见的，在其著作中，多处直接引用了《大乘起信论》中的思想，第14卷中引用了《大乘起信论》的本觉思想来论证自己关于无明与根本智关系问题的观点："如《起信论》云，不思议业相者。以依智净相，能作一切胜妙境界。所谓无量功德之相常无断绝，随众生根自然相应种种，而现得利益故。又云依本觉故而有不觉故，又云依于智故生其苦乐。如《起信论》广明。"③甚至在卷23中，李通玄直接用"如来智"来代替了《大乘起信论》中的"觉"这个词。

　　　　此明依根本智发菩提心。如《起信论》，亦有此文，依本觉故而有不觉。又云，觉心源故名究竟觉。明知依如来智上而有不觉，依无明上而有觉者。于此觉者随根种性，此五种觉法差别。如此经菩提并一乘佛果，根本智上不退菩提。如《起信论》说，或言超劫成佛。或云，我于无量劫修行成佛道者，皆为懈慢众生作无数方便。或云，要经三僧祇方得成佛者，此皆逐世情说为三乘，不依根本智发心。此教依智发心，若以智论之不随迷情。④

　　此段多处以《大乘起信论》的观点来引证自己的观点，又将"依本

---

① （唐）李通玄：《新华严经论》卷14，《大正藏》第36册，第812页中—812页下。
② （梁）真谛译：《大乘起信论》卷1，《大正藏》第32册，第576页中。
③ （唐）李通玄：《新华严经论》卷14，《大正藏》第36册，第812页中。
④ （唐）李通玄：《新华严经论》卷23，《大正藏》第36册，第878页中。

觉而有不觉",转换成为"依如来智而有不觉",将《大乘起信论》中的
"依不觉说有始觉"直接转换成"依无明上而有觉"。可见在李通玄的概
念体系中,"如来之智"与"觉性"之概念是可以互通的,而无明与
"不觉"也是可以互通的。李通玄受《大乘起信论》中的本觉思想影响是
毋庸置疑的。至于后人关于《大乘起信论》本觉思想的争论与其真伪之
辩,在此不做详细的说明。借用杨维中教授的话:"那种仅仅依据日本晚
近的'二手资料'就大胆断言隋初的地论师知晓'伪造'《大乘起信论》
的所谓'秘密',以及唐代佛教界曾经展开过此论为'伪撰'或'译籍'
的争论,是缺乏文献依据的以讹传讹。"① 潘桂明先生也注意到了李通玄
的思想与《大乘起信论》的关系问题。他认为,《大乘起信论》与佛学思
想的融合,到了宗密时期,已经是融洽无间,密不可分了。

三 总结

李通玄的"智体无性"说非常重要,可以补充华严宗在这个问题上
的论断。华严宗关于真、妄,染、净之关系的观点以法藏说为基础。法
藏认为,自性清净圆满,但能随缘而成于染净,虽随缘为染、为净,但
自性不变。"且如圆成,虽复随缘,成于染净,而恒不失自性清净。只由
不失自性清净故,能随缘成染净也。"② 法藏修学的路径是"离妄即真"。
杨维中教授在《论华严宗的染净善恶观与妄尽还源的修行路径》一文中
指出,法藏在论述纯净的真如为何能够产生染法的问题上"固然保持了
真如恒净的真心本体论立场,但仍未能妥贴解释染为何能依止于恒净之
理而'生成'的问题"③。笔者以为,李通玄的"智体无性说",可与法
藏的真妄染净观一起加以参详,以丰富和补充关于真如是如何"生成"
染法的这个千古论题。明代的紫柏尊者对李通玄的智体无性说给予了极
高的评价:"又此识本自无体,体本不动智而有也。何以故?以不动智,
智本无性,无性之义,古今难明。此义唯枣柏大士,于《华严论》发泄

① 杨维中:《中国唯识宗通史》(上),凤凰出版社 2008 年版,第 247—248 页。
② (唐)法藏:《华严一乘教义分齐章》卷 4,《大正藏》第 45 册,第 499 页上—499 页
中。
③ 杨维中:《论华严宗的染净善恶观与妄尽还源的修行路径》,《闽南佛学》2002 年第 1
辑,第 417 页。

殆尽矣。然学者心识粗浮，论虽曾阅，了知此义者，不殊麟角焉。"①

总之，在李通玄的华严哲学思想中，蕴含了丰富的华严圆教思想的精华。李通玄的"根本智"思想、"智体无性"说等，尽管与华严宗的主体学说有所不同，依然有很多可与法藏、澄观的观点互相补充、互为论证，值得后人深入学习和研究。长期以来，对李通玄华严思想的研究以"以易解华严"的方法论为主，反而使人忽视了这些特别值得关注的问题。希望笔者能够抛砖引玉，引发更多人关注李通玄的华严哲学思想本身，而不仅仅是其解释经典的方法论。李通玄华严哲学思想中另外一个特别值得关注的问题即是其关于无明与根本智关系的论断。

第三节　"无明"与"根本智"关系探析

通过第一节对"根本智"的论述，我们已经明确，李通玄的"根本智"思想充分具备了如来藏系的本来清净性、本具性、本体性、应得性等特征。在李通玄的华严哲学体系中，此智体具有"心性""心体""佛性""如来藏"的含义。就智体为心体、佛性，也并非没有依据。《涅槃经》中有云："佛性者，名第一义空，名为智慧。"② 《成唯识论》云："即证真如，智与真如平等平等。"③ 以无分别之智得证真如时，智为能缘，真如为所缘，能缘与所缘俱空故，根本智即真如。另外，李通玄也明确指出"根本智"与"自心"无异，"信十方诸佛心不动智与自心无异故"④。同时，李通玄受《大乘起信论》之觉性如来藏的影响，又赋予了此智以本觉心性的含义。

因此，李通玄华严哲学中的"无明"与"根本智"之关系问题，也就是佛教哲学中无明与佛性、无明与法性的关系问题，这个问题在各个宗派中都非常重要。因为无明是众生产生烦恼、不得解脱的根源，如何认识无明以及无明与佛性的关系问题，也就成为佛教着力解决的一个关

---

① （明）紫柏真可：《紫柏尊者全集》卷7，《卍新纂续藏》第73册，第746页中。
② （北凉）昙无谶译：《大般涅槃经》卷27，《大正藏》第12册，第523页中。
③ （唐）玄奘译：《成唯识论》卷9，《大正藏》第31册，第49页下。
④ （唐）李通玄：《新华严经论》卷4，《大正藏》第36册，第745页下。

键性问题，对无明不同层次与角度的认知也是区分佛教偏、圆、顿、渐的关键所在。

一　关于无明的不同学说

"缘起说"为佛学的核心理论之一，指世间一切现象都不是孤立存在的，皆依一定的条件而产生、发展、消亡，并无独立自存的主体。"缘起说"又称"十二因缘说"，十二因缘中最根本一支即为"无明"。"无明"即愚痴、暗昧，没有智慧，不辨真实。尤其是指对佛教所说之事、理、圣谛等的无知。佛教各宗派尽管对无明的认识各有不同，但把无明作为我人生死流转的根本之因，则是各宗派公认的。如《大智度论》中说："今得一切苦恼根本，是'无明'。"① 那么，要达到佛学所追求的断除烦恼、解脱的目标，最根本的，就是如何断除无明。

小乘《长阿含经》认为，如果修学者能够善于观察以无明为根株的十二因缘，那么，就能够洞见甚深之因缘法，以此因缘法为师，即可解脱。"若无明灭尽，是时则无行；若无有行者，则亦无有识；若识永灭者，亦无有名色；名色既已灭，即无有诸入……"② 无明灭尽，则能够从没有诸入直至无生、老、病、死之苦，最终"一切都永尽"③。被判为大乘始教的《大般若波罗蜜多经》中反复述说，由于贪嗔痴清净、四圣谛清净、三十七道品清净、六波罗蜜清净、一切三摩地、果位等皆清净，最终导致"无明清净"，"无明清净，故一切智智清净"④。如来藏经典《胜鬘狮子吼一乘大方便方广经》中说："若复过于恒沙如来菩提智所应断法，一切皆是无明住地所持、所建立。譬如一切种子皆依地生、建立、增长，若地坏者，彼亦随坏。如是过恒沙等如来菩提智所应断法，一切皆依无明住地生、建立、增长。若无明住地断者，过恒沙等如来菩提智所应断法，皆亦随断。"⑤ 《胜鬘经》认为，应用智慧断除的一切法（即

---

① （后秦）鸠摩罗什译：《大智度论》卷90，《大正藏》第25册，第696页下。
② （后秦）佛陀耶舍、竺佛念译：《长阿含经》卷1，《大正藏》第1册，第8页上。
③ 同上。
④ （唐）玄奘译：《大般若波罗蜜多经》卷224，《大正藏》第6册，第113页上。
⑤ （南朝·宋）求那跋陀罗译：《胜鬘狮子吼一乘大方便方广经》卷1，《大正藏》第12册，第220页中—220页下。

烦恼），都是因为无明住地所持，就如同种子依地而生一样。无明如同大地，为种种烦恼所依止，烦恼依之而生，依之而长，继而形成种种依烦恼而起的生死轮转。从上述论述可以看出，如何断除无明，是佛教中一个非常核心的问题。

小乘对待无明的态度是，认无明为实有，视无明烦恼为冤家、仇寇，将无明与明二元对立，所以其修学的路径为汲汲于尽早断烦恼、离世间、入涅槃。《中阿含经》卷3中说："世尊叹曰：'若有比丘无明已尽，明已生，彼无明已尽，明已生，生后身觉，便知生后身觉；生后命觉，便知生后命觉。身坏命终，寿已毕讫，即于现世一切所觉，便尽止息，当知至竟冷。'"①《中阿含经》中认为，无明断尽、明生，便灭尽觉知，止息入涅槃。此无明与明相对待。无明可灭尽，可止息，需断尽。无明断尽，则明生。无明与明是两种相对应的、互相矛盾的存在。一方灭尽，是另一方生起的条件。这是小乘对待无明的典型态度。

般若系则是破除众生对一切现象实有的执着，秉承着一切法皆空的原则，宣说色空、受想行识空，眼耳鼻舌身意空、无明亦空，有为法空、无为法亦空。如《摩诃般若波罗蜜经》卷1中说："舍利弗！是诸法空相，不生不灭、不垢不净、不增不减。……亦无无明，亦无无明尽，乃至亦无老，死亦无老死尽。无苦集灭道，亦无智亦无得，……无佛亦无佛道。"②解释《摩诃般若经》的《大智度论》亦说，菩萨欲断除无明，就要从无明的体性下手。那么无明的体性"实时是明——所谓诸法实相，名为'实际'"③。到《涅槃经》讲述佛性思想时，对无明的看法又有所不同。如《大般涅槃经·应尽还源品》中佛在灭度前，三反而告大众：

> 我以佛眼遍观三界一切诸法，无明本际，性本解脱。于十方求，了不能得，根本无故，所因枝叶，皆悉解脱。无明解脱故，乃至老、死皆得解脱。以是因缘，我今安住常寂灭光，名大涅槃。④

① （东晋）瞿昙僧伽提婆译：《中阿含经》卷3，《大正藏》第1册，第434页下。
② （后秦）鸠摩罗什译：《摩诃般若波罗蜜经》卷1，《大正藏》第8册，第223页上。
③ （后秦）鸠摩罗什译：《大智度论》卷90，《大正藏》第25册，第697页上。
④ （唐）若那跋陀罗译：《大般涅槃经后分》卷1，《大正藏》第12册，第4页下。

此段话有两点需要注意：第一，《涅槃经》认为，无明本际，性本解脱，无明之本性，并无实体，本来解脱，十方求取而不可得；第二，能够认识并证悟到无明本际，性本解脱，就能彻底断除无明。无明一旦断除，十二有支的其他支——生、老、病、死等等枝叶，也随之而解脱。就如同一棵大树，其根（无明之根）断除，其他的枝叶，也就随之而断除。佛陀正是因为认识到"无明本际、性本解脱"这一点才能够安住于常寂光中，证得真正的"大涅槃"，而不是小乘的"非真解脱、非真涅槃"之化城境界。

天台、华严二宗向来以理论上的圆满著称，因此被称为"圆教"。其中，"一念无明法性心"是天台宗最为自豪的理论之一。提出"一念无明法性心"思想的为天台智者。智者在其著作《四念处》卷4中说："今虽说色心两名，其实只一念无明法性，十法界即是不可思议一心，具一切因缘所生法。……今观此只一心不可思议，十界恒现前，入心地法门。"①我人现前的一念无明妄心，即是法性，即是实相，即是如来藏，即具十法界全体，这正是天台圆教思想的精华。

而华严宗思想的核心在于"离妄即真"，天台宗人有认为华严的"离妄即真"思想不够圆满，因为还有妄心可去、有真心可求的二元对立。但此一念妄心，在华严宗人看来，也并非有实体之妄可去。华严宗的集大成者澄观在其《大方广佛华严经疏》中说"以妄体本真故亦无尽，是以如来不断性恶，亦犹阐提不断性善"②。妄体本真，充分说明了华严宗也并非认为有实体的"妄"可去，有实体的"真"可求。澄观还引用了天台宗的观点，认为如来不断性恶，阐提仍存性善。圆教之间的互通，本自有之。

二 李通玄"无明即智体"说为其解脱论的基础

关于"无明"与"根本智"的关系，李通玄在充分吸收圆教思想精华的基础上，提出了自己独到的见解。由于史料中对李通玄的学术传承没有明确的记载，因此，其思想的承继关系也就没有一个明确的脉络。

① （隋）智顗：《四念处》卷4，《大正藏》第46册，第578页下—579页上。
② （唐）澄观：《大方广佛华严经疏》卷21，《大正藏》第35册，第658页下。

不过，从他关于"根本智"的论述来看，他与法藏等人的华严哲学有一定的承继之处，同属如来藏系。

（一）"无明即智体"说贯穿于华严五位

李通玄认为，一切三界分别无明，本身即是根本不动智。李通玄的这个观点贯穿于整部《新华严经论》，几乎在每一个章节都有提到，可见李通玄对这个问题的重视程度。李通玄认为，认识到这一点至关重要，是初发信心的基础，是十住位能够"初发心即成正觉"的基础，是十地的基础，也是最终能够成就"大菩提果"的基础。在判教体系中，李通玄判华严为圆教一乘、别教一乘、最上乘、第一乘、胜乘、最胜乘、上乘、无上乘、利益一切众生乘等，其内在的原因即是此宗乘能够在初发信心时，即相信自心分别无明即法界根本智体。

李通玄提出，修习一乘圆教的菩萨，在初发信心时，最重要的一点就是要相信自心的分别无明即是根本智，由此证得根本智体。三乘之人如果不能回心直信此理，而是依照惯性认为，佛才具根本智，我人只是凡夫；存有佛在我心之外，我与佛是相互对立的观念；认为成佛需要勤苦修行，要经过无量劫漫长的修行才可。学人如果存有这些不如实、不圆满的观念，则圆教初信尚不能建立，何况最终成就佛果。

> 如是三乘之人未回心者，定当不信。何以故？为立三阿僧祇劫后当得佛故。为直自认身及心总是凡夫，但信佛有不动智等，不自信自心是根本不动智佛与佛无异。以是义故，不成此教法界乘中以根本智为信心。此经信心应当如是，直信自心分别之性，是法界性中根本不动智佛。……以信因中，契诸佛果法分毫不谬，方成信心。从此信已，以定慧进修，经历十住、十行、十回向、十地、十一地，日月岁劫，时分无迁。法界如本，不动智佛如旧，而成一切种智海，教化众生。因果不迁，时劫不改，方成信也。若立僧祇定实身是凡夫，凡圣二途时劫移改，心外有佛不成信心。①

李通玄认为，最难者为修学的第一步，即入圆教十信，因为此圆顿

---

① （唐）李通玄：《新华严经论》卷14，《大正藏》第36册，第809页上—809中。

之理难学、难信。通过比较、如理思维、修学，进入圆教十信位，后面的修学则变得简单。就如同行人行路，找对了目标与方向，走上了正确的道路，后面的路途就变得平坦。"从凡入信心者难故。为凡夫总自认是凡夫，不肯认自心是不动智佛故。是故入十信难。明十信心成就，任运至十住初发心住故，乃至究竟佛果故。"① 因为目标与道路的正确，所认之理正确，李通玄认为，圆教初发心，可超胜声闻、缘觉圣者。因此，不必如三乘权学一样，由于理论上的不圆满而造成需要历经漫长曲折的修行。只要认识到这一点，则"万事自止"。"如三乘之教，刊削屈曲，理滞难成……此一乘法，理智端直，不克不削，达自根本无明，便为不动智佛，万事自止。以智利生，即是佛故。"② 三乘教法中的菩萨在修学过程中，正是由于在初发信心时，没有依此初发心，因此，在修行的过程中，即使是修学到十住、十行、十回向甚至十地等，都不能真正获得解脱。

十住菩萨，犹受三界分段生死分，学生空观对治阐提不信障。十行菩萨，分作法空观，修自利利他行，对治声闻自利障。十回向菩萨，作法空观，成起大悲愿力，垂形六道，教化众生，对治独觉自度障。此明三乘中三十心菩萨，对治地前三种障，但除正使未除习气。十地菩萨断其余习。如初地菩萨，见自身真如佛性故，名见道位。从二地至七地，是修道位，犹有功用而修其行。从八地至十地，名究竟位，不假功用，任运至佛果故。……又如三乘中，地前三贤菩萨得伏忍。十地与佛地得寂灭忍。又望《胜鬘经》，罗汉、辟支佛、净土菩萨，总是伏忍，以空观现行十使不起，为不识无明住地烦恼。故名不识。云何名断烦恼？但伏现行不起，得三种意生身，受三界外变易生死。……如是三乘六通菩萨等。于《大方广佛华严经》不闻不信。如此经云：设有菩萨经无量亿那由他劫，修六波罗蜜得六神通，犹不闻此华严经典，犹名假名菩萨，不真菩萨。设复

---

① （唐）李通玄：《新华严经论》卷15，《大正藏》第36册，第819页上—819中。
② （唐）李通玄：《新华严经论》卷22，《大正藏》第36册，第871页下。

闻时不入。①

大乘佛教诸宗三乘菩萨，因为从十信位始，未能相信自心无明即根本智，故不能真断烦恼，只能是将烦恼伏而不起，为"伏忍"。因此，从信入位进修，经十住、十行、十回向至十地，所做犹有功用，灭分段生死，受三界外变异生死。而修学《华严经》的一乘圆教菩萨，从初发信心起，即认识到"根本智"为众生本自具足，无欠无余。无明住地烦恼，本为"根本智"。因此，初信满后，圆入初住，则五位具足，初发心便成正觉。

李通玄在此处借用了《胜鬘经》中的无明住地烦恼的概念。《胜鬘经》明确说，阿罗汉、辟支佛，甚至最后身菩萨，都被无明住地所障、所覆，因此所断烦恼不究竟，也不能毕竟解脱，所得涅槃，只能称之为"向涅槃"。"阿罗汉、辟支佛、最后身菩萨，为无明住地之所覆障故，于彼彼法不知不觉。以不知见故，所应断者不断不究竟。以不断故，名有余过解脱，非离一切过解脱。名有余清净，非一切清净。名成就有余功德，一切功德。……是名得少分涅槃。得少分涅槃者，名向涅槃界。"②李通玄认为，阿罗汉、缘觉甚至最后身菩萨之所还被无明住地烦恼所障、所覆，就是因为他们没有看透无明的本质，如果认识到无明的本质，本即根本智，那么，此问题也就迎刃而解。

在论述《华严经》十地时，李通玄又将一乘与三乘的十地进行了对比。一乘的十地菩萨，也是因为从十信之位，初发信心时，即相信自心根本无明，即为不动智佛，因此，才能够直入一乘十地，成就佛果。而三乘十地，也并未真正证入法界实相，得真解脱。《新华严经论》卷22云："一乘十地者，从十信之心，即信自心根本无明具分别见，便为不动智佛，即文殊师利、觉首、目首等菩萨，是其位也。以自信自心无始无明为不动智佛，文殊师利即为自心理智妙慧用也。法界大智、大悲门，

① （唐）李通玄：《新华严经论》卷17，《大正藏》第36册，第833页上—833页中。

② （南朝·宋）求那跋陀罗译：《胜鬘师子吼一乘大方便方广经》卷1，《大正藏》第12册，第220页上—220页中。

普贤行海，即是自己所行之行，如是信己以为信心。"① 三乘十地则需要以种种迂回曲折的方法进行修学，由于理论上的不透彻，从而造成修学上的滞碍。

> 三乘十地者。……三乘中地前修六波罗蜜，以空观折伏现行、及五见、及五钝使，且令伏息所有烦恼，如呪毒蛇不能害物，伏而不起。空观心成，达心境本性无生，名为见道。若约修道，小乘以空观灭情入寂，身智总亡。地上菩萨得三种意生身，而不随空而灭智故。为不了根本无明住地，是如来根本智故，受三界外变易生死故，已舍分段生死。……如是十地菩萨修法空无生菩提，得十种意生身，于三界业外受变易生死，是生死无明住地未能了知。如是菩萨犹于一乘佛果《华严经》未闻，设闻不信、不顺、不证、不入，犹有厌苦心。多一向乐求出世净土，犹欣净土在于他方，佛果在三祇之后。……又云，若持八万四千法藏十二部经，为人演说，令诸听者得六神通，亦未为难，听受此经是则为难。或为一分劣解众生发菩提心者，三祇之劫方成佛故，三乘不退菩萨是十真如观，或是观空不退，不是以无明为根本智发心不退。此以前明时劫定实净土及秽土，全隔在于他方，忻厌之徒安立诸地故。②

总之，李通玄认为，三乘十地之所以经过漫长的修学，依然未能真正达到圆教所认为的解脱生死、灭除烦恼，仍然如《胜鬘经》所说的有三界外受变易生死，正是因为理论上的不圆满。只有认识到这一点，才能够叫作乘一切智乘，直达最终的目标。

> 为但欣出世行六波罗蜜，总是折伏现行无明，不得名为永断烦恼。为且以空观折伏无明，不了无明从本已来是不动智佛。为不了根本，以空折伏使令不起。乃至十地但得意生身等，不名以如来一切种智生身，以作十真如等观，断十种麄重，不了无明本是如来根

---

① （唐）李通玄：《新华严经论》卷22，《大正藏》第36册，第871页上。
② 同上书，第870页中—871页上。

本智故，大用恒寂故。一乘佛果教中依佛果发心，初发心时达根本无明，是根本无分别智，成差别智大用法门。初心之上圆满一切诸佛共所乘门，名乘一切智乘。①

因此，不听不闻《华严经》，仍然为假名菩萨。从初发菩提心的信位开始，十住、十行、十回向、十地、十一地等，所有的修习以及功德，都是建立在此最根本的观点之上的。

（二）无明即智说与其禅定观

关于修习禅定，三乘与一乘的差别也在于此。在《新华严经论》卷28中，讲四种灭尽定。《佛学大辞典》解释灭尽定为："梵语 nirodha-sampatti。又名灭受想定。二无心定之一。灭尽六识心、心所而不使起之禅定也。不还果已上之圣者，为假入涅槃之想而入于此定，极长者为七日，属于非想天。外道所入之无心定，名为无想定，属于第四禅。"② 李通玄认为，真正的灭尽定，也是要认识到根本无明即为根本智，才能寂用不二，既能够达到法界一相之寂灭体，又能随时发起法界大用。

此灭定者，有四种灭定。一声闻灭定，以四谛观识心，灭现行烦恼，及智亦灭。二缘觉灭定，观十二缘灭现行烦恼，及智亦灭。三权教菩萨，观十二缘四谛，明苦、空、无常、无我人、无众生寿者。性相空寂，都无所缚。行六波罗蜜生于净土，或以随意生身住于娑婆，或言以慈悲留惑住世。设入寂定，但随无相理灭，不得法界大用灭故。四如一乘菩萨，依如来普光明智发心，但达根本无明，是一切诸佛根本普光明智。以此大智以为进修之体，所有寂用皆随智门。一身寂多身用，多身寂一身用。同身寂别身用，别身寂同身用。如是同别寂用自在，等空法界无碍，自在重重。③

李通玄指出，声闻乘观四谛，入灭尽定，不仅断尽烦恼，智亦灭尽，

---

① （唐）李通玄：《新华严经论》卷18，《大正藏》第36册，第838页中。
② 丁福保编：《佛学大辞典》，上海书店出版社1991年版，第2387页上—2387页中。
③ （唐）李通玄：《新华严经论》卷28，《大正藏》第36册，第912页上—912页中。

因此不能再生起利益众生之用，所以罗汉灰身灭智，永离世间。缘觉乘观十二因缘，入灭定，同样不仅灭尽现行烦恼，智亦灭尽。权教之菩萨，更近一步，以权教教义深观苦、空、无常、无我、无人、无众生、无寿者等，证人法性本自空寂，无缚无解。而后或者修行菩萨六波罗蜜，或者往生净土，或者留惑润生。如果入灭尽定，则是随无相之理而灭，不能得法界大用。之所以此三乘都不能达到一乘圆教的智慧境界，正是因为：第一，此三乘发心之所依，都不是根本普光明智，也就是我们前面所讲的根本智。第二，不能依此发心，就更加不能认识到，困扰、束缚众生不能解脱生死轮回，为权教三乘避之如水火的根本无明，其体本是"一切诸佛根本普光明智"。依此为修行的起点，修习智慧、禅定等，根本普光明智体不随智愚、定乱之相而有所变动，一多同别，寂用无碍。

（三）"无明即智说"简评

笔者认为，李通玄的"无明即智"说是其解脱论的基础，也是其判教思想的基础，也是其哲学思想的一个很重要的方面，在其整个华严思想体系中具有十分重要的价值。李通玄关于"根本智"与"无明"关系的论述是十分振聋发聩的。

李通玄没有用华严宗传统"真与妄"的概念来解释"无为法"与"有为法"的关系，而是用了"无明"与"根本智体"的概念。而且，其解释方式也非常的直接——无明之体性即真心，即"根本智"。在前面笔者论述李通玄的"根本智"概念时已经明确，在李通玄的华严哲学体系中，"根本智"不仅仅为证得真如之智、正智这样的含义，他赋予了"根本智"华严哲学如来藏系的内涵，与"心体""心之觉性"等为同一意义。无明即根本智，即无明即心体，无明即法性，也即无明的体性即是明。当然，这并非说众生现实即是佛，只是就胜义谛之理体来讲，无明的体性本空，本即智体。

李通玄华严哲学的核心理论，采用的是"智体论"。他为什么采用了"智体论"，而没有用"心体"等概念表达？尽管李通玄在其著作中也明确指出"根本智""不动智"与"自心"无异，但他终究没有大规模采用"心"或者"心体"这个概念。"根本智"的如来藏系内涵，其所具有的心体、佛性的含义，是通过笔者分析论证而得出的结论。李通玄没有在其著述中说明他为什么采用"根本智"这个概念，所以其中的原因，笔者只能进行一定的分析。首先，李通玄采用了唯识学中广泛使用的概念，在唐代佛学各宗派的相互交融中，华严学采用唯识学中的概念和理论，是一个比较普遍的现象。法藏在其论著中，也多处对唯识学中的理论进行了分析，使用了其中的概念。李通玄使用这个概念也就比较合理了。再者，就李通玄的论著中来说，他使用这个概念，是从心体本来具"明"的功用层面与角度来使用的。如来藏系的观点认为，心体虽然本空，却具无量的含藏与功用。"智"这个词代表着明了、光明，从这个意义上使用，应该更能代表着李通玄对于心体所具有的本自明白的功用、同体大用的理解。如他对"根本智"的定义，其中很重要的一点即是"体自明白，恒照十方"。在其论著中，也多处使用了"普光明大智"的概念，代表着智体的无量光明、恒照十方之意。他对"根本智"与"无明"之关系的论述，我们也可以窥见其含义的一二。

李通玄的无明即根本智说，相较于小乘"无明"与"明"之二元对立，相较于般若系之"无明即是空、即是实相"，相较于佛性思想之"无明即是佛性"，李通玄提出"无明即是智性"说，这个思想的提出是更加大胆的。因为这个提法的含义代表了"无明即是觉性""无明本明"。这种论述方式越过了空、实相、法性等中间的逻辑层面，直接将无明与觉性等同，可说是至圆至顿。这种圆顿理论对于佛学中的一部分人来说，是非常有价值的。通过圆顿理念的学习，使其越过种种纷繁复杂的小乘、般若、中观等中间过程，直接达到佛教所追求的最根本、最深彻的终极目标。但比较容易带来的误解是，众生现前即是佛，即已本然地觉悟，容易造成一种类似"狂禅"的心态。因此，近代佛学大家弘一法师说："《论》是论体，利根上智之士，读之有大利益。而初心学人，于各种经教既未深究，于《疏》、《钞》又未寓目，则于《论》旨未易领会。但就《论》文颟顸笼统读去，恐难免空腹高心之病。"①

在华严宗的历史上，法藏是从真妄染净的角度来论述无明妄染与心体的关系。关于无明迷妄，法藏并没有用"无明"来表达，而是用了"妄"这个概念。无明即妄，有时可互用，有时无明可以作为妄想之根

---

① 弘一：《华严经读诵研习入门次第》，《大方广佛华严经入不思议解脱境界普贤行愿品》序文，上海佛学书局 2013 年版，第 6 页。

株。法藏认为修学的路径是"妄尽心澄，万象齐现"①。法藏的"妄尽还源"思想，就解脱论来说，是十分明晰和简明的。但是，就教理的圆顿来讲，显然有一定缺陷。后来天台宗人批评华严宗，就是认为华严宗所讲之理不够圆满，即是认为其理中还有妄心可断、有真心可证的二元对立。所以澄观吸收了天台宗的"性具善恶说"，强调如来不断性恶，强调"妄体本真"②——无明妄心为真如实际。澄观此观点与李通玄有相通之处。李通玄之"无明与根本智"说与天台宗最为著名的理念"一念无明法性心"，其表达有相似之处。李通玄在其著述中，也提出"根本智"与"心体"无二无别。但李通玄的"无明即智"说相对于天台宗之"一念无明法性心"还是有不同之处。天台之法性心，可以从法性的角度来说，也可以从现前一念介尔之心来作为观心之入手处。从此一念心，包含了无明与法性。李通玄从智体的角度论述与无明之关联，虽然智体也同样为心体，为如来藏，但更突出了无明与智之间的关联。同时，在智体与无明之间，也没有现前一念介尔之心的关联，逻辑较为直接。就现象层面来讲，智相对于心，更具有"明"的含义，突出了"无明本明"的圆融思想，其逻辑更加具有跳跃性，层次更加丰富。

在华严宗的历史上，李通玄是首次明确以"无明与心体"的关系来论述真妄、染净之别。澄观十分大胆地引入天台宗之"性具善恶"，"心佛与众生，体性皆无尽，以妄体本真，故亦无尽。是以如来不断性恶，亦犹阐提不断性善"③，并且强调"妄体本真"，这与李通玄的真妄观是十分相似的。洪梅珍也发现了澄观与李通玄在这一点上的相似："澄观这里的论述又与李通玄'无明即根本智'的论述逻辑有相似之处，只是澄观从真如为心来说，李通玄从真如为智来说。"④那么澄观是不是受了李通玄的影响呢？澄观阅读过李通玄的著作是肯定的，《大方广佛华严经随疏演义钞》中云："北京李长者释意以名收之，亦有理在者。"⑤但是否在

---

①　（唐）法藏：《修华严奥旨妄尽还源观》卷1，《大正藏》第45册，第637页中。

②　（唐）澄观：《大方广佛华严经疏》卷21，《大正藏》第35册，第658页下。

③　同上。

④　洪梅珍：《李通玄及其华严学之研究》，博士学位论文，高雄师范大学，2010年。

⑤　（唐）澄观：《大方广佛华严经疏》卷47，《大正藏》第36册，第367页下。

这一点上受其影响还不能确定。但最起码说明，李通玄的华严哲学比起华严五祖系谱内部的华严思想，并不逊色，甚至为华严宗后学起到了先在性的引导作用，非常值得进一步深入挖掘。

第 四 章

李通玄的缘起观

第一节 "理事无碍"的缘起观与性起思想

李通玄华严哲学观中另外一个特别值得重视的即是其"理事无碍"的缘起观。缘起论在佛教哲学中具有非常重大的意义。一般认为，在佛教哲学中，如果有一法能够贯穿全部佛法，当属缘起法。缘起法是佛法的基本原理，也是佛教义理的经纬。缘起，又叫作"缘生"，又译为因缘生法，是指依一定的条件而生起、由相互依存的关系而成立。最能表现缘起法的是佛教中的"缘起偈"："诸法因缘生，我说是因缘，因缘尽故灭，我作如是说。"① 缘起偈又被称为"法身偈"，又讲，若见缘起即见法，即见佛，即见四谛。可见，缘起说在佛教中是极为重要的基础性理论。佛教中的哲学思想必然要关涉到缘起说。一般来讲，佛教中的缘起论分为四类：业感缘起论、阿赖耶识缘起论、如来藏缘起论以及法界缘起（又称无尽缘起）。

一 "理事无碍"的缘起观

一般来讲，华严宗以法界缘起、无尽缘起著称。李通玄的缘起论，却与华严宗以四法界中事事无碍法界为基础的缘起观有所不同。李通玄的缘起观，以理事无碍的缘起论为根本所依。在《新华严经论》卷1中，李通玄判定《华严经》的宗乘、宗趣，即有论断："此经名一切诸佛根本

---

① （唐）地婆诃罗译：《佛说造塔功德经》，《大正藏》第16册，第801页中。

智慈，因圆果满，一多相彻。法界理事自在，缘起无碍，佛乘为宗。"① 《新华严经论》卷2中，也有同样的说法："此经名根本佛乘为宗，又以因圆果满，法界理事自在，缘起无碍为宗。"② 理事无碍、理事自在，李通玄将其提高到了宗乘的高度。他认为《华严经》是以理事无碍的缘起为所宗的，可见他对这个问题非常重视。

李通玄的"理事无碍"观也是其"一真法界"的基础。正因为理事无二，事不碍理、理不碍事，所以千差万别的事相均不异真实，所有的事相最后均归于真实，这即是"一真法界"。万法依法界而缘起，缘起不异真法界。"为此《华严经》明缘起法界门，理事无二。无缘不寂，无事不真，十方世界一真性海。"③ 下一节我们会讲到，李通玄最终将"一真法界"归结于本自具足、本觉的"根本智体"，那么其"理事无二"中的"理体"即指具有明显如来藏系特征的"智体"，因此，其缘起论基础即为"如来藏缘起"，或谓"真如缘起"。

李通玄的缘起观与法藏等人的缘起观是有明显的不同的。法藏的法界缘起观有二法界、三法界、五法界及十法界说，层次和结构非常复杂，其中最重要的是五法界说。其缘起论则多处强调了无尽缘起说："复摄余一一门中，无尽一切。如是重重，穷其法界也。何以故？圆融法界，无尽缘起，无一一切并不成故。此但论法性家实德故，不可说其边量。"④ "圆教中所说唯是无尽法界。性海圆融缘起无碍。相即相入，如因陀罗网，重重无际，微细兼容，主伴无尽。"⑤ 法藏对《华严经》宗趣与宗乘的判别也十分复杂，经过多层次、多角度的判别，最后说《华严经》依然是"华严无尽宗趣"⑥。

二 李通玄的"性起"思想

李通玄的华严哲学，尽管在缘起论方面与法藏等人有所不同，但是

---

① （唐）李通玄：《新华严经论》卷1，《大正藏》第36册，第721页下。
② （唐）李通玄：《新华严经论》卷2，《大正藏》第36册，第731页上。
③ 同上书，第730页中。
④ （唐）法藏：《华严一乘教义分齐章》卷4，《大正藏》第45册，第505页中。
⑤ （唐）法藏：《华严经探玄记》卷1，《大正藏》第35册，第116页上。
⑥ 同上书，第120页下。

他却继承了智俨与法藏的"性起"思想。在其论著中，多次出现如来性起说。"性起"，出自《华严经·如来性起品》，为华严宗所特有的思想。其含义为：佛自证之法，恒与真如本性相应，因此能遍应诸缘，起诸妙用，度化众生。佛之德用从法性自然现起，因此叫作"性起"。① 华严宗所建立的性起说，是为了与众生界之诸法由缘而起相区别。"性起"最初的含义专门指诸佛所证之功德，是称体而起用，清净无染、自在无碍，为不可思议的妙用，与众生界缘起染污不净、处处有碍、众苦交迫不同。佛果境界性起之清净庄严、无碍无尽，《华严经》中描述得最为详尽。

　　华严宗最初重视"性起"说，源于智俨。"性者体，起者，现在心地耳。"② 法藏则进一步继承和发展了性起思想。法藏在《华严经探玄记》中定义了性起："不改名性，显用称起，即如来之性起。又真理名如、名性，显用名起、名来，即如来为性起。"③ 在《华严经问答》中，法藏回答性起与缘起的差别与关联。性起，指本具之性，不必从缘。一般讲缘起，只是一种方便说。诸法从缘而起，其实也并无自性。所谓的缘起，其本质也是依本来的自性空而缘起，因此，从极致之理来讲，缘起的当体即是性起。"其性起者，即其法性，即无起以为性故。即其以不起为起。"④ 并且，众生以及诸烦恼等缘起之染污法，究其根源，也皆是"性起"。《华严经探玄记》中说："答皆是，何以故？是所救故、所断故、所知故。是故一切无非性起。"⑤

　　李通玄接受了"性起"这个概念，并且在其论著中多次运用。在《新华严经论》卷 2 中，李通玄说："此经大体以性起大智法界为体用，于性起大智法界体用门，安立诸地差别化生之法。"⑥ 李通玄提出"性起大智"，首先指明了他认为《华严经》的教体是称性而起的"性起"智慧以为体用，依然是与其根本智思想联系在一起的。在《新华严经论》

---

　　① 参见陈兵《佛法真实论》，宗教文化出版社 2007 年版，第 43 页。

　　② （唐）智俨：《大方广佛华严经搜玄分齐通智方轨》卷 4，《大正藏》第 35 册，第 79 页中—79 页下。

　　③ （唐）法藏：《华严经探玄记》卷 16，《大正藏》第 35 册，第 405 页上。

　　④ （唐）法藏：《华严经问答》卷 2，《大正藏》第 45 册，第 610 页中。

　　⑤ （唐）法藏：《华严经探玄记》卷 16，《大正藏》第 35 册，第 405 页下。

　　⑥ （唐）李通玄：《新华严经论》卷 2，《大正藏》第 36 册，第 732 页下。

卷4中，李通玄定义初信位之"信"，其中有一条，就是从凡夫地相信诸佛智慧、大悲、万行，我一介凡夫也本自具足，必当获得。从凡夫地，就相信诸佛之自在无碍，我也当得。其原因正是在于："诸佛自在于性起法门，智身、法身入众生界，不染色尘诸根自在，我亦不离性起如来智故。"① 诸佛于性起法门而自在无碍，我一介凡夫也同样具有此称性而起的如来之智，此论述也具有性起与缘起不二的含义。

李通玄的如来性起思想在其论著中出现的次数并不是很多，而且多处是从佛果的角度使用了这个词语。与法藏等人的观点不同之处还在于，法藏的性起思想，其本体性的永恒之体在于"一心"，而李通玄依然将其归结为智体。当然，无论是法藏还是李通玄，讲性起并不意味着不讲缘起。性起思想是缘起思想的深化，也不能离开缘起思想。李通玄注重理事无碍的缘起观，缘起思想与性起思想在其论著中都有讲论，但正如法藏所言，所有缘起终归性起。所以小岛岱山最终将李通玄的华严思想称为"理事无碍的性起思想"。并认为，李通玄理事无碍的性起思想，注重理体的风格，对后世产生了非常大的影响，这才是真正有价值的华严宗。

三 注重理体的华严风格

李通玄理事无碍的缘起观（性起思想），造成了李通玄整体注重理体的华严风格。李通玄认为，理事无碍缘起的法界，纯真无假，诸法总真，众生界即佛界，纯为"一真法界"。这就造成了他在解经时，必然注重从理体的角度着眼。既然认为诸法总真，那么，只有从真实的角度进行判断，才具有佛法上真实的意义。个人在解经的过程中，有这样的倾向性就是在所难免的。李通玄注重理体的风格在其著作中体现得十分明显，如他对神通、三昧等概念的解释。

> 是如此经中入深禅定，得佛神通者。以心称理，源无出入。体无静乱，体无造作。性任理自真，不生不伏，理真智应，性自遍周。三世十方一时普应，对现色身。随智应而化群品，而无来往，亦不变化，名佛神通。智无所依止，无形色体，无来去性。性自遍周，

---

① （唐）李通玄：《新华严经论》卷4，《大正藏》第36册，第746页上。

非三世摄，而能普应三世之法，名曰神通。是故经云，"智入三世而无来往"，为三世是众生情所安安，非实有故。为智体无形无色，不造作而应群品，名之为神。圆满十方无法不知，无根不识，名之为通。①

李通玄解释说，体性无静无乱、无造作性，无往来、无变化，才能称之为神通；智体无依止、无形色，无来去，名为神通。"于一切世界无所行、无所住，如一切众生身皆非身，无去无来，得无断尽、无差别自在神通。此明任物自真，称之为神，不为、不思、不定、不乱、不来、不去，任智遍周，利生自在，知根应现，名之为通。万法如是，无出入定乱。"②"具大神通者，大智无依无形，性无生灭，名之为神。智无不达，名之为通。"③ 李通玄这几处对神通的解释，均没有按照一般的解释方法，将神通解释为五眼、六通等。而是直接将神通解释为心能够与理性相合，理体、体性无静、无乱，没有造作，没有来往、变化，也无所谓静乱，无思、无为即为神通。

李通玄这种思路贯通于整个解经的过程，他对正见、禅定、三昧等的解释，也同样直接从理体的角度进行解释。"思亡智现，正邪见尽。定乱总无，无得无证，无生无灭，名为正见。心称此理，名为正定。返此有作，有为即为邪定。"④ 他认为，真正的正见，是关于正、邪的执着性见解都消失，明白所谓的正邪，都不过是自心的执取，其体性本空、本来与智体无二，无生无灭。而对正定的解释也同样，心与理体相应，方为正定。一般的四禅八定，不能称之为正定。从理体的角度、从胜义的角度解释这些概念，明白无疑。

再如李通玄对于无情是否有佛性的解读，对于无情是否能够成佛的解读。学者一般将其放入佛性论中去进行研究。李通玄对这个问题，其实并没有从佛性有无的角度去进行解释，他是从法界一真之理体的角度

---

①　（唐）李通玄：《新华严经论》卷18，《大正藏》第36册，第841页中。
②　（唐）李通玄：《新华严经论》卷30，《大正藏》第36册，第925页中。
③　（唐）李通玄：《新华严经论》卷20，《大正藏》第36册，第853页中。
④　（唐）李通玄：《新华严经论》卷28，《大正藏》第36册，第912页上。

对这个问题进行了解读。"如化佛权教中，说有情有佛性，无情无佛性，一切草木不能成道转法轮等。如《华严经》，即是越情实教……一切境界，总名慧体。何以然者，无有情、无情故。所以然者，无二见故。"① 李通玄明显从理体的角度对有情、无情进行了解释。因为一切的境界，无非一真法界之智体，所以，无所谓有情，也无所谓无情，有有情、无情之别，即有二见，即障解脱。因此，在法界一真之智境中，也没有所谓的成佛与不成佛："为一真智境界，无成佛者无不成者故。夫有情无情者，此是依业说。夫论成佛者，非属业故。若非属业者，即非有情非无情故。"② "如此《华严经》中大义，本无凡圣、情与非情，全真法体，为一佛智境界，更无余事。"③ 法体全真，同一佛智，情与非情，成佛与不成佛，均属妄执。对于李通玄的佛性观，应当从其理事无碍的性起思想，从理体的角度进行解读，才是真正的切入点。

四　总结

日本学者小岛岱山对李通玄理事无碍的性起思想，对其偏重于从理体角度解释经典的思想非常赞叹，专门写文章进行过论述。他认为，李通玄注重理事无碍的思想方式充满了"实践性"，对后世产生了巨大的影响。

> 五台山系华严思想的大成者李通玄的思想核心是性无即万有、性无即妙用（大用）的理事无碍的性起思想。这种性无的理是不可分、总相、全体的理，从根本上讲这种思想来自于以虚空、光明作比喻、强调般若空观的《华严经》。④

小岛岱山意识到，李通玄的华严思想中有强调般若空观的倾向，并且注重从理事无碍的角度解释华严，为"理事无碍的性起思想"，而且他

---

① （唐）李通玄：《新华严经论》卷6，《大正藏》第36册，第754页下。
② 同上书，第754页下—755页上。
③ 同上。
④ ［日］小岛岱山：《中国华严思想史的再认识》，黄玉雄译，《五台山研究》2000年第4期，第15页。

认为这是"五台山系华严思想的核心"。而终南山系的华严思想则是"缺乏空性的自觉，而且以事事无碍为主，所以它缺少实践性。……它和实践无缘"①。笔者认为，这也是李通玄的华严思想对后世禅宗产生巨大影响的原因。华严圆教"事事无碍"的理论尽管玄妙无比，但真正用于修学的实践，却经常不得其门而入。所以，也有学者提出李通玄的华严思想与般若系的思想有一定的联系，也是由于此种原因。

小岛岱山认为，以法藏、慧苑为代表的终南山系华严思想，注重理论，注重流派，是一种很"极端"的华严思想。但是因为注重理论的传承，他们有很多典籍却保留了下来。而五台山系的注重实践的华严思想，却被视为了异端。所以他认为"华严思想史也是一部空头理论，本末颠倒的思想史"②。当然，小岛岱山的这种单纯按照地域划分思想体系的方法值得商榷，完全否认法藏等正统华严思想体系的说法也有些偏激。但是，他提出来的李通玄的华严思想不同于主流华严学，其注重实践的特色，是值得我们重视的。

第二节 "事事无碍"思想及法界缘起观

通过李通玄"根本智"思想的论述，我们可以明确，李通玄的智体论，与法藏的华严哲学思想有一定的承继关系，同为如来藏系华严哲学。其"智体无性说"受《大乘起信论》之"一心开二门"思想影响巨大。这些都与传统华严宗的华严哲学有一定的承继关系，有相同之处。但李通玄以"理事无碍"为基础的缘起观，却明显与以"事事无碍"为核心的华严宗哲学有一定的差异。这就涉及李通玄的华严哲学与华严宗哲学的关系问题，是否主要是因为这点的不同，李通玄才被认为是"教外华严"？李通玄毕竟是注解《华严经》，其思想中有没有"事事无碍"的观点呢？本节就这些问题展开讨论。

---

① ［日］小岛岱山：《中国华严思想史的再认识》，黄玉雄译，《五台山研究》2000 年第 4 期，第 16 页。

② 同上书，第 15 页。

一 华严宗四法界说

一般认为，华严宗哲学的法界思想为"四法界"说，即"事法界、理法界、理事无碍法界、事事无碍法界"，这也是华严宗自认为一乘圆教的重要原因之一。四法界学说的最终形成在华严宗学的历史上也是一个逐步发展的过程。"事事无碍"的概念在杜顺、智俨的著作中还未出现。杜顺在《华严五教止观》中，以因陀罗网为喻，讲述法界缘起的相状；智俨则以"法界缘起"为其全部学说的基础，并提出"十玄说"。四法界理论在早期的华严宗学中并未出现。法藏初步提出"事事无碍"思想，但在其著作中出现的次数也不多，只有《修华严奥旨妄尽还源观》中提到过："理事无碍，事事无碍，法如是故。……如上事相之中，一一更互相容相摄，各具重重无尽境界也。"① "多身入一镜像观，即事事无碍法界也。"② 在法藏的整体思想中，体现其将《华严经》作为一乘圆教思想加以判别的是"主伴圆融""主伴具足"的思想。"若依圆教，即约性海圆明，法界缘起，无碍自在，一即一切，一切即一，主伴圆融。"③ 法藏在其著作中提到主伴具足、主伴圆融之处非常多。"依普贤法界，帝网重重，主伴具足故，名圆教。"④ "如帝网重重，具足主伴等，此约圆教。"⑤ 次数极多，随处可见，不再一一列举。依"主伴圆融""主伴具足"而有法界无尽缘起，是法藏华严哲学的重点。将"事事无碍"思想提到核心地位并将其列入四法界说始于澄观，由宗密最后完善和定型。宗密在《注华严法界观门》卷 1 中说："清凉《新经疏》云：'统唯一真法界，谓总该万有，即是一心。'然心融万有，便成四种法界。一事法界，界是分义，一一差别，有分齐故。二理法界，界是性义，无尽事法，同一性故。三理事无碍法界，具性分义，性分无碍故。四事事无碍法界，一切分齐事法，一一如性融通，重重无尽故。"⑥ 事法界，即千差万别之事相；

① （唐）法藏：《修华严奥旨妄尽还源观》，《大正藏》第 45 册，第 638 页上。
② 同上书，第 640 页中。
③ （唐）法藏：《华严一乘教义分齐章》卷 2，《大正藏》第 45 册，第 485 页中。
④ （唐）法藏：《华严经探玄记》卷 1，《大正藏》第 35 册，第 115 页下。
⑤ （唐）法藏：《华严经探玄记》卷 3，《大正藏》第 35 册，第 154 页上。
⑥ （唐）宗密：《注华严法界观门》卷 1，《大正藏》第 45 册，第 684 页中。

理法界即千差万别之事相法的空性理体；理事无碍法界，千差万别之事相的当体即是空性理体，无二无别；事事无碍法界，种种事相之间，亦是相互融通无碍，重重无尽。

二 李通玄华严哲学中的"事事无碍"与"法界缘起"思想

笔者强调了李通玄的"智体论"为如来藏系华严哲学，与法藏等的华严哲学有一定的承继关系。他关于"根本智"与"无明"关系的论断及其"智体无性说"，与《大乘起信论》有密切的关联。但李通玄为什么没有被华严宗内部列入祖位，反而被视为"教外华严"学者？当然，明清以后，由于李通玄的巨大影响和卓越贡献，他被各个宗派都视为祖师级别的人物。但在华严宗内部，尤其是早期的华严宗，他没有被视为祖师，也没有受到相应的重视。其内在原因是什么呢？笔者分析，他强调"理事无碍"的缘起观，注重理体的华严风格，这应是最重要的原因之一。尽管小岛岱山特别推崇李通玄"理事无碍"的缘起观，认为这种缘起思想充满了实践性，对后世产生了巨大的影响，并且稍嫌偏激地认为这才是"正统"的华严思想，但不可否认的是，李通玄注重"理事无碍"的缘起观，与华严宗是不同的，就义理方面来讲，也是不够圆满的。但李通玄注解《华严经》，对于《华严经》中所描述的"事事无碍"之理，法界无尽缘起之理，万事万物相即相容的极圆融之法界观，李通玄是不可能直接无视的。所以在解经过程中，他也会经常提到《华严经》中所描述的一芥子中可纳大千世界，一时中具无量劫，法界之重重无尽不可思议等观点；也会经常提到理论极为圆融复杂的"十玄门"等。

李通玄最著名的话，"无边刹境，自他不隔于毫端；十世古今，始终不移于当念"[1]，正是华严"事事无碍"境界的表现。李通玄尽管没有提出"事事无碍"的概念，但在其著作中，也多次提出"一尘中含有广大佛刹"以及"一毛孔中含容无限法界"之语句。"一一毛孔，含容法界，一切境界，重重无尽，甚深广大无比。"[2] 同样的表述还有《略释新华严

---

[1] （唐）李通玄：《新华严经论》卷1，《大正藏》第36册，第721页上。

[2] （唐）李通玄：《新华严经论》卷2，《大正藏》第36册，第731页上。

经修行次第决疑论》卷4,"一一毛孔,含容刹海"①,讲述十地菩萨之境界,皆以法界为身。表达一微尘中含容一切佛刹,在李通玄的著作中也常有出现。"如《华严经》中,以本法力,法如是故。能以一尘之内,含容十方一切佛刹、众生刹,总在尘中,世界不小,微尘不大。十方世界所有微尘,一一尘中总皆如是。"② 并且,李通玄将此当作了《华严经》作为圆教的一个特征,作为别教一乘教法的一个特征,以区别于权教三乘。《新华严经论》卷39的《入法界品》中,李通玄指出:"十方佛刹,智境含容于一微尘,总圆无尽。"③

由此我们可以看出,尽管在李通玄的著作中,没有出现"事事无碍"的概念,但还是有很多"事事无碍"的思想。既然是"事事无碍",便与法界无尽缘起有千丝万缕的联系。因此,李通玄除了提出一一毛孔含容法界,也指出法界之重重无尽。尽管他没有明确提出"无尽缘起"的定义,但具有这个含义是确定无疑的。如《新华严经论》卷2中指出:"此经说一切诸佛本报国土,十莲华藏世界海,一一莲华藏最下世界,皆有十佛世界微尘数广大刹清净庄严。一一广大刹,复有十佛世界微尘数诸小刹,眷属围绕,已上倍倍增广。一一华藏世界皆满虚空,互相彻入,重重无尽。甚深广大无比。"④ 这段话中很明显已经有法界无尽缘起之含义在其中了。《新华严经论》卷35《入法界品》中,讲述十住菩萨已经与佛果之报境相同,指出:"……总与佛果报所得境界,名体俱同。皆具因陀罗网互参之佛境身土,重重含容。时劫岁月都无延促,一一门各各具足无量一切法门。"⑤ 由此可以看出,在李通玄的著作中,尽管没有明确出现"事事无碍"与"无尽缘起"之概念,但是,由于其注解《华严经》,《华严经》本身所蕴含的法界无尽缘起,事事无碍之理,是一定会渗入到李通玄的华严思想中的。我们前面也简略分析了华严宗"事事无碍"法界思想的发展史,法藏之前,杜顺和智俨也并没有明确提出"事事无碍"的概念,只有六相、十玄、法界缘起、无尽缘起的思想。法藏

① (唐)李通玄:《略释新华严经修行次第决疑论》卷4,《大正藏》第36册,第1042页中。
② (唐)李通玄:《新华严经论》卷1,《大正藏》第36册,第723页下—724页上。
③ (唐)李通玄:《新华严经论》卷39,《大正藏》第36册,第998页中。
④ (唐)李通玄:《新华严经论》卷2,《大正藏》第36册,第731页上。
⑤ (唐)李通玄:《新华严经论》卷35,《大正藏》第36册,第965页下。

也仅有很少的几次提到这个概念，那么，在李通玄的思想中，没有明确提出"事事无碍"的概念，也就非常可以理解和顺理成章了。而且，在其著述中，也提出过六相、十玄观。在前面论述其思想的渊源时有过详述，因此不再详述。

但需要我们注意的是，这些思想显然不是他的重点。他整体的解经风格依然是偏重于"理事无碍"的，而且，在解释一些概念时，他特别偏重于从理体的角度着眼，这一点在前面笔者已经进行了分析。作为最圆满、玄奥的理论，事事无碍思想尽管圆融无比，但在修学的实践中，对大多数人来说，往往是不能够直接契入的。也正是因为实践性不够强，过于强调理论的玄妙，华严宗在后世逐渐衰落，而更为直截、简单的禅宗、净土等逐渐兴起，成为佛教的主流学派。李通玄从理事无碍的角度着眼，注重根本智、注重理体、注重实践等思想特征，也造成了其思想对后世的禅宗影响很大。陈永革先生即注意到，李通玄对后世的影响力"似乎高出"法藏，后世禅僧对李通玄著作的引用频率明显高出法藏。如他对永明延寿的影响极大，在《宗境录》中，永明多处引用李通玄的思想，却基本没有引用法藏的著作。对比法藏繁复的华严哲学理论，就会发现李通玄的思想没有那么精致、复杂，是以直接、圆顿为风格的。这导致了他的思想对后世影响最大的是禅宗，而不是华严宗。随着历史的发展，我们可以发现，禅宗的生命力是极强的，在唐朝后期的发展势头，明显超过理论过于精致复杂的华严宗。

第三节　李通玄之"一真法界"思想及其对澄观的影响

李通玄另外一个特别值得重视的华严思想即是"一真法界"思想。值得我们注意的是，在华严哲学与华严宗的思想史上，首次使用"一真法界"概念的人是李通玄。日本学者小岛岱山非常敏锐地看到了这一点，他认为，李通玄华严思想的根本特质是"一真法界"，并撰有《李通玄の根本思想一真法界思想の形成とその思想史的意义》一文，可惜未翻译成中文。小岛岱山也论述了"一真法界"思想对澄观的影响。洪梅珍受小岛岱山的影响，也注意到这一点，着重论述了李通玄的"一真法界"

思想对澄观以及后世华严宗的影响。但两者均未提出李通玄"一真法界"概念的来源，以及李通玄如何逐步地赋予了"一真法界"概念以华严哲学的内涵。因此，笔者就此问题再进行深一步的探讨。

一 唯识学中的"一真法界"概念

汉传佛教中对"一真法界"概念有明确的定义始于唯识学。《成唯识论》卷9中对"一真法界"的解释为胜义谛的一种，即超出世间、出世间胜义法则的"胜义胜义"："一世间胜义，谓蕴处界等。二道理胜义，谓苦等四谛。三证得胜义，谓二空真如。四胜义胜义，谓一真法界。"①此"胜义胜义"，即为超越言诠、超越名言安立、由圣者自内证之真如体性。《大乘法苑义林章》卷2云："四胜义胜义谛，亦名废诠谈旨谛。前之三种，名安立胜义，第四一种非安立胜义。"② 《成唯识论述记》中，又称其为"真胜义性"，即是真如。

李通玄在其著述中，多处使用了唯识学中的概念。其华严思想最重要的核心概念——"根本智"，也是来自于唯识学中。李通玄在使用"根本智"这个概念的时候，与唯识学中"根本智"的含义是不尽相同的。李通玄华严学体系中的"根本智"，不再单纯是唯识学中"能证真如之智"的含义，而是有"心体""本体"的内涵在其中，前文已有详述。从上可以看出，李通玄尽管最终倾心于《华严经》，但是其知识背景是非常完备的，对唯识学也有比较深入的了解。既然"根本智"的含义与原唯识学中的含义是不尽相同的，那么，"一真法界"在被纳入李通玄的华严哲学体系之后，又发生了哪些内涵上的变化呢？

二 李通玄"一真法界"思想的华严哲学内涵

"一真法界"之理，核心在于"真"，真谓"真实"，指未经主观认识所改变、歪曲的本来面目，或由正智如实知见的本然。对于真实的认知，各个宗派是不尽相同的。法界，又为真如、法性之异称。"一真法界"，即为绝对真实的、离言绝虑之真实法性。李通玄用"一真法界"的

① （唐）玄奘译：《成唯识论》卷9，《大正藏》第31册，第48页上。
② （唐）窥基：《大乘法苑义林章》卷2，《大正藏》第45册，第287页下。

概念注解《华严经》，当然也会赋予"一真法界"不同于唯识学的内涵。

（一）李通玄之"一真法界"思想与其"根本智"说

李通玄之"一真法界"思想是与其法界缘起观密切相关的。李通玄将此"一真法界"之"真"，归结到了何处呢？这决定了李通玄华严缘起论的最终指向。不同于后世华严宗将"一真法界"归结为"心体"，他将"一真法界"之"真"，归结为了"智"或曰"根本智体"，"为华严中纯真境界总为智故"①。在《新华严经论》卷1中，李通玄干脆将"一真法界"直接表述成为"法界一真之根本智"。"《华严经》……但影本身法界一真之根本智，佛体用故，混真性相，法报之海。直为上根人，顿示佛果德一真法界本智，以为开示悟入之门。"②"根本智"在李通玄的华严体系中，却具有了"体性""心性""本源性"之意味。此智为一切众生所本具、共有，明显具有如来藏系的特征。同时，李通玄受《大乘起信论》之觉性如来藏的影响，赋予了此智以本觉心性的含义。在前面已经有比较详细的论述，不再详说。

李通玄将"一真法界"归结于本自具足、本觉的"根本智体"，那么其"理事无二"中的"理体"即指具有明显如来藏系特征的"智体"，因此，其缘起论基础即为"如来藏缘起"，或谓"真如缘起"。"如来藏缘起说"是指一切诸佛及众生皆具如来藏、佛性、本觉真心，此心体本来清净，为世出世间一切之本源。众生由不觉此真心而生无明，从而造成生死轮转之苦。众生虽生死流转不息，但此真如或如来藏则随缘不变。这显然与唯识学中"一真法界"思想的缘起论基础不尽相同。唯识学中"一真法界"思想的缘起论为"阿赖耶识缘起"说，众生各有心体阿赖耶识，以此识中的有漏种子为因，不了境唯识变，起无明惑，流转生死；又由阿赖耶识中的无漏种子为因，观万法唯识，破除执惑，才得以解脱。因此，李通玄认为"此经不许三乘化佛、权教所收众生所知解故。化佛教中菩萨及二乘之众，不能解了一真法界报佛法门"③。

（二）李通玄之"一真法界"思想与"理事无碍"观

再者，唯识学中之真俗二谛的关系，也与华严圆教所认为的真俗相

---

① （唐）李通玄：《新华严经论》卷2，《大正藏》第36册，第730页中。
② （唐）李通玄：《新华严经论》卷1，《大正藏》第36册，第722页下。
③ （唐）李通玄：《新华严经论》卷8，《大正藏》第36册，第768页下。

即互融的关系不同。《成唯识论》将唯识性分为虚妄与真实两种，遍计所执性为虚妄，圆成实性为真实。由遍计所执证得圆成实性，是转依他起性为圆成实性，转烦恼为涅槃。真俗二谛的关系为，要断除、舍离妄染之心，才能证得涅槃。真如本性虽然清净，其相却是杂染的。"由数修习无分别智，断本识中二障粗重故，能转灭依如生死，及能转，证依如涅槃。此即真如，离杂染性。如虽性净，而相杂染。"① 就"一真法界"来讲，唯识学是指舍离了烦恼染污、灭（转）掉烦恼之后的真如实性。由此可见，唯识学中的识与智、妄与真、烦恼与涅槃、事与理之关系，与华严哲学是不尽相同的。

李通玄关于真、俗二谛的关系，可以"理事无二"总括之。理即随缘不变之理体，为胜义谛；事即千差万别之事相，为世俗谛。"为此《华严经》，明缘起法界门，理事无二。无缘不寂，无事不真。十方世界，一真性海。大智圆周，为国土境界。总为性海，为一真法界。"② 李通玄之"一真法界"是即烦恼而涅槃、即事而理的"一真法界"，主要强调千差万别之事相当体，即是法界之一真性海。因此，无事不真，无缘不寂。无真、俗之二元对立，无烦恼与涅槃之剥离。在《新华严经论》卷4中，李通玄自己也将他的"一真法界"思想与唯识学中的"一真法界"做了对比。

> 又云：得相者是识，不得相者是智，即是明成坏也。如此经中意者，即真无有假法，诸法总真，纯真无假。更无相似，存真存假。经云：众生界即佛界也。如此经中，文殊以理会行，普贤以行会理。二人体用相彻，以成一真法界。③

李通玄在此处明显赋予了"一真法界"不同于唯识学中的含义：诸法一真即一切真，纯真无假。无所谓相假体真，无所谓得相、不得相，众生界即佛界。通过李通玄的论述也可以窥见，此"一真法界"显然是

---

① （唐）玄奘译：《成唯识论》卷9，《大正藏》第31册，第51页上。
② （唐）李通玄：《新华严经论》卷2，《大正藏》第36册，第730页上—730页中。
③ （唐）李通玄：《新华严经论》卷4，《大正藏》第36册，第740页下。

遍含体用的，以文殊表理体，以普贤表万行，二者体用相彻，才为"一真法界"。《新华严经论》卷4云："……于一真法界任法施为，悉皆具足恒沙德用，即因即果。"① 李通玄还特别强调一真法界的"无古今性"，这一点发展成为"法界一时"的思想，极大地影响了李通玄的修行论，是其顿悟思想的渊源。"初入佛知见，智总该三世诸佛境界，总为一时。一真法界无古今性，不见新成佛，不见旧成佛。以法无古今、新旧、成坏等性故。"②

　　总之，笔者认为，李通玄将唯识学中的"一真法界"概念纳入华严哲学中，并从"如来藏缘起论"，从"即真即俗""理事无碍"的角度赋予了"一真法界"以不同于唯识学的内涵。此概念承上启下，在后来澄观等人的进一步充实与完善下，成为华严宗的核心理念之一。就合理推断，澄观应是受到李通玄"一真法界"思想影响的。澄观在其著作中，也多处使用了"一真法界"的概念，而此概念被纳入华严哲学的体系肇始于李通玄。洪梅珍也提出了自己的论点："有一个原因是当时新译唐经的注释书仅《新华严经论》一本，没有其他版本，所以澄观特别检视此书亦有其时代背景。"③

三　澄观与李通玄的"一真法界"思想对比

　　尽管李通玄被视为"教外华严"，但在很多方面，他的思想与法藏等人是有承继关系的。尤其是其哲学思想，并未偏离如来藏系华严哲学的基本内涵。在"一真法界"思想上，澄观与李通玄也有很多相似之处。在《大方广佛华严经随疏演义钞》卷4中，澄观首先论述了"一真法界"与"真如法身"之关系："光虽万殊之本之者一，所谓真法身也。若直指功德实相，名为法身。此乃以法深理，假名为身，非色像之谓也。……一真法界以为法身。"④ 澄观明确了"一真法界"与法身理体是不异的关系，真如法身以"一真法界"为"身"。在《大方广佛华严经随疏演义

---

① （唐）李通玄：《新华严经论》卷4，《大正藏》第36册，第740页中。
② （唐）李通玄：《略释新华严经修行次第决疑论》卷2，《大正藏》第36册，第1023页下。
③ 洪梅珍：《李通玄及其华严学之研究》，博士学位论文，高雄师范大学，2010年。
④ （唐）澄观：《大方广佛华严经随疏演义钞》卷4，《大正藏》第36册，第28页上。

钞》卷23中，澄观也提出了"一真法界"所具有的"觉性"的内涵。"即《摄论》《佛地论》，皆言五法摄大觉性，谓一真法界。"① 当然，此"觉"绝非一般人所理解的第六意识上的明觉、明白，为远离能觉、所觉之"妙觉"，"远离觉所觉，若有若无有，故为妙觉"②。同时，澄观也论述了"一真法界"与"智"之关系。"今清净智，即一真法界。清净智即本来智性。……初法界清净智，即一真法界故。"③ 李通玄特别将"一真法界"归结为清净智体，澄观也偶有同样的看法。另外，关于"一真法界"与理事缘起之关系，澄观指出《华严经》之宗趣，入即法界，以此为宗，认为此经"先明所入，总唯一真无碍法界，语其性相不出事理"④。从以上几点来看，澄观的"一真法界"思想与李通玄的"一真法界"思想在华严哲学的核心理念上是一致的，为真如、为觉性、为理事无碍，甚至也为智体等。但澄观与李通玄的华严思想终究是有差别的。澄观的华严思想更多的是继承了法藏等人的思想，理论也更加精致和圆融。

首先，澄观在接受"一真法界"的同时，更加注重华严宗的四法界说。华严宗的四法界说，在杜顺的《法界观门》就开始有了雏形。他以三重观门为《华严经》的基本结构：真空观、理事无碍观与周遍含容观。每一观又各开十门，明宇宙、人生一切法的存在状况以及万物之间的关系。智俨创十玄门来论述法界缘起之重重无尽、彼此联系、圆融无碍的法界相状。法藏尽管没有明确提出四法界说，但是对四法界关系的论述已经是非常的圆融了。"法界亦二，一理、二事。如次二身，遍二法界。二界两身，自互相即，四句无碍思之。"⑤

在澄观的著作中，四法界说则是非常重要的思想之一。他的四法界思想是入华严的指标、地图。"言法界者，一经之宗，总以缘起法界不思议为宗故。然此法界之相，唯有三，然总具四总：一事法界，二理法界，

---

① （唐）澄观：《大方广佛华严经随疏演义钞》卷23，《大正藏》第36册，第179页下。
② （唐）澄观：《大方广佛华严经随疏演义钞》卷37，《大正藏》第36册，第284页中。
③ （唐）澄观：《大方广佛华严经随疏演义钞》卷23，《大正藏》第36册，第179页下。
④ （唐）澄观：《大方广佛华严经疏》卷54，《大正藏》第35册，第908页上。
⑤ （唐）法藏：《华严经探玄记》卷2，《大正藏》第35册，第145页上。

三理事无碍法界，四事事无碍法界。"① 澄观开展四法界的意图是为了显示一乘的殊胜，而以四门开显。可见，澄观尽管接受了"一真法界"的思想，但是四法界说依然是其华严思想的重中之重。他虽然没有将四法界囊括在"一真法界"中，却也有了将它们联系起来的意图。《大方广佛华严经随疏演义钞》卷80云："随门不同，种种有异……门虽有多，且略分四。一约性，即一真法界。二约相，即无尽事法。三约性相交彻，显此二门，不即不离。四以性融相，德用重重。"②

再者，澄观的"一真法界"思想与李通玄之思想不尽相同的是，澄观尽管也引用了经典中的说法，认为清净智即真如，即"一真法界"，但最终，他还是以"心为真如"来立论的。澄观最著名的观点就是"心、佛、众生"三无差别，"真心真境，本自无涯。……真心大也。知妄本自真，见佛则清净。如心佛亦尔，如佛众生然。心佛与众生，是三无差别"③。这种以一心统摄众生与佛、统摄心境的思想，最终经过宗密的发展，将四法界完全建立在"一心"的基础上，形成了著名的"一心四法界"说："统唯一真法界，谓总该万有，即是一心。然心融万有，便成四种法界。"④

四　总结

通过以上的分析与论述，我们可以窥见"一真法界"思想在华严哲学中的一个发展脉络。最初由李通玄使用唯识学中的"一真法界"概念，在注解《华严经》的过程中，赋予了其以华严哲学的内涵。"一真法界"思想后来经过澄观、宗密等人的进一步发展，成为华严哲学的核心理念之一。小岛岱山与洪梅珍都认为，李通玄的"一真法界"思想"实际上贯彻了法藏以后所有华严教学的基础"⑤。小岛岱山从不吝惜对李通玄思想的赞美和推崇，他更是极为重视李通玄的"一真法界"思想。他在

① （唐）澄观：《华严法界玄镜》卷1，《大正藏》第45册，第672页下。

② （唐）澄观：《大方广佛华严经随疏演义钞》卷80，《大正藏》第36册，第627页中。

③ （唐）澄观：《大方广佛华严经随疏演义钞》卷1，《大正藏》第36册，第3页上—3页中。

④ （唐）宗密：《注华严法界观门》卷1，《大正藏》第45册，第684页中。

⑤ 洪梅珍：《李通玄及其华严学之研究》，博士学位论文，高雄师范大学，2010年。

《中国华严思想史的再认识》中说："从主体的立场上，李通玄把性无即万有、性无即妙用称为根本普光明智、不动智，或者无依住智。我们众生本来就存在着这种智，为了使这种智显现出来而每天在努力。……从客体的立场上，李通玄把性无即万有、性无即妙用称为一真法界。一切存在就是真实。这种思想是由李通玄所创立的。"①

　　小岛岱山认为，李通玄的华严哲学影响了整个华严宗，并成为主导性的华严思想，但这显然是小岛氏夸大其词了。尽管李通玄的华严思想对后来的佛教诸宗都产生了巨大的影响，但他在华严宗内部的地位，依然与华严五祖有一定的差距。就其思想本身来说，也确与正统华严哲学有些许不同。笔者认为，这种注重"理事无碍"的华严思想，正是其中的不同之一。相较于华严四法界说，尤其是"事事无碍"的华严思想，这种只是注重理体、理事无碍的学说，在理论上来讲是不够精致的。但正如小岛岱山所说，这种思想无疑更加具有实践性。笔者认为，李通玄的"一真法界"思想，其"理事无碍"的缘起观，对后世的巨大影响更多地表现在其对禅宗的影响上。② 禅宗逐步成为中国佛教最有生命力的宗派之一，也从侧面说明了李通玄华严哲学的实践性与影响力。

第四节　李通玄的"三圣圆融说"

　　李通玄另外一个值得单独论述的思想即是其"三圣圆融说"。在华严学的历史上，李通玄首次提出三圣圆融的观点，并影响到后来华严宗的澄观等人。关于李通玄的"三圣圆融说"，诸位学者多有论述。魏道儒在《华严宗通史》中论述李通玄的华严思想时，单独论述了李通玄的"三圣一体说"，指出李通玄三圣观的历史沿革、内涵与对后来者的影响等。邱高兴在其《李通玄佛学思想评述》中，用了一节专门论述李通玄的"三圣圆融说"。洪梅珍也在其博士论文中，用了一小节来论述此思想。桑大

---

① ［日］小岛岱山：《中国华严思想史的再认识》，黄玉雄译，《五台山研究》2000 年第 4 期，第 16 页。

② 李通玄的华严思想对永明延寿、憨山、普庵、张商英等禅宗史上的重要人物都产生了极大的影响，此处不再详述。

鹏在其论文《李通玄对〈华严经〉性质和结构的解说》中，第一小节即论述了"三圣一体论"。桑大鹏指出，文殊代表着般若智慧，代表着对于诸法实相、真如、佛性的领悟，凡是文殊类的经典，均与般若智慧有关。普贤代表着行愿，代表着将文殊的般若智慧应用于现实生活中，以事而取佛果。因此，普贤类的经典都是讲述菩萨行的法门。所以，他认为："文殊类经典与普贤类经典的结合，颇有点'知行合一'的意味。"①

一　李通玄三圣圆融说的哲学基础

李通玄的三圣圆融说，诸位学者都已经有十分精彩的论述，因此，笔者再比较简要地论述一些未被深入挖掘的方面。首先是李通玄三圣圆融说的哲学基础。李通玄三圣圆融说，也是与其"智体论"紧密联系在一起的。李通玄的哲学观是其整体华严思想的基础，其他的如三圣圆融说、十玄六相说、解脱论等，都是与其哲学观紧密相连的。因此，首要论述的，就是三圣圆融说的哲学基础。

（一）　三圣圆融与判教说

三圣圆融说与李通玄的判教说、智体说紧密相连。李通玄认为，文殊代表着法身根本智体，普贤表差别智之万行，而佛则代表着无作智体。李通玄在判教思想中首先指出，此三人不可分别之整体代表着华严圆满教体。换句话说，此《华严经》之所以为一乘圆教，正是因为此三人是整部经典的代表。"文殊是三空解脱之妙慧，妙简正邪之理。弥勒如来寄同此教，一生至佛果故，是根本普光明智。普贤是根本普光明智中差别智利众生行门。三法是一体用之门，即于诸法而能自在。此之三法成此一部经之教体，故名一乘圆教也。"②

在《新华严经论》中，李通玄论述《华严经》与其他经典的区别，专门有一个纲要即是"问答所诠主伴别"，即《华严经》中主法之佛与相伴之菩萨与其他经典是不同的。《华严经》中主伴具足，圆满无缺，这也

---

①　桑大鹏：《李通玄对〈华严经〉性质和结构的解说》，《三峡论坛》2010 年第 1 期，第120 页。

②　（唐）李通玄：《略释新华严经修行次第决疑论》卷 4，《大正藏》第 36 册，第 1046 页上。

是《华严经》区别于其他经典的一个很重要的方面。其中的主伴即是佛、文殊与普贤三者。此三者共同构成《华严经》圆满的"一法界之体用也"①。"……文殊为始见道初，法身本智之门。普贤即为始见道之后，行行之门。佛即二事之中无作体也。故以文殊法身，该此一部之教所说法身本智，备一切众生初见道。普贤该此一部之教所说行门差别智，备一切众生行行之门。法行具足名之为佛。"②此三人始终不可相离。"三人不可废一，若废一三不成故。是故三乘权教中，无此三人始终不相去离。以教门未实总是化身，权逐小根且略权施。"③而此《华严经》所讲述的文殊、普贤与佛，自相问答，理事相彻，而且有"一切处文殊师利，一切处普贤菩萨"处于华严海会，重重无尽，这些都是佛教中所不具备的。其他的三乘权教，或者没有文殊、普贤菩萨，或有的只有文殊，没有普贤，如般若类经典；或者有的只有普贤，没有文殊。即使二者均具，"设有文殊普贤，不自相问答，明理事未彻故。又不言一切处文殊，一切处及微尘中普贤行众行故"④。

（二）三圣圆融与法界体用门

文殊代表着根本智体，普贤代表着差别行，体用相彻、相融、相即即名为佛。"文殊为本智法体，普贤为行。明和会体用彻故，以此彻处即名为佛。"⑤在《如来出现品》中，李通玄解释什么叫"如来出现"，多次提出了文殊与普贤互体互成，文殊所代表的根本智与普贤所代表的差别智要"齐满周圆"，才能叫作"如来出现"。"为明文殊是佛法身现根本智者，普贤是佛升进修行差别智者。明至此位根本智及差别智齐满周圆，方始名为如来出现。"⑥"文殊是十方一切诸佛之法身妙理现根本智慧之门，普贤是十方一切诸佛差别智万行大悲之门。今明五位进修至此位，二法圆满，名自佛出现故。"⑦在解释《入法界品》时，李通玄也将文

---

① （唐）李通玄：《新华严经论》卷3，《大正藏》第36册，第739页中。
② 同上书，第739页中—739页下。
③ （唐）李通玄：《新华严经论》卷5，《大正藏》第36册，第747页中。
④ （唐）李通玄：《新华严经论》卷3，《大正藏》第36册，第739页下。
⑤ （唐）李通玄：《新华严经论》卷7，《大正藏》第36册，第763页上。
⑥ （唐）李通玄：《新华严经论》卷31，《大正藏》第36册，第938页中。
⑦ 同上书，第939页中。

殊、普贤与被授记将来做佛的弥勒菩萨三者融为一体，以成法界之同体大用。"明于法界体中，安立文殊为法身佛根本智，普贤为差别智。弥勒佛是此文殊、普贤理行中无作之果，以此三法，成一法界体用自在无碍之门。"① 文殊所代表的根本智、普贤所代表的差别智与无作之佛果，三者共同构成了李通玄所认为的圆满法界之体用自在门。

（三）三圣圆融与理事、因果

从理事的角度，李通玄认为，文殊表理体，普贤表事相。理事不二，因此，文殊与普贤在《华严经》中也是一体不二，代表着理事圆融。文殊与普贤之一体不二，首先与其理事圆融的缘起论紧密相连。"空有之法，不独孤行。又以普贤、文殊交参，理事相彻，互相交映。"② "如《华严》经教，佛身即是本真法报，境界即是华藏所居，法门即是佛果法界为门，问答即是文殊、普贤理事智之妙用。"③ 这是文殊与普贤关系的理事基础。

理事体用即牵涉到因果关系。文殊、普贤与佛果，三者之间的因位与果位之联系，李通玄认为，文殊是"以果为因"，即以佛果之智为最初的信心之因。普贤依然是因位，而佛果，则是文殊之智与普贤之行共同造就成的"无作之果"——超越因果之因果。所以，李通玄一方面认为佛为文殊、普贤二人之果："……五位因果体用之门，此之三人始终不相离故，以明如来是文殊、普贤二人之果。"④ 另一方面又说，佛果为无作之果，是超越因果之"果"。"佛令文殊、普贤随位菩萨，各自说自位法门为说法首。佛表果法，举果为因。大悲行成根本智，果体自成，故无言不说也。以大悲行从无作根本智起故。文殊、普贤，表因位可说，说佛果法示悟众生。……唯佛究竟，不属五位中因果门。"⑤

二 三圣圆融说与李通玄的解脱论

李通玄的三圣圆融说也与李通玄的修行论密切相关。在修行阶位上，

① （唐）李通玄：《新华严经论》卷33，《大正藏》第36册，第951页下。
② （唐）李通玄：《新华严经论》卷1，《大正藏》第36册，第722页中。
③ 同上书，第723页中。
④ （唐）李通玄：《新华严经论》卷3，《大正藏》第36册，第738页下。
⑤ （唐）李通玄：《新华严经论》卷1，《大正藏》第36册，第725页下。

十住位以文殊为代表，十行位则以普贤为代表。"此十行门同普贤行，前十住门同文殊师利法身根本，无相智慧。二人齐体，互为主伴。中间无作智，即为佛果。"①

李通玄认为，此三者体性为一，以此同一体性来安立华严五位。因此，三圣一体建立在法身根本智的基础上，也即是其解脱论中顿悟思想的基础。"若有凡夫信满发心，十住之初，三身同德，文殊是佛法身，普贤是佛行身，无作之智果是佛报身。"②李通玄的解脱论中，特别注重十信满心和十住位，因为李通玄认为，在十信位依根本智发心，则能够在十住初心"三身同德"——法身、行身、报身一体不二。

尽管三圣一体，从凡夫位直至成佛位，都一体不二，不可分离。但是，李通玄认为，三圣随着修行阶位的不同，主伴的地位也会随之而发生变化。在华严五位之因位门，以文殊为导首。而至《入法界品》之法界佛果门，则以普贤为首。李通玄强调，此二者均以根本智为体。文殊、普贤与佛，归根结底，都是一理体、智慧、大悲体用之划分。尽管三者一体，如果不这样划分，则修行者会不知以如何为修学之途径。"从十信心修行至五位未终，常以文殊师利，为拣择引导之首，普贤为伴。至入法界之果门，即普贤为首，文殊为伴。根本智常为此二法无染之体。……普贤是根本智中万行之体，总是一法理智大悲，体用分三。若不如是合离分张，修行者不知有智悲体用、通塞自在。"③

三　总结

通过以上分析可以得出的结论是，李通玄的三圣圆融说首先是以其智体论为基础的。文殊表法身智、根本智，普贤表差别智之万行，佛表无作之佛果。通过前面章节对根本智的论述，我们可以看出李通玄对于根本智的重视程度。根本智是李通玄华严哲学的基础，根本智具有体性、心性、本源性的含义，一切三昧、神通、智慧、慈悲等均要以根本智为

---

① （唐）李通玄：《新华严经论》卷5，《大正藏》第36册，第747页中。
② 同上。
③ （唐）李通玄：《略释新华严经修行次第决疑论》卷4，《大正藏》第36册，第1046页上—1046页中。

基础，才是真正的菩萨行意义上的三昧、神通、智慧、慈悲，否则只是世间法，不具有佛法上真实的含义。因此，可以推断出，尽管三圣一体，但李通玄还是有所偏重的。重视根本智，必然就会重视文殊在三圣中的地位，重视文殊与重视根本智的作用是一脉相承的。所以，李通玄也说："常以文殊法身无相妙慧，以为先导。"① 又说："文殊师利即是初心及究竟成果已来，所觉根本法身成智之母。"②

在这一点上，李通玄与法藏及之前的华严宗祖师是明显不同的。华严宗自创始起，就有注重普贤的倾向，很多华严宗的经典，也被认为是普贤法门。魏道儒说："就法顺系而言，法顺劝人依经修普贤行；智俨主张'隐于文殊，独言普贤'……"③ 法藏依然具有更加重视普贤的倾向。当然，对于文殊与普贤，法藏首先认为都是必不可少的。他认为文殊为般若门，为能入，而普贤则表"法界门"，为所入。"初文殊至后文殊。是文殊位属般若门，后普贤一位属法界门。非般若无以入法界，是故善财创见于文殊。非入法界无以显般若，是故善财终见于普贤。是故二人寄二位，以明入法界。又前文殊即法界甚深义，后普贤显法界广大义。是故二门，相影具德。"④ 尽管法藏认为二门不可偏，都具有十分重要的意义，但他认为文殊之"后文殊"，终归于后际，代表文殊终归于普贤。

同时，在法藏的因果体系中，他认为，普贤行是因，佛果是果。这就明显地将文殊排除在法界体用因果之外了。"是故或唯果，以俱是佛故。或唯因，俱是普贤故。"⑤ 当然，这也不代表法藏完全不重视文殊，但更偏重普贤在整个华严体系中的作用却是确定无疑的。对此点，学者均有过说明。魏道儒说："李通玄提出'三圣一体说'，彻底改变了此系重普贤、轻文殊的倾向，为以后华严宗人建立新的佛菩萨信仰体系开辟了道路。"⑥ 桑大鹏在《李通玄对〈华严经〉性质和结构的解说》中也对李通玄的"三圣一体说"给予了极高的评价，也认识到了李通玄对于文

① （唐）李通玄：《新华严经论》卷5，《大正藏》第36册，第747页中。
② （唐）李通玄：《新华严经论》卷3，《大正藏》第36册，第738页上。
③ 魏道儒：《中国华严宗通史》，江苏古籍出版社2001年版，第175页。
④ （唐）法藏：《华严经探玄记》卷18，《大正藏》第35册，第451页上。
⑤ （唐）法藏：《华严经探玄记》卷3，《大正藏》第35册，第147页上。
⑥ 魏道儒：《中国华严宗通史》，江苏古籍出版社2001年版，第176页。

殊地位的提高。"指出文殊法身智与普贤差别智之间具有平等而不可替代的互补功能，无疑提高了文殊的地位，是对地论派以来被华严一二三祖强化的、那种重普贤轻文殊之倾向的纠正。由于'三圣一体'论具有不可辩驳的逻辑力量和经典依据，极大地丰富了华严学理论，推动了华严宗人由重普贤轻文殊走向文殊普贤一体同观的思想转化。"① 同时，他也提出了李通玄的"三圣一体"思想对于澄观以及宗密等人的影响。澄观专门有一篇以"三圣圆融"为题目的短篇论文，应当是受李通玄之"三圣圆融"的影响。在后面的李通玄对华严宗之影响中，笔者会进行详细的论述。总之，李通玄以根本智体为基础而建立起来的三圣圆融说，也是其注重根本智、注重理体的结果。此观点使华严宗的理论更加圆融和圆满，对后世华严宗的理论构建起到了巨大的推动作用。

---

① 桑大鹏：《李通玄对〈华严经〉性质和结构的解说》，《三峡论坛》2010 年第 1 期，第121 页。

第 五 章

李通玄的解脱论

李通玄的解脱论也是其华严思想中非常重要一个方面。其解脱论是与其哲学思想紧密相联系的，所观之境决定其所修之行。目前专门研究李通玄的解脱论（又可称为修行观）的学者为姚之均，其硕士论文《论李通玄的修行观》专门论述李通玄之修行观，他的博士论文《论李通玄的"法界"思想》，依然主要论述了李通玄的"顿悟佛乘法界"之修行论。姚之均注意到了李通玄修行论中的"顿悟"思想。在之前的章节中，笔者提到周叔迦认为李通玄与法藏的思想、与华严宗都有一定的承继关系，不同之处只在于李通玄的修行论偏于顿教。笔者非常认同周叔迦先生的看法。但是，虽然就其解脱论来讲是顿悟思想，却也不能完全说是"顿教"。因为在华严宗的判教中，"顿教"与"圆教"还是有差别的。笔者认为，李通玄的修行观，尽管是偏于顿悟，却没有脱离圆教，可以说是"圆中顿"。

第一节　华严宗之修行次第论

不同的宗派，因其判教思想的不同，修行次第当然也是不尽相同的。华严宗关于修行次第的基本概述，主要有以下几个方面。第一修行阶位，第二修行证果所需要的时间，第三修行之所依身份，第四修行中所需断惑之次第。按照华严宗之判教（以法藏之判教论为主），将佛教的整体分为五教：小乘教、始教、终教、顿教、圆教。修行之次第、阶位等也根据不同的教义而有差别。本节的华严宗之修行次第也主要是按照法藏的观点进行论述。

第一，修行的阶位。按照华严宗的判别，依小乘有四位：方便、见、修以及究竟位，其至忍位为不退。始教中以《摩诃般若经》中所判十地为通说（天台判般若为通教）。一乾慧地，二种性地，三八人地，四见地，五薄地，六离欲地，七已办地，八辟支佛地，九菩萨地，十佛地。在此十地之前，要修习四预流支。由于始教包括中观和唯识，因此行相以及不退都比较复杂。《华严五教章》中说始教之不退位，"依《佛性论》，声闻至'苦、忍'，缘觉至'世第一法'，菩萨至'十回向'方皆不退也"①。这里包括了声闻、缘觉与菩萨，指始教三乘。主要在第二种姓地中，含有声闻之四加行位：暖、忍、顶、世第一。四加行主要是修习止观。一般来说，到达种姓地之忍位即可永不堕恶道。到世第一位，则必然会见道，趋向涅槃。大乘之种性地则是三贤位：十住、十行、十回向，以十回向为不退。终教也说与圆教相同的菩萨十地，但说入十住，则得不退。顿教则因为强调诸法不可言说，离相，因此一切行位、阶位皆不可说，一念不生即位同于佛。若见一切行位、差别等，则属颠倒妄想。圆教之菩萨阶位，则有不同。根据华严宗教义，同教一乘，"摄前诸教所明行位，以是此方便故"②。但是别教一乘，则不相同了。

一般来说，华严宗虽然为别教一乘，但在修行上，依然被认为是次第分明的。菩萨阶位的位次、名义等，也是随着佛教义理的发展而不断发展的，华严宗先后有四十一位、五十一位、五十二位、五十七位等不同的菩萨阶位之说，最后以《菩萨璎珞本业经》所列举的五十二阶位之说，——十信、十住、十行、十回向、十地、等觉、妙觉，因为位次比较完整，后来成为大家普遍接受的菩萨阶位说。《华严经》则采取十信、十住、十行、十回向、十地、佛地，五十一个阶位之说，从大的方面来讲，则是从十信至佛地六个阶位。尽管《华严经》中位次宛然，阶位明显，但是作为"别教一乘"的教义，如果只有以渐修为基础的阶位次第，便不能称之为"圆教"了。华严宗强调六相圆融，无尽缘起，万物以空性为基础，因缘而起，因缘而灭，层叠不穷，重重无尽。主伴、相入相

---

① 中国佛学院华严学教研组编：《〈华严五教章〉基础教程》，宗教文化出版社2013年版，第94页。

② 同上书，第97页。

即，圆融无碍。所以《华严经》中也说："同一法性，觉慧广大，甚深智境，靡不明达，住于一地，普摄一切诸地功德……"① 既然一地普得诸地所有功德，则一位可得一切位。关于菩萨阶位，法藏在《华严一乘教义分齐章》卷2中，专门有论述别教一乘之"行位差别"，以论述别教一乘与三乘之别。

> 据别教有其三义。一约寄位显，谓始从十信乃至佛地六位不同，随得一位得一切位。何以故？由以六相收故，主伴故，相入故，相即故，圆融故。……是故经中十信满心胜进分上，得一切位及佛地者，是其事也。又以诸位及佛地等相即等故，即因果无二，始终无碍。于一一位上，即是菩萨即是佛者，是此义也。②

法藏认为，在圆教之别教一乘寄位来看，一位随得一切位，其原因在于六相圆融之理。在"十信位满心"之"胜进分"上，即可得一切位，直至佛地。至于为何是因为"十信满分位"，法藏认为，是因为华严圆教之十信满分，其所具有的智慧、神通、方便自在无比，非三乘所能比。"所起行用皆遍法界，如经能以一手覆大千界等，手出供具与虚空法界等。……又云，不离一世界，不起一坐处，而能现一切无量身所行等。又于一念中，十方世界一时成佛转法轮等，乃至广说。是故当知，与彼三乘分齐全别。"③ 法藏同时认为，尽管终教也有八相成道等成佛说，但是其境界之广大，所具智慧、神通、方便等之自在，远远不能与圆教相提并论。圆教由于初发信心即不相同，位位所具智慧、神通、方便等自在广大，终非其他所能类比。如果是"约报明位"，则有三生。第一，见闻位，一旦得见闻此无尽缘起之法门，则成金刚不坏之种子。第二，解行位，就如同经中所说兜率天子，从恶道出，一生得十地无生法忍，善财童子也于一生、一身具足普贤诸行位。三证果海位，此是根据因果前后分为两位。

----

① （唐）实叉难陀译：《大方广佛华严经》卷1，《大正藏》第9册，第395页中。
② （唐）法藏：《华严一乘教义分齐章》卷2，《大正藏》第45册，第489页中—489下。
③ 同上书，第489页下—490页上。

第二，关于修行时分的问题。修行时分即是修行时间的长短，一个凡夫从初发信心开始修学佛法，要经历多久才能够最终成就佛果。法藏在其著作中也将华严圆教与三乘做了对比性的说明。小乘教之下根，声闻人最快三生得阿罗汉果。第一生解脱分，第二生顺抉择分，第三生诸漏尽得阿罗汉果，最迟则要经过六十劫。中根声闻即独觉，最快四生得阿罗汉果，最慢要经过百劫。上根之人最终的目标是成就佛果，则要经过漫长的三阿僧祇劫。又根据《大毗婆沙论》，菩萨要最终成就佛果，成就法身之后还要成就"生身"，即在三阿僧祇劫后还要经过"百劫修相好"的过程。

大乘始教认为修行成佛一定要经过三阿僧祇，但是劫数的概念不同于小乘，还要漫长许多。"善男子，我于往昔宝顶佛所，满足第一阿僧祇劫；然灯佛所，满足第二阿僧祇劫；迦叶佛所，满足第三阿僧祇劫。"[1] 在三阿僧祇劫后，同样需要百劫修相好。大乘终教对于修行的时劫则有两种看法。第一种，同样是一定需三阿僧祇劫长的时间，但是不需要百劫修相好，因为终教是从初发信心开始即福慧双修。另外一种，则不一定是三阿僧祇劫的时间，或长或短。如《宝云经》所言："如来境界不可思量，但为浅近众生，说三阿僧祇修集所得。菩萨而实发心以来不可计数。"[2] 大乘顿教则认为，一切的时间长短、劫数长短皆不可说，一念不生即是佛。因为一念其体性为无念，所谓的时间本质为无时。如果依照圆教来说，"一切时分悉皆不定"[3]，其原因在于，依照华严事事无碍之原理，时间都是相入相即的，无论是一念还是无量劫，都与圆教之时间观念不相违背。

第三，修行所依身份。华严宗认为，小乘一直至究竟的佛位，只有分段身。大乘始教又分为两种，一种是为回小向大的声闻乘所说，也是只有分段身。为直进大乘之菩萨则说从开始修行至七地一直为分段身，为分段生死，至八地以上则是变异生死。但还有另外一种说法，则是一直至十地，依然有烦恼障种子未断，因此一直是分段身。其原因在于八地以上的菩萨依然会留惑润生。大乘终教，则是在证得菩萨初地之前，

---

① （北凉）昙无谶译：《优婆塞戒经》卷1，《大正藏》第24册，第1039页上。
② （梁）曼陀罗仙译：《宝云经》卷6，《大正藏》第16册，第235页中。
③ （唐）法藏：《华严一乘教义分齐章》卷2，《大正藏》第45册，第491页上。

留惑未断以润生，依然受分段身，在初地中则永远断除一切包括分别、俱生在内的烦恼结使、烦恼种子，"于所知障中，又断一分麁品正使。是故地上受变易身至金刚位"①。大乘顿教关于修行所依身份之观点则是，既然一切行位皆不可说，那么所谓修行所依的身份也是如此。法藏认为，如果是一乘圆教，则不说变异生死，那么分段生死则贯穿整个菩萨因位，其原因是至得"普见肉眼"，能得知所有生死但是分段。"如世界性等以上身分，甚极微细出过诸天应同变易，但以此教不分生死麁细之相，总就过患以为一际。至信满后，顿翻彼际，故不说也。"②

第四，最后与解脱论密切相关的是修行断惑之次第。修行所断惑，就大乘来讲，一般分为"烦恼障"和"所知障"两种。"烦恼障"，又名"惑障"，一般指人的贪、嗔、痴、慢、疑、身见、边见、见取、戒取等烦恼，能使众生流转生死、不得解脱，障碍涅槃，因此叫作"烦恼障"。一般认为，烦恼障为我执所生。"所知障"，又叫作"智障"，即众生之无明邪见，能障覆智慧，障碍菩提，因此，又名"所知障"。烦恼障又分为分别与俱生两类。华严宗并未说小乘所断烦恼，只说参照其他大乘教的论断。大乘终教认为小乘不能断烦恼，仅能伏住烦恼，圆教应当也认为小乘不能最终断除烦恼。大乘数（见表5—1）：

表5—1　　　　　华严宗所判三乘教修订断惑次第③

序号			
一	大乘始教之回心二乘	（1）断烦恼障	断分别烦恼：
			具缚凡夫：顿断三界四谛分别烦恼，得预流果。
			倍离欲人：入真见道，兼断倍离欲，得一来果。
			已离欲人：入真见道，兼断九品，得不还果。
			断俱生烦恼：

---

① （唐）法藏：《华严一乘教义分齐章》卷3，《大正藏》第45册，第492页上。
② 同上书，第492页中。
③ 参见中国佛学院华严学教研组编《〈华严五教章〉基础教程》，宗教文化出版社2013年版，第116页。

续表

序号			
一	大乘始教之回心二乘	（1）断烦恼障	断欲界上六品惑，得一来果。 断尽欲界惑，得不还果。 顿断则顿断三界，渐除九品。
		（2）断所知障	趣寂者，入无余时一时皆断。其余一切有断不断。慧解脱人不断，俱解脱人分有所断。
二	大乘始教之直进菩萨	（1）断分别烦恼	初地前伏现行，初地真见道，刹那顿断烦恼种子。
		（2）断俱生烦恼	初地以后自在能断，为留惑润生，不堕二乘，故不断。
三	大乘终教	（1）判二乘所断惑	认为其尚不能断烦恼惑，何况所知障。仅能折服烦恼。
		（2）菩萨断惑	地前伏住烦恼，初地断除烦恼种子，地上除习气，佛地究竟清净。（不分分别及俱生烦恼，只有正使及习气）
四	顿教	一切烦恼本来自离，不可说断与不断。	

若依大乘圆教对于所断烦恼以及修证次第则是"一切烦恼不可说其体性，但约其用即甚深广大。以所障法，一即一切，具足主伴等故。彼能障惑亦如是也，是故不分使习种现。但如法界，一得一切得故。是故烦恼亦一断一切断也"[1]。无量无数的烦恼，其体性本空，不可说，但其功用则广大无比。无论是能障还是所障法，能断还是所断法，都是一即一切、一切即一。因此，法界体用，一得一切得，烦恼亦是一断一切断。

① （唐）法藏：《华严一乘教义分齐章》卷3，《大正藏》第45册，第495页下—496页上。

第二节 李通玄对于《华严经》修行地位、行相的判别

李通玄的修行观,也是其华严思想中非常值得重视的一个方面。小岛岱山曾提出李通玄的华严思想作为五台山一系华严思想的典型代表,其思想具有很强的实践性特色,相较于传统华严经学、注重玄学的学说,对后世产生了更加深刻和久远的影响。小岛岱山认识到李通玄思想当中的实践性,认为是源于其"理事无碍的性起"思想。笔者认为,除了这种性起思想外,更能体现李通玄华严思想实践性特征的是其解脱论,顿悟法界实相的顿悟思想。

一 李通玄关于权教修行地位、行相的判断

在李通玄的判教理论中,其列举了十种《华严经》与其他经典的差别。第五条是"地位所行行相别",专门论述了《华严经》之解脱论与其他经典的区别。在论述地位行相方面,李通玄也同样没有论述小乘,应是认为小乘不能断烦恼,不能得解脱,所以没有加以论述。李通玄根据自己的判别,将所有发大乘心者判别为六种乘,称为大乘六种发心。李通玄认为,所有发大乘心,修学大乘者都不出这六种乘。李通玄关于修行地位、行相的判别,也同样是以《华严经》为旨归,为一乘圆满之教。而其内在原因,也与其华严哲学中的"根本智"思想密切相关——李通玄的"根本智"思想贯穿于整部《新华严经论》,无论是其哲学思想、修行论还是其解释学,都与其有着密切的关联。在华严圆教之外,李通玄将权教的修行论分为了以下五种。

第一,念佛力、修戒、发愿力,生于净土者。李通玄认为通过念佛、修戒、发愿而求生净土者,是化非真。其原因,李通玄认为是没有见性,没有明白圆教最核心的观点——无明即如来根本智,所有一切修学、造作皆是有为。因此,李通玄认为是权非实。当然,作为目前最广为流传的净土宗来讲,应当是不同意这种见解的。李通玄一直以来对净土的判别,都是是权非实。这有两方面的内在原因。其一,李通玄生活的时代只有80卷《华严经》,还没有40卷《华严经》之《普贤行愿品》的译

出，没有普贤菩萨亲自导轨极乐的经典出现。其二，就当世净土宗的流传来看，确实较少涉及胜义谛，都是就世俗谛来讲论净土宗的理论。看问题的角度不同，最后得出的结论自然也不相同。至于高推净土，则是另外一个层面的问题，这里不再讨论。

第二，通过净土观行生净土者，是化非真。因为通过观想而来的净土，李通玄认为从心想生，也属有为。也是不见佛性、不见根本智、不见无明即根本智之故。

第三，修空无我观之所乘门。主要指般若系的经典，般若系是为了破除凡夫执着一切皆实有和二乘不能彻底证悟空性的执着，因此其宗旨在于破除认一切皆实有的执着，多讲空性。《般若经》中讲十八空，一空到底，有为法空，无为法亦空。因此，其修行也多以空观为主。李通玄认为，尽管般若系在一路破除对有的执着，得空性见之后，也修习六波罗蜜等种种福德、神通，但是，李通玄依然认为其"不生佛家，不见佛性"①。其原因在于般若系修行的方法是"析法明空"，而不是一念顿证无明即如来智之缘故，不见如来藏之缘故。"是故如来于《涅槃经》中说，一切众生皆有佛性，常乐我净。有诸菩萨自悔过言，我于无量劫流转生死，只为无我之所惑乱，故如此过故。回心方可得见性，达我是智。"②

第四，是和会有无观智门，即《解深密经》。《解深密经》为唯识类的经典，讲述三性三无性，本来自性涅槃。"一切诸法皆无性，无生无灭本来寂。诸法自性恒涅槃，谁有智慧无密意。"③ 此经为了对治修习般若所带来的有可能的偏空的弊端，因此说诸法自体即是涅槃。破斥空有，不落一端。李通玄认为，《解深密经》的修行体系当中，虽然也安立了华严修行体系中的十地，但是，其中的意义和轨则，与《华严经》并不相同。而且，此经中没有安立地前三贤位：十住、十行、十回向和十信位，只有十地的修行所断惑之行相，以及最后的十一地——佛地。此经之所以不安立地前三贤，是因认为要修行至十地位才能够见道，地后尚有十

---

①　（唐）李通玄：《新华严经论》卷4，《大正藏》第36册，第741页中。

②　同上书，第741页中。

③　（唐）玄奘译：《解深密经》卷2，《大正藏》第16册，第696页中。

一种粗重、二十二种愚痴可断。另外，此教虽然和会有无，但相较于
《华严经》，却没有文殊、普贤菩萨所代表的理事无碍、圆融圆满的道理。
李通玄指出，《华严经》中讲说十信、十住、十行、十回向、十地法门，
即便是地前法门，也有十方诸佛同来印可，以身、语、意等相加，代表
着认证此法门之真实不虚，即便是地前所证，依然为实。不似其他经：
"五位、十地行门安立，从凡渐习，积行多生，修假真如。又有教说，地
前伏惑，地上见道。或说留惑不断，要经三僧祇劫方可成佛，如是等教，
并对权根假施设有，未为实说。但化佛所说，皆是引中下根人，未尽实
说。"① 李通玄认为《华严经》不同于其他经典的另外一个殊胜之处即是
在《华严经》中，从十信位即开始希求最殊胜的无尽法界、无尽庄严之
毗卢遮那佛果境界，信心广大。不同于权教所追求的佛果皆有限碍。因
此，其于地地对治障碍，初地对治恶趣烦恼业，生杂染障；二地对治微
细现行障；三地对治贪欲障……直至如来地，依然对治最极微细障以及
所知障。但作为圆教的《华严经》则不同。在地前三贤之初发心住中，
即能"顿证佛果法门"。此佛果，当然是指一乘广大无量之佛果。其内在
的原因，也是因为在初发心住是便能"顿印"三界无明，本身即为法界
智海，此五蕴之世间万象，便为法界大用。一时具足，无前后际。

　　第五，渐见佛性进修门，主要指《涅槃经》等讲述佛性的如来藏经
典。李通玄指出，《涅槃经》云，十住菩萨仅仅少分见佛性，十地菩萨也
未能了了明见佛性。《起信论》中解释说十住菩萨少分得见佛性，是菩萨
愿力所为，为了化现八相成道，以化度众生之缘故。李通玄认为，此类
经典是"渐见"佛性，目的是为了引权教以归实。李通玄列举《涅槃经》
所举例子，屠儿广额为屠夫，日杀千羊。后发心，佛即授记其于贤劫成
佛。诸大菩萨及阿罗汉皆惊疑为何此屠儿成佛在先。佛陀则说，顿见真
性，则一念成佛。李通玄说："阐提创发心上有越劫之功，何况具信根，
复能少分见性者，何有僧祇之劫哉？"② 因此，李通玄认为，此类经典是
为了引权归实，所以才讲渐见佛性。"渐渐引至龙女、善财一念之中，得

---

① （唐）李通玄：《新华严经论》卷4，《大正藏》第36册，第741页下—742页上。
② 同上书，第742页中。

成佛者，始成实说。"①

在此处，李通玄安立了六种十地，权教三种十地，实教之《涅槃经》，为以佛性为所乘，但依然说住少分见性，十地未能明了，"分修分证十地"②，为引权归实。但是《涅槃经》中同时又讲雪山草肥腻，纯得醍醐之喻，又为顿教法门。最后即是以《华严经》为代表的"法界门重玄无量无尽法以成十地"③。李通玄认为，从权至实教，"与从法身佛性体上，安立渐、顿二门全别"④。李通玄认为权教中，尽管从初地就开始修学种种法门对治烦恼恶趣障，至第七地仍然对治，依然有微细之障，障无相智。直至八地菩萨，于无相、无作、无功用自在，但于有相、有功用之法界大用仍然未得自在。因此"地地中，不自在，皆有障故"⑤。三乘之十地，经过三僧祇劫的修行，依然要百劫修相好。前华严宗所判修学次第，对于大乘始、终二教也有此说。李通玄所说权教（均为大乘）为《仁王经》《解深密经》《大品般若经》等，而《涅槃经》初说佛性，其中说权亦说实，而真正的实教则为《华严经》。

李通玄在此处将《菩萨本业璎珞经》单独提出予以说明，认为其是"《华严经》以后，教化三乘人，于别时中，重于初始成佛菩提树下，略叙华严法门"⑥。这涉及李通玄对于《菩萨本业璎珞经》的特殊判别。李通玄认为此经为在《华严经》以后所讲的经典，是为了教化一乘之外的三乘人，而重新讲述的华严教门。李通玄在《新华严经论》中几处提到此观点：

> 此经在晋朝之译，有三十四品。今于唐朝再译，为三十九品。又检《菩萨璎珞本业经》云："佛子，吾先于第六天，说十地道化天人，今故略开众生心地，汝等受行。"又下文："佛子，第四十一地心者，名入法界心。"又此下文："佛子，吾先于第三禅中集八禅众

---

① （唐）李通玄：《新华严经论》卷4，《大正藏》第36册，第742页中。
② 同上。
③ 同上。
④ 同上书，第742页下。
⑤ 同上书，第743页上。
⑥ 同上书，第743页中。

说，一生补处菩萨，入佛华三昧定，说百万亿偈。今以略说一偈之义，开众生心，汝等受持。"此品即在十地品后，是十一地等觉位，计此品名还名《佛华品》，为依法为名故。……如《璎珞本业经》，即是说《华严经》竟，化诸三乘众生，诣菩提树下，二重叙初成正觉时，所说华严五位法门，具如彼经说。为《华严经》少十一地一品经，今将彼配勘方知次第。后有闻者不须生疑，但取彼经勘验可知皂白。①

李通玄的这种观点，也是其对《华严经》的组织结构判别与前人不同的一个原因。前人判别《华严经》之结构，均为"七处九会三十九品"，而李通玄却将其判为"十处十会四十品"。这是李通玄判别《华严经》结构论的一大特色，其原因是与李通玄的修行论密切相关的。

原因之一是，李通玄认为《华严经》作为圆满无缺的法门，应当是以"十"为圆数，在前面的判教思想中已有述及，不再详述。第二，李通玄认为佛陀讲法，为一时、一处、一体用，所说法门也可以说都是在代表根本智的普光明殿所讲。"第一菩提场会，第二普光明殿会，第三升须弥山顶会，第四升夜摩天会，第五升兜率天会，第六升他化自在天会，第七升三禅天会，第八给孤独园会，第九觉城东大塔庙处会，第十于一切国刹及尘中一切虚空法界会，名为十处十会。"② 其原因在于"十处十会总在普光明殿，一真法界，因圆果满，报居之宅之所含容。十方世界，都为一法、一处、一时、一体用际，摄末归本，不可别分作前后往来三会之说。"③ 第三，即此处所讲，增加"三禅天会"这一处一会。"准此经次第说十地以后，于第三禅中说十一地法门。……又依《璎珞经》安立十地断惑法相门。"④ 在《新华严经论》卷8中也提出了同样的观点：

第七会在第三禅说，此一会说百万亿偈，此会来文未足，如

---

① （唐）李通玄：《新华严经论》卷7，《大正藏》第36册，第761页下—762页上。
② 同上书，第762页中。
③ 同上。
④ （唐）李通玄：《新华严经论》卷4，《大正藏》第36册，第743页中。

《璎珞本业经》具云。彼经是化三乘人已后，如来领至菩提树下。却说初成佛时，说《华严经》会次第，彼经具言。计此一会，通为十处、十会，四十品经，为此经十十成法，皆圆满故。①

一般研究华严的学者也都认同《华严经》中有缺文，李通玄认为以《菩萨本业璎珞经》来补《华严经》之缺文不足，是恰如其分的，因此非常大胆地将《菩萨璎珞本业经》中有关十一地的内容，构成《华严经》中的一品，认为其即是《佛华品》，从而构成了十处十会四十品之说。不过，李通玄的此种观点，华严宗人并不完全认可，后代学者也有持不同意见的，认为这样就降低了《华严经》的地位。对此争论，笔者不作评述。但在修行论中，李通玄将《菩萨璎珞本业经》放于第五，为《涅槃经》如来藏系经典之后，《华严经》之前，为仅次于《华严经》的经典，可见李通玄对它的重视程度。李通玄在著作中比较详细地论述了《璎珞经》中的菩萨修行阶位。

> 十住菩萨，铜宝璎珞，铜轮王，百福子为眷属，生一佛土，受佛学行，教二天下。
> 十行菩萨，银宝璎珞，银轮王，五百福子为眷属，生三佛国中，受佛教行化三天下。
> 十回向菩萨，金刚宝璎珞，金轮王，千福子为眷属，入十方佛国中，化一切众生四天下。
> 初地已上百宝璎珞，二地千宝，三地万宝，四地菩萨，不可称数宝为璎珞。十地宝璎珞渐渐增广，及十地、十一地通佛法王。及三贤菩萨总有十五种轮王位。②

《菩萨璎珞本业经》一般来说是作为华严类的眷属经，对修行阶位的判别确为系属华严类的经典。《璎珞经》中对三贤位所断烦恼的判别是，三贤位之菩萨伏断烦恼。三贤位即十住、十行、十回向地前三位。李通

---

① （唐）李通玄：《新华严经论》卷 8，《大正藏》第 36 册，第 772 页中。
② （唐）李通玄：《新华严经论》卷 4，《大正藏》第 36 册，第 743 页上。

玄对《菩萨璎珞本业经》的判定是圆教中的亦顿、亦渐法门。判断其为"圆中顿"是因为《菩萨璎珞本业经》中说："三贤菩萨即入圣位，入法性流中，任运至佛海，更无造作。"① 地前三贤位之菩萨，即已入圣位，已经无造作、无修无证，任运至佛位，而权教则是初地才见道入圣位。而判其为渐，是因为《璎珞经》中所论菩萨阶位之进退为渐。此经认为十住前发心，至七住方名不退菩萨。七住前如果为善知识所护念，则能够一直入第六住，修习般若而得证空法，毕竟不生不灭，正观现前，诸佛菩萨护念至第七住，从而不退自在。如若不能得遇善知识护念，则有可能会退失菩提心，甚至会遇恶因缘而退入凡夫位，甚至诸不善道中，或者退入外道，多劫生邪见以及造作五逆。李通玄以此判定《菩萨璎珞经》为圆教中亦渐亦顿。

李通玄分析以上五种十地，般若系的十地名称与华严系不同，《解深密经》等虽然十地名与华严一系相同，但从初地至十一地犹有粗重，说十信位为内凡。不同李通玄所理解的华严实教之"十住初心，便登圣性，体齐诸佛。十信之中，若不信自身与佛身因果无二者，不成信解"②。李通玄认为华严实教是十住初心便为入圣位，而圆教之信，要从一开始要信自心与佛智无二，这样的信，才能名为信心，加以观智修习，十住便入圣位。因此，在《华严经》中说五位、十地时，十住中法慧菩萨入定说十住法门，十方上下，千佛世界之外都有与法慧菩萨同名之法慧佛，来与法慧菩萨赞叹、摸顶、相与加被。说十行、十回向、十地法门时，也都同样是与菩萨名号一致之佛来摸顶、赞叹、相与加被，李通玄认为这代表着"因与果同"，所以为实、为顿。

二　李通玄对华严实教修行地位、行相的判别

最后一个，即是华严之顿证佛性，理智万行圆融门，即是华严法门，在李通玄的判摄体系中为最圆顿之法门。李通玄认为华严为顿证佛性、理智万行圆融之门，与其他宗派对于修行的地位、行相之判定相比，李通玄格外重视十信位和十住位，尤其是初住位。其原因在于，李通玄认

---

① （唐）李通玄：《新华严经论》卷4，《大正藏》第36册，第743页下。

② 同上书，第744页中。

为，华严圆教之"信"，其能信之信，所信内容，信之行相，信之结果，都与三乘不同。而通过此种信所证之"十住"，也就与三乘不同，十住之初心，便同圣心；十住之初证，便入圣证，初住所证，即可为佛。而十住后面的十行、十回向、十地便是不断消磨习气，积累福德，累积大悲之心的过程，但是真正的证入佛果，李通玄认为在十住初心时便已完成。因此，李通玄对于修行位次的论述上，显然是更多地用力在了十信位和十住位，本文也就此着重论述李通玄对于十信位和十住位的判定。

（一）十信位

李通玄在整部《新华严经论》中，给予了十信位以非常高的评价，论述十信位之处也很多。李通玄认为，十信位是修学佛法之第一步，第一步的目标和方向正确，后面的路就是平坦和直截的。如果第一步不正确，那么后面的道路也就会曲折难行，不能直达目标。十信位是从凡夫地开始的，凡夫最开始发心，最开始修学佛法是至关重要的一步。一开始便以一乘直指的圆顿之教而信入的话，是非常难能可贵的，是大菩提之种子，是大心凡夫，是真法王之子。所以，李通玄非常看重十信位在整个修学体系中的地位和作用。关于李通玄对十信位的论述，笔者分以下几点进行说明：

1. 李通玄认为，《华严经》所说之十信位，所信之因不同于权教。华严实教所信，是以佛的果德、果法为信之因。此十信从果而来，以果为依。"十信位中菩萨，皆是十智佛所来者，……如是十智佛者。智为果德，为十信位中以果为信故。为明信从果来，以果为因故。若不以果为信，即无所信故。信无所依。"① 信为因位，此因却是以果为因。李通玄在其佛光观中，以佛所放两足轮光代表十信之位，以十信为首、为因故。但此两足轮光，正是前《如来现相品》中如来所放眉间光——代表果光——入两足轮中所放之光，正是代表了此十信位之因为以如来果德所成故。因此，修学此法门者皆是"还信果法，用成初证，入于十信之门"②。正是因为此华严实教从十信初始，即以佛果法界大智体用为因，因此，此十信位之所证、所得均与三乘权教不同。也正因如此，李通玄

---

① （唐）李通玄：《新华严经论》卷4，《大正藏》第36册，第745页上。
② 同上书，第744页下。

多次强调此经不同于余经，正是因为此经是即因即果，因果同时之门。

> 一乘发心者，如此经十信发心，初发心时，以初会中，如来始
> 成正觉之果。……随根本智行果而起信心，信他诸佛所得之果。以
> 第二会中，普光明殿，如来报满之果及行果，而自信入修行，……
> 不动智佛等十智如来，即明是自心所信，自心佛智。文殊师利，即
> 明自心智上，分别妙慧，与古今三世诸佛，同一体用，分毫不差，
> 方名为信发心。①

2. 此华严实教之十信位，所信内容不同于权教，以自心根本智为所
依，信自心与诸佛心无二，信无明与根本智无二，以圆教之圆融无碍之
智为所信。因此，自然能够以十信位为基础，至十住位便入圣位。如果
有此坚定的信心，必定至十信终心便得不退。在李通玄的华严哲学思想
介绍中，笔者论述了李通玄的根本智思想。在根本智与修行五位的关系
中，也指出了菩萨自凡夫开始修行时，在凡夫位发心，以根本智为发心
之首，信佛有根本大智，我凡夫也自有之。我凡夫之心与佛心，本自无
二，从此而衍生出十方诸佛所行之地，我亦能行，十方诸佛之三昧、神
通、诸众智慧、自在我亦当得。信从凡夫至最终成佛，纵然历经无量劫，
其实不移一念。

> 从凡夫位，以信为首，决定取佛大菩提果。故从凡夫地，信十
> 方诸佛心不动智，与自心无异故。只为无明所迷故，无明与十方诸
> 佛心，本来无二故。
> 从凡夫地，信十方诸佛身根本智，与自身不异故，何以故？皆
> 是一法性身一根本智。……
> 从凡夫地，信如来十住、十行、十回向、十地我悉尽能行之。
> 何以故？自忆无始时来波流苦海，无益之事尚以行之，何况如今有
> 益之事？
> 从凡夫地，信十方诸佛皆从三昧生，我亦当得。何以故？诸佛

---

① （唐）李通玄：《新华严经论》卷16，《大正藏》第36册，第825页中。

三昧皆从如来自性方便生，我亦具有如来自体清净之性与佛平等。

从凡夫地，信十方诸佛一切神通我亦当得。何以故？诸佛神通依真智而得，我但依真性智中，无有烦恼无明成智，一切业亡唯有智慈，通化自在。

从凡夫地，信佛智慧我亦当得。何以故？一切诸佛悉从凡夫来故，从凡夫地信佛大悲普覆一切，我亦当得。何以故？诸佛大悲从大愿起，我亦如诸佛发大愿故。

从凡夫地，信佛自在我亦当得。何以故？诸佛自在，于性起法门，智身法身入众生界。不染色尘诸根自在，我亦不离性起如来智故。

从凡夫地，信自发心，经无尽劫修功行满，位齐诸佛，不移一念。何以故？为三世无时故。如是从凡夫，信解始终彻佛果位。如上所发十种信者，必能决定成就十信之门。住于坚固之种，永不退转。①

李通玄认为如果能够按照以上所说，发此 10 种广大、坚固、透彻、坚定的信心，则一定能够成就十信之门，从而具足坚固的一乘菩提之种，即能够永不退转。所信之内容，李通玄写了有 10 条。李通玄认为这 10 条为凡夫初发信心，必须坚固相信的一乘圆满之教的见地，一旦确信，便为金刚种子，从而成为不退转之先决条件。这 10 条的内容可概括为：信凡夫之自心，也本具根本智、不动智，凡夫之自心，与佛心无二。信凡夫之身，也与佛身无二。信如来所行之修行五地，我一介凡夫，也能行之，为我与佛行应当无二。信诸佛之三昧，我亦当得。信诸佛之种种神通、智慧、自在，也依然在我凡夫之心、之身中所本具，我亦当得。从凡夫地，即相信从我发心之始，经过无量劫的修学而位齐诸佛，其实并没有一念可移，三世本无时故。但能确信，必不退转。

由此，李通玄认为，华严一乘实教之"十信终心"便不退转。关于至于何地不退，诸乘的看法也不尽相同。小乘认为至忍位为不退，始教中认为菩萨至十回向为不退，终教认为入十住，则得不退。顿教强调诸

---

①　（唐）李通玄：《新华严经论》卷 4，《大正藏》第 36 册，第 745 页下—746 页上。

法皆不可言说，退与不退也未可言说。前面已有论述，法藏认为华严圆教，一位随得一切位，于"十信位满心"之"胜进分"上，即直至佛地从而不退。李通玄关于修行不退之位的思想无疑也是受了法藏思想之影响，他认为华严圆教于"十信终心"便得不退。"十信终心"与"十信位满心"为同一意义。那么，李通玄认为一乘圆教于信位之终便不退的原因是什么呢？

> 如此经十住初心才发心时，法尔身遍十方，示成正觉，……其事所因，大意明此经发十信心，但以法界不思议乘、一切智乘而发其心。不依佛、不依佛法。不依菩萨、不依菩萨法。不依声闻法、独觉法。不依世间法、不依出世间法，而发其心。但无所依发菩提心，但以一切智发菩提心。不如三乘，依猗物故发菩提心。不依三祇劫后有佛果，故发菩提心。不依现在三世有佛果故，发菩提心。以是义故，入此信者，皆无有退故。①

李通玄认为，此一乘圆教，入十住位便会身遍十方，示成正觉。其原因是在于依《华严经》而发十信心时，一无所依。不是依佛而发心，不是依佛所说法而发心，也不是依菩萨法而发心，更不是依声闻、缘觉而发心，不依长远劫后有佛果而发心，也不依现在此三世而有佛果发心。世出世间，但无所依。因此，入此信位皆无有退。如果因习气过重而没有纯熟者，也要明白，一往不退，方为正信。尤其要放舍身心，相信全身、全心之一切境界，无论好坏、染净，均是一真法界之全体，因无所住著，也没有所住著之所，因此也就无所退失。认为有实在的果位，有实在的菩提之果可得、可证、可住，那么就会有实在的菩提之果可失、可退。如此之信，未入信位。若真入华严圆教之十信位，则必得不退。

> 自了身心本无依住，本无所得。……了如斯法，而生信解，即无退转。有所依法而发心者，放却所得所依著处，即有退转。是故《起信论》中，证发心者，多住退位，为有所得、可证故。是故乘此

① （唐）李通玄：《新华严经论》卷16，《大正藏》第36册，第825页下。

不思议乘，一切智无依住乘发菩提心，一往不退。若有退者，只为
信心不成故。于佛教法及如来所乘有所得故，有取舍故。未成信故，
不入信流。①

总之，李通玄非常强调十信位，因为十信位为从凡夫地至圣位的枢
纽，真正进入信位，就为后面的修行奠定了坚实的基础。这也是李通玄
为什么会强调《华严经》尽管至圆至顿，却认为此经的付嘱对象为大心
凡夫。李通玄认为，一部经法，无论如何高妙，如果没有凡夫受持，那
么便会逐渐湮灭。李通玄讲述此经与其他经典的区别，其中有一点即是，
所付法藏流通别。"此经付嘱最上大心凡夫，唯求如来不思议乘生佛家
者。若无大心凡夫求此法门，生如来家，此经当灭。何以故？为此经难
信。设有圣说，凡夫不信不证，此经当灭。"② 因此，从凡夫位开始的信
位也就特别重要了。

十信位后面所有的阶位——十行、十回向、十地、十一地，也都是
以十信位为基础的。李通玄认为，即便到了十地，也依然是以十信之中
的果为体。因为圆教之阶位，位位皆具佛果，佛果之核心、内涵是不会
变的，都是根本智体的一体大用。变的只是习气的多少、悲心的多少、
智慧神通的多少，而这些也不过都是根本智之大用而已。"此十地之法，
通因十即通十信，所信十个佛果，即以普光明殿所说十个佛果，不动智
佛为初信故。……进修之中，经十住、十行、十回向，还将十信之中十
个智果，以成此十地之体。……乃至于五位终满不离初信之佛果也。"③
"十地之体，若无十信能信自心初佛果者，十地亦不成故。十信之初心无
十地，十一地之佛果亦无成信心故。始终总全是不动智之果故，……如
是信心方得成信。其所修，因果终始不异不动智佛故。"④ 十信中的智慧，
即是十住、十行、十回向、十地，甚至佛地的智慧，此智慧贯穿始终，
没有限碍。十信之终，必不退转。

---

① （唐）李通玄：《新华严经论》卷16，《大正藏》第36册，第825页下—826页上。
② （唐）李通玄：《新华严经论》卷6，《大正藏》第36册，第756页下。
③ （唐）李通玄：《新华严经论》卷22，《大正藏》第36册，第870页上。
④ 同上书，第870页中。

（二）十住位

李通玄认为十信终心便得不退，那么于十住之位，便是直入佛之知见，顿印五位行相，初发心住便成正觉。李通玄在《新华严经论》卷17中，解释《十住品》，对十住有一个定义："十住者，生诸佛大智慧中住，入此住永不退还故，名之为住。"① 这个定义有两个方面的含义：第一，于十住中，在诸佛大智慧中住。第二，永不退转。《新华严经论》卷4云："住于佛住，名之为住。是故初发心住便成正觉。"② 证入初住时，识亡情绝，智境现前，一念之中，便入佛位，李通玄的顿悟思想在论述初住位时体现的十分明显。十住菩萨在初住时入见道位，顿见本来佛性，顿见自己身心性相本来即佛，因此初住位即是十地、即是佛地。佛"十住菩萨初心见道，顿见自他无始无终，无古无今，本来是佛。身心性相，本是佛生。以此佛门以为解脱，乘如来乘直至道场。……初住则十地，初住即佛位。"③

李通玄认为，此理智万行圆融门之十住，在《华严经》菩萨行中以上升须弥山顶表示，在善财童子五十三参中以妙峰山顶表示。是表法思想，代表着法之顶，至此处无相可得，智慧高远不动之意。山又代表着寂止，表从十信位升入此位，要通过修习禅定、止观。"十住上升须弥之顶者，明十住初心证法顶故，从地升上至相尽处故，陟山王顶，至法王位处故。明其止为山也，以入真实证，非止不会。"④ 李通玄认为，华严圆教之真实证，则是顿证法界体用，能够入真实证，一入则全入，一真则全真。"此华严经是本法界门，一切诸佛本住大宅，一切佛子究竟所归，化身权乘总居其外。若有入者，一入全真。此位中初发心住菩萨见道，住佛知见，入佛知见。直与如来同身心性智相故，顿印五位行相，总在其中。"⑤ 李通玄认为，如果此圆教初住不即是佛位的话，就如同大臣官阶从一品至九品，也依然只是臣位，不能称王。三乘修行者便同此说，不见佛性，修行三僧祇，也只能是菩萨，而不能名佛。

---

① （唐）李通玄：《新华严经论》卷17，《大正藏》第36册，第831页下。
② （唐）李通玄：《新华严经论》卷4，《大正藏》第36册，第744页中。
③ （唐）李通玄：《新华严经论》卷2，《大正藏》第36册，第729页下。
④ （唐）李通玄：《新华严经论》卷4，《大正藏》第36册，第746页中。
⑤ 同上书，第746页中—746页下。

如《华严经》，直以佛全果不动智等十智如来，示凡信修。如有
凡夫顿升宝位，身持王位遍知臣政。一切群品，无不该含。《华严
经》中法门菩萨行相亦复如，从初发心十住之始，顿见如是如来法
身佛性，无作智果，遍行普贤一切万行，随缘不滞悉皆无作。……
今从十住初位，以无作三昧自体应真，烦恼客尘，全无体性，唯真
体用。无贪嗔痴，任运即佛。故一念相应一念成佛，一日相应一日
成佛，何须劫数渐渐而修。多劫积修三祇至果，心缘劫量见障何休。
诸佛法门本非时摄，计时立劫非是佛乘。①

一念相应故，一念即佛；一日相应故，一日即佛。本来就不需要所
谓劫数的积累。因为劫数本身，也只是虚妄的概念而已。在一真法界之
中，本来就没有所谓的时劫长短，因果同时，十住初心证入一真法界。
因佛果本为内心所本具，不是通过漫长的修行而"得"来的，因此，也
自然就不需要历经漫长的劫数去修出与自心、自身不同的一些事物，增
加一些什么或者减少一些什么，只需要在一定的时间给予开发、认可即
可。李通玄的逻辑是，只要真正认可、证悟到佛果为自心、自身所本具，
就可以说是"顿证佛果"。

（此《华严经》）一念顿证法界法门，身心性相本唯法体，施为
运用，动寂任真，运无作智，即是佛也。为一切佛应如是，无长无
短，始终毕竟，法皆如是。于一真法界，任法施为。悉皆具足，恒
沙德用，即因即果。以此普门法界理智，诸障自无。……以此义故。
圣说不同，或渐或圆，应诸根器。如此经教顿示圆乘，上上乘人所
应堪受。……是故余教先因后果，不同此教因果同时。为法性智海
中，因果不可得故。为不可得中，因果同时，无有障碍也。可得因
果，即有前后。有所得者，皆是无常，非究竟说也。②

对于在十住位中所断烦恼、断惑次第，李通玄也给予了一定有次第

① （唐）李通玄：《新华严经论》卷2，《大正藏》第36册，第730页上。
② （唐）李通玄：《新华严经论》卷4，《大正藏》第36册，第740页中。

的解释。在发心住、治地住、修行住三住中，主要要破除世间之十种根本烦恼与六种随烦恼。十种烦恼为：欲、色、无色、恼慢、诸趣、爱、愚痴、贪、恚、心魔王。六种随烦恼为：谄、诳、疑惑、悭、嫉、憍。烦恼在佛教中被看作是暗覆、炽燃、羁绊、邪道等，障碍人不能解脱。当然，对世间烦恼的解释，诸经不尽相同，在此不再一一列举。但无论世间烦恼有多少，李通玄认为，这些烦恼在十住位时，在智慧的观照下，都能够顿成根本智慧。"如上烦恼，以十住中初发心住，治地住，修行住，此三住，一时顿成根本智慧。即如善财于妙峰山上见德云比丘，得诸佛智慧光明门，即除已上世间诸烦恼障。以成佛智慧光明故。"① 此三住，初发心住、治地住、修行住，都是表示十住中断证烦恼，解脱出缠之出世心，因此，在善财童子五十三参中，均以比丘表示。此三住后面的七住，李通玄也一一做了说明。后面的七住，皆是对治不自在障。

第四生贵住，对治世间法则，及生死烦惯不自在障，令自在。第五具足方便住，对治真俗身边二见，令大智境界不自在障。第六正心住，对治智慧寂用不自在障。第七不退住，治大慈大悲，同行摄生不圆满自在障。第八童真住，对治处缠同事世间余习智不清净障。十灌顶住，对治悲智不自在清净障。尽管李通玄也一一列举了多种对治，并且对善财童子五十三参中所参访之善知识一一做了说明，但是，李通玄最终还是将其归于"无前后际之对治"。

> 已上十种对治，皆一念心上，初发心时，一行之中，一时之内，无前后际，对治十种障法，成一法心一智慧。一行之中，十十无尽法门，皆以自心不动智佛为体。以法事之中，具此十种无尽法门，同别、一多自在故。以此十种对治，一时令惯习自在故。……以法界体用，以为信进悟入之门。从信及入位进修，乃至经十住、十行、十回向、十地、十一地，总不离本不动智佛。不离一时、一念、一法、一行上，而有无边无量，不可说、不可说法界虚空界微尘数法门。②

---

① （唐）李通玄：《新华严经论》卷17，《大正藏》第36册，第832页上。
② 同上书，第833页上。

十住初心之证，与后面所有行为对于种种不自在障之对治，可说有阶位、次第、时劫长短，但"以大智慧之圆镜，普印诸作，莫不皆成无作用之大用故，无三世之一时故"①，又因"法界法门圆无终始，于一念中，岁月晦明，重重无尽。一毫之内，佛境众生境，色相无边。一成一切成，一坏一切坏"故，② 十住初心便成正觉。李通玄在《新华严经论》中提到初发心便成正觉处甚多，不再一一列举。赖永海先生认为，华严宗由于体认本来的自性清净圆明体，由此必然含摄有顿悟的思想——初发心即成正觉的理念。"华严宗佛性思想的重要特点之一，就是认为众生与佛，本来就是一自性清净圆明体，只是由于种种妄念，而生出四凡六圣，大千世界种种差别相来，如果能离开种种妄念，悟此身本来就是迷妄所致，诸圣也是方便设施，那么初发心便成证正觉，众生即是佛。"③

（三）十行、十回向、十地与佛位

李通玄认为，初发心即成正觉，佛果在于初发心。甚至说，一旦进入初住之位，那么便是"五位通修"。"于此十住位中，入初发心住者，住一切诸佛智慧大悲海境界中，住即五位通修。以初住及十地，不离一佛智慧境界故，但明生熟惯习胜劣，安立住地之名。"④ 初住位五位通修，那么，十住位后的十行、十回向、十地位等，又有哪些功用呢？

十住初心为见道位，后面的十行、十回向、十地，都是加行，后面位次的修行，只是将证悟佛果后的功用，使其逐渐成熟、习惯，以此而安立诸地之名。"如此经十信之中，全信自心与十方诸佛性相大智，无差别体。十住初心，以修方便三昧力见道。从初发心住及已上诸住，总为见道之位。十行、十回向、十地，总为加行，总为资粮。加行与佛因果同进故。"⑤ 李通玄用小儿初生的例子代表初发心住，一旦初生，再长大，那么，孩子还是这个孩子，并没有变成其他。又如龙王初生即为龙王，只是力量不如其母。初发心之菩萨，与后位之菩萨，从本质上来讲，是没有差别的，差别在于神通、慈悲、道力等差别之智。初发心住以后的

---

① （唐）李通玄：《新华严经论》卷17，《大正藏》第36册，第834页上。
② （唐）李通玄：《新华严经论》卷4，《大正藏》第36册，第746页下。
③ 赖永海：《中国佛性论》，江苏人民出版社2010年版，第159页。
④ （唐）李通玄：《新华严经论》卷17，《大正藏》第36册，第833页下。
⑤ （唐）李通玄：《新华严经论》卷11，《大正藏》第36册，第787页上。

十行、十回向、十地、十一地等位，所修习的是不断地充实自己的神通智慧、长养自己的大悲之心，不过是"养道之方便"。

> 此直以十行、十回向、十地、十一地，为养道之方便，佛果在于初发心。又十住中，一住具十住之功用故，及十住、十行、十回向、十地，总十住中总具足故。……如初发心菩萨，以乘如来一切智乘，初生佛家，与佛同智，唯神通道力未如，以待大悲万行长养故。虽长养功终法不异也，时不迁也，终不出初发心时力用功毕。[①]

此五位之所表，所修，参见表5—2所示。

表5—2 五位所表、所修

华严五位	五位所表	五位所修
十信	普光明殿	举果成信，智果报得，本不动智佛，以为信位。心外有法，不成信位。信根本智为自心本具，信无明分别即根本智。
十住	须弥山顶	于一切法无思、无为，尘劳山成智山，烦恼海成性海。见道之初，生佛智慧家之始。住佛所住。初发心即成正觉。以山之不动、山之定象之。
十行	夜摩天宫（空居）	于十信、十住满足自利，利他未满，因此，需修十行以利他。以法空智慧为行之体，知众生根性，不妄利生。知根利生，法空随行。
十回向	兜率天宫（处中于欲界）	回十住、十行以出世心，全入生死，大慈悲行。明回向不厌生死、不贪涅槃，处于中道，长处生死利益众生。膝上放光表之，卷舒自在。
十地	他化自在天宫（魔宫，欲际之顶）	满十回向之大愿，智伏心魔，成大慈悲之行令成熟。功德广博、摄化境界超前，不依次第。妙用无方、蕴功自在。

以上表格为李通玄所判定的菩萨五位修行之内容。后面还有五处、五会。在三禅天的第七会，表普贤行满，唯有利生之法悦。第八会又在

---

① （唐）李通玄：《新华严经论》卷20，《大正藏》第36册，第854页上。

普光明殿说，明行满不移本普光明大智。第九会仍然在普光明殿说离世间法门，明以普光明智，遍周十方，普利众生。第十会在给孤独园，说法界品。第十一会在觉城东，文殊师利为诸大众说法，明文殊是引蒙之首。这是李通玄的十处十会说，不再详述。从李通玄所列之五位内容看，十住后所修习法门都为长养初发心住所证佛果之方便。

（四）五位之中，位位有佛果

通过以上分析，我们可以比较确定地说，李通玄的解脱修行论，确属顿悟思想。十信终心便得不退，十住初心，便成正觉。但是，李通玄的顿悟思想并不属于单纯的顿教，还是属于圆教，为"圆中顿"。尽管李通玄强调顿教思想，但是，他毕竟是注解《华严经》，华严宗的法藏等人对其思想也有着深刻的影响，因此，即使是"顿"，也处处体现着华严思想中一具一切、一切即一的圆融无碍的思想。

在解释十信时，李通玄认为，十信成一信，一信成十信，"互体相成，不独施设"①，后面的所有阶位也都同样如此，一中具十，十中具一。"相成就如帝释网，互相彻入，一中无量，无量中一。诸佛菩萨，体用相成。因果相入，同时无二。"② 因为一中无量、无量中一，所以才如帝释网一样，成就重重无尽之法门。后面所有的阶位、位次也都同样，佛果存在于五位中的每一位。"此《华严经》十住、十行、十回向、十地，位位有佛果故……以了无明为智智故，有忻厌者不可为。"③ 既然位位中有佛果，则一位中可得法门无量，体用互彻，因此，所谓的顿与渐，也就是圆融无碍的。所谓顿是不废渐的，而渐也是不废顿的，所谓的顿、渐，只存乎法界之一心而已。"如此经十住中初位，即是十行、十回向、十地、等觉位。总得其初及得其终，互相贯通。一位中得五十法门，以互相彻故。一一位中，二千五百总别之义齐现。乃至无尽诸位地等，进修行相层级。不废渐渐而是一时，不废一时中渐渐。"④

由此可以看出，李通玄在论述修行阶位时，确属强调华严之"顿"

---

① （唐）李通玄：《新华严经论》卷4，《大正藏》第36册，第740页下。
② 同上。
③ （唐）李通玄：《新华严经论》卷5，《大正藏》第36册，第748页下。
④ 同上书，第747页中。

的一面，但其"顿"也属"圆中顿"，并没有完全偏离华严宗对修行地位、行相的判别。

第三节 李通玄"法界无时"的思想

李通玄对于修行之地位、行相的判别，其一念顿证法界智心的思想，十住初心便成正觉的思想，有一个内在的逻辑，即对于时间的理解。一般认为，时间就是不断流逝的，从过去到现在，从现在到未来。但是，如果时间真是真实的存在并且不断地从过去流向未来，那么，所谓的顿证法界法门的基础就不存在了，"顿证"就成为了一件不可能的事情。李通玄关于修行之地位、行相的判别，关于初发心即成正觉的论断，关于一位中具无量位的判别，都与李通玄对"时间"的理解有着密切的关联。其中的逻辑关系是，初发信心时即相信自心本具法界根本大智，继而进一步通过止观的修学证得根本智，进入初住。而一旦入见道位，进入初住，明白法界空、无相之理，证得根本智，就能明白所谓的时间概念，其实也只是自心的分别而已，本无时分、劫数等可言。因此，就可以说在初住时，便能证得自心佛果，当体具足。法界无时的思想在第三章判教思想中的定说法时分，有了初步的论述，在此处，进行进一步的详说。

一 一念为无念，一生为无生

古人认为，时间的最短概念为一念或者一刹那。而量劫之长，正是由于至短之一念逐步积累而成。"一念"的概念，有时间意义上的含义，也有刹那之心或者灵知之性的含义。在此处，主要是时间的含义。"一念"是非常短促的，《仁王般若经》中说："九十刹那为一念，一念中之一刹那，经九百生灭。"[1] 其他的经典有不同的说法，如说大致一百个生灭为一刹那，六十个刹那为一念；又说一弹指顷有六十念或者六十刹那；等等。古人对于时间是没有确定的定义的，在此不必深究。总之，一念就是很短的一个时间概念。但是，这最短的一个时间概念，从实相的角度来讲，却也并非实在的。《法华文句记》卷5中说："一念亦无，即是

---

[1] （后秦）鸠摩罗什译：《佛说仁王般若波罗蜜经》卷1，《大正藏》第8册，第826页上。

性空。"① 一念无念、一念本空，应是大乘各系的一个基本观点。一念本性空寂，那么，由一念累积起来的无量劫数，也就虚妄无实了。《新华严经论》卷13云：

> 一念者，为无念也。无念即无三世古今等法。以明法身无念，一切众生妄念三世多劫之法，不离无念之中。以是义故，此华藏世界所有庄严境界，能互现诸佛业，众生三世所行行业因果，总现其中。或过去业现未来中，或未来业现过去中，或过去未来业现现在中，或现在业现过去未来中，如百千明镜俱悬，四面前后，影像互相彻故。为法界之体性无时故，妄系三世之业，顿现无时法中。是故经言："智入三世而无来往。"……论主颂曰："三世无有时，妄系三世法。以真无妄想，一念现三世。三世无时者，亦无有一念。系著三世法，总现无时中。了达无时法，一念成正觉。"②

"无时"这个词对李通玄来说十分重要，它是建立起圆顿法门之"顿"的基石，也是建立其"初发心即成正觉"理论的基石，也是十信、十住、十行、十回向、十地等五位同时具足佛果智慧的理论基础。李通玄将一念解释为"无念"——此处的无念，根据后面的"亦无有一念"，其含义应该即使是短暂的"一念"，也是本性空寂的。无念之一念，造成了无量劫数也属妄执，因此，在此无念之一念中，三世心的概念消亡，过去、现在、未来之业可以互现，李通玄比喻说是如同百千明镜俱悬。《新华严经论》卷29说："无尽劫总是一念，一切众生于一念中，自作无尽劫生死之见。若以达理智明观，以无尽劫便为一念，无差别智故。如是相应，便与古今三世一切诸佛，一时成佛故。以无分别智印，印三世时体，本齐无先后际故。"③

与"一念"的概念类似的为"刹那"的概念，同样是最短时间单位的代表。李通玄多次表达了"一念""刹那"等空无实体的含义。所谓的

---

① （唐）湛然：《法华文句记》卷5，《大正藏》第34册，第246页中。

② （唐）李通玄：《新华严经论》卷13，《大正藏》第36册，第805页上。

③ （唐）李通玄：《新华严经论》卷29，《大正藏》第36册，第924页下—925页上。

一刹那，也并非有个刹那之体的实体可得。如果刹那之体为实，那么劫量就会为实，所谓的超越劫量便成为虚说。李通玄在解释刹那际诸佛三昧这个概念时说："一刹那者，会无三世生灭时也，此刹那之时为教化众生设法。会古今之名言，以智实论，犹无此体故。以无此刹那之时，能含三世古今一切劫时，总同一故。"① 所谓刹那之时，也是为了教化众生而方便施设之法。若以实论，此刹那之体亦无，刹那空，因此劫量亦空。一念与刹那之体空，那么，可以推导出来的是，"一生"的概念也同样需要重新审视：

> 一生义者得无生也，今且约立无生有十。一诸蕴自体无生，二诸见自体无生，三空无生，四性无生，五时劫不迁无生，六涅槃生死无生，七说法音声寂默无生，八智慧分别无生，九神通力性自周遍无生，十不出刹那际对现三世尽古今劫，一切众生前身无生。有此十种无生义故，是名一生当得菩提。②

李通玄同样将"一生"解释为"无生"，并列举了十种无生义。正是因为实相是"无生"，所以才有一生成正觉之说。"设无尽劫元来不出一念。今言一生者，时终不延，智终不异，生终无生。必不可逐情见生灭之生，但以真智知，即万迷不惑也。"③ 从上面对一念、一刹那、一生的解释，可以看出，李通玄华严思想修行论之"顿"是来源于对于时间的理解和解释，是从诸法实相的角度着眼的。这些都是李通玄顿证法界根本智，初发心即成正觉的一个原因。

二　解释三次在普光明殿成等正觉

在 80 卷的《华严经》中，有 3 次提到佛在普光明殿与菩萨众会，分别是在《如来名号品》《十定品》与《离世间品》。华严宗学一般都认为是在普光明殿三处重会。因此，将《华严经》的结构分为七处九会，几

---

① （唐）李通玄：《新华严经论》卷29，《大正藏》第36册，第923页上。
② （唐）李通玄：《新华严经论》卷20，《大正藏》第36册，第854页中。
③ （唐）李通玄：《新华严经论》卷23，《大正藏》第36册，第877页上。

乎为定说。如澄观的《新译华严经七处九会颂释章》卷 1 颂云："初会菩提场，二会普光殿，三会忉利天，四会夜摩天，五会兜率天，六会他化天，七八重普光，九会给孤独。"① 二会与七、八两会均在普光明殿。同时，在《华严经》内，也有三处提到摩竭提国，分别是在《世主妙严品》《如来名号品》与《十定品》，《新译华严经七处九会颂释章》认为："摩竭提国有三胜处故名三处，何等为三？谓菩提树下道场处，普光明法堂处，祇树给孤独园处。"② 澄观的这种观点为大多数所普遍认同，几为定说。然而，李通玄在此却非常大胆地提出，不存在所谓的三处三会之说。所谓的三处三会之说，只是后人对佛经的曲解。

很多学者也注意到李通玄的这个观点。桑大鹏认为李通玄这种做法和解释极为大胆。他认为："'三会普光明殿'是明摆着的事实，但李通玄似乎视而不见，虚化了实存之物而将其作为一种本体论意味的符号，认为普光明殿是用以'取像表法'，隐喻一真法界的符号手段。"③ 桑大鹏认为李通玄之所以这样解释，是出于其"取像表法"的思路。李通玄确有"取像表法"的解释经典的方式，这也是其华严思想中一个非常显著的特色。但是，对三处重会的解释，似乎与"取像表法"之说不能完全类比。桑大鹏也认识到，李通玄"虚化"了事物的实在性，而用"本体论意味"的符号来表达。笔者认为，在这个问题上，通过李通玄对于时间的解释，认定他是从实相的角度着眼的更为贴切。洪梅珍也大致认识到这一点："笔者倒认为李通玄并非视而不见，而是他基于自己对《华严》一真法界教理的领悟而做的阐释。"④ 李通玄认为，三处、三时重会，如果从法界的实相来看，是不存在的。三世都不出一刹那，三会又岂能出刹那？

> 一处三度重叙初成正觉在摩竭提国者，明此一部经有五重因果。……如此四段经文品，初皆云：尔时世尊在摩竭提国，阿兰若

① （唐）澄观：《新译华严经七处九会颂释章》卷1，《大正藏》第36册，第711页下。
② 同上书，第711页上。
③ 桑大鹏：《李通玄对〈华严经〉性质和结构的解说》，《三峡论坛》2010年第1期，第125页。
④ 洪梅珍：《李通玄及其华严学之研究》，博士学位论文，高雄师范大学，2010年。

法菩提场中始成正觉者。明说一一部之经，以菩提智无前后际，一时说故，非如情量见有前后。古人云"重会三会普光明殿"者，意非然也。非但不移刹那际，说此一部之经，亦乃从兜率天降神，入涅槃，亦如之也。乃至三世无尽劫佛，亦一时，不出此一刹那际，齐成佛故。一切众生，于本无时之内，妄生多劫延促之相，觉已元无故。今此段经文意，明菩提智上，无延促时日往来之相故，总云在摩竭提国始成正觉。以智照之可见，凡情思之即迷。乃至升天诸会，皆云不离菩提树下、普光明殿而升忉利夜摩天等故。以菩提根本智体性，自遍周无，表里中间，长短延促，大小去来等见故。①

这段话表述得非常清楚，李通玄认为，此一部经的智体，无所谓前、后，均在一时顿说。古人所认为的在此处有三会重重，是不正确的。不但说此《华严经》是如此，即使是从兜率天降神母胎，成佛入涅槃，看似经过了一个漫长的时间过程，其本质也是一样的道理，不出本无体性的刹那之际。当然，根据李通玄之华严哲学思想，这些是要证悟到根本智才能够理解和明白的道理，不应以凡情所见，认为有时间的长短、延促、流逝等。也不能够依凡情认为讲法之处有升有降，有入有出。因为根本智体是自性遍周的，没有所谓的表里中间、延促长短、大小去来等。

李通玄在对《十定品》中第二次叙述佛在摩竭提国成佛，在普光明殿中入刹那际三昧的解释中，也表达了同样的意思。他认为这样解说的目的是："明从初成佛及四十年中所转法轮并从大下降，总不出一刹那时，不移不迁故。恐后众生失其根本意，妄生迁移故，须重叙明始末无时可迁故。此明三世诸佛一切众生，总同一个不迁之体。从初信进修行，经过五位，总不移初时岁月日时及佛根本智法故。"②

上面论述了李通玄认为无所谓三会之说，三会均在一时一处而说。那么为什么《华严经》中设定了在普光明殿的三会，而并非在别处呢？其原因在于，李通玄认为普光明殿代表了普光明根本智慧，也即根本智的一种表现。"何故此处三会重重者？明信心及定体并离世间品普贤常

---

① （唐）李通玄：《新华严经论》卷29，《大正藏》第36册，第922页上—922页中。
② 同上书，第921页上。

行，此等三事，总是如来普光明智一体因果，并普贤菩萨佛果后恒行。总是普光明一个智用，始终因果时日岁月，总无时体。以此三会重重总一时有也，非是如世情所见去已更来故。"① 因此，在此处设定三会，代表着无论是初发信心、证入初住，还是修习到十定的三昧之体，还是最后证悟佛果以及佛果后普贤行，都不离一个普光明智体，都是此智慧之体的同体大用。因此，在普光明殿的三会，是为了表示普光明智慧之体的重要性。"古人释云，重会普光法堂三会普光法堂，总非重及三故。大体明但以一个普光明无依住大智，圆会初发心因及佛果并行行满，此三事总不离此智，时亦不迁。为明依智发心，始终无情见之迹故。"② 李通玄这种解释经典的方式，当然并不是所有的人都能够完全认同的。李通玄解释经典，总有一种从体性、实相着眼的倾向，这种解释，在后面笔者会给予说明。这段论证也说明，李通玄的修行论之顿悟思想，法界无时观等，都是与李通玄的华严哲学思想紧密联系在一起的。李通玄的华严哲学思想与其解脱论以及后面的解释学都是紧密联系、互为因果的，是不可分割的整体。

三 法界无时，法界一时

李通玄的一念为无念、一刹那本无体性，一生即无生的思想，都是为了说明此《华严经》不同于三乘权教之顿悟、顿证思想。在前面论述华严五教修行时劫时，论述了三乘教义对此问题的看法。大乘始教认为修行成佛一定要经过三阿僧祇劫，且需百劫修相好。大乘终教对于修行的时劫则有两种：第一是需三阿僧祇劫长的时间，不需百劫修相好。第二则时劫不定。李通玄认为，权教所认为之须经三大阿僧祇劫之时劫才能证悟佛果的说法，正是权教之障碍所在。认为时间为实，是不可能证悟到法界无时的真相的；反之，证悟到一真法界之实相，也必然能够理解法界"无时"。李通玄不赞成通过个人经验世界中的时间顺序来理解修行的过程，这种时间上的承继关系，在他看来，是违背智慧本体之无前无后、一体遍周之实际的，这恰恰是修学上最大的障碍，也正是三乘权

---

① （唐）李通玄：《新华严经论》卷29，《大正藏》第36册，第921下—922页上。
② （唐）李通玄：《新华严经论》卷22，《大正藏》第36册，第874页上。

教最大的障碍。《华严经》中所描述的华藏世界，其中一个特别之处就是"非三世性"。过去的业显现于未来，未来之业显现于过去，或者过去、未来之业显现于现在。"如百千明镜俱悬，四面前后影像互相彻故。"① "……如此五位断惑次第，如空无时，如圆镜顿照。如摩尼宝能同众色，如一渧之水入大海中等同无二。以大智慧之圆镜普印诸作，莫不皆成无作用之大用故，无三世之一时故。"② 华藏世界在李通玄的概念体系中，也是一个表法性的存在，代表着空间上的重重无尽与时间上的不可描述。李通玄非常肯定地说："为法界之体性无时故，妄系三世之业，顿现无时法中。"③

法界无时，法界一时，因此，种种发心，皆在于一心，在于一念。李通玄在论述《十地品》时说，华严五位，每位之初皆有发心，所有发心皆依根本智体而发，根本智体无始无终，所有发心也无始终，在于一念而已。

> 从初发心有五种发心，不离一念。五种初发心者，一十住初发心，二十行初发心，三十回向初发心，四十地初发心，五十一地初发心。如是五位初发心，皆不异如来根本智而起初发心故。为智体无始终，此五位初发心皆无始终。为非情识能所见故，非时日岁月所摄故，如是五位皆一时发故。一如十住初发心，即以其止心不乱，开发如来根本智慧。④

总之，李通玄顿悟、顿证的修行论是其对于法界无时、法界一时的理解与体悟。对于顿与渐的问题，李通玄确实是特别突出了顿悟、顿证的思想，在《新华严经论》中，李通玄还专门解释了什么叫"渐"，即使是"渐渐"这个概念，也只是权且施设，依华严之十玄、六相圆融之义来看，根本无所谓顿渐。"说言渐渐者，不移一时、一法性、一智慧。无

---

① （唐）李通玄：《新华严经论》卷13，《大正藏》第36册，第805页上。
② （唐）李通玄：《新华严经论》卷17，《大正藏》第36册，第834页上。
③ 同上。
④ （唐）李通玄：《新华严经论》卷28，《大正藏》第36册，第914页下。

依住，无所得中，渐渐故。以十玄、六相义圆之法性理中，无有渐顿。但为无始无明惯习熟，卒令契理纯熟难故，而有渐渐。其渐渐者，竟无始终延促长短等量故，名为渐渐。"① 当然，李通玄同时也认为"不废渐渐而是一时，不废一时中渐渐"②。顿与渐，本自圆融无碍，顿不碍渐、渐不碍顿，渐顿一真全真，一假全假。此段章节之论述，以李通玄自己之颂结尾：

> 三世无有时　　妄系三世法
>
> 以真无妄想　　一念现三世
>
> 三世无时者　　亦无有一念
>
> 系著三世法　　总现无时中
>
> 了达无时法　　一念成正觉③

四　对李通玄"三世一时"及顿悟思想的总结

关于华严宗之修行阶位、次第，一般来说，还是被认为是次第、阶位分明的。整部《华严经》也非常明确地指出了菩萨修行的五十一个阶位。法藏在其《华严经探玄记》中将华严宗之修行体系分为了二门，"次第行布门"与"圆融相摄门"。"次第行布门"是指修行阶位由浅至深、逐步升进、次第宛然的法门。十住、十行、十回向、十地与等觉位，又可归纳为"唯识"五位，"资粮、加行、通达、修习、究竟"五位，一般来说，终究都要历经三劫，行满八位，方能究竟圆满菩提之果。法藏同时指出了修行之第二门，即"圆融相摄门"，依照华严之理事无碍、事事无碍之原理，一位即能够融摄一切前后诸位之圆顿门。即如李通玄所说，由十信位证悟"十住"，生如来家，依无依智，便永不退转。"十行"以十波罗蜜为体，为证法空后之行，无行不摄。"十回向"则均平世出世间之心，中道无二，处俗利生，回真向俗，真俗圆融，大智大悲，无依无著，成一真法界大用之门。"十地"之后则是纯为利他之门，依众生之需

---

① （唐）李通玄：《新华严经论》卷16，《大正藏》第36册，第822页下—823页上。

② （唐）李通玄：《新华严经论》卷5，《大正藏》第36册，第747页中。

③ （唐）李通玄：《新华严经论》卷13，《大正藏》第36册，第805页上。

而自在应化。通本彻末，功行齐备。佛地则是等觉因圆、妙觉果满。所行之位皆是依根本普光明智体而起，本末无二，三世一时，证法界圆融无碍之门。

法藏所立华严宗之修行次第二门说，对于一般人来讲，无疑是更加完备的理论体系。华严宗是四法界说，理无碍，事无碍，理事无碍，事事无碍。理应无碍事，事应无碍理。也即后人所说，顿悟不废渐修，渐修也不废顿悟。尽管李通玄也表达了这样的思想，也说不废一时中之渐渐，但总体来讲，还是特别强调顿悟之思想的。李通玄华严思想的这个特点，也充分突出了李通玄华严思想的"实践性"特征。

李通玄的顿悟、顿证思想是与其华严哲学观密切相关的。李通玄认为顿证的逻辑，除了实相上的法界无时观，再者就是修学者从初发信心开始，至证入佛境，都是以根本智为体的。此根本智之体，无论是凡夫也好，是佛也好；是初发信心也好，是修成佛位也好，此智体从来都没变过。因此，初发心住上证悟此体，便成正觉。"以因本智上而生信心，约本智而为悟入，以不离本智故，於初发心住即五位齐周。"① 因此智慧之体故，《华严经》所列的各个修行阶位，李通玄以印文为喻，印泥印于纸上之时，一时顿印，无前无后。也因此智慧之体遍周，无前后故，时间也如是。"如王宝印，一印无差。以一心大智之印，印无始三世，总在一时。……但为约法身大智、大悲之上，法具无尽，须当安立五位行门，总是一心、一智、一时，智等遍满所行之道。是故起信进修行者，于大智境界，莫作三世远近、延促之见。"② 李通玄的华严哲学思想，如来藏性起体用不二说，是将智慧的顿悟与习气的对治渐修之间的矛盾统一起来的。

李通玄的顿悟思想，对后世的禅宗产生了巨大的影响。禅宗一贯以顿悟、顿证为其修学的核心内容。这种顿悟思想涉及其哲学原理，说到底还是在于注重华严四法界之说中的"理体"的缘故，注重理事无碍的层面。圆教的思想，尽管圆融无比，思想体系也非常高明玄妙。但在修学的实践中，对大多数人来说，往往是不能够直入、直证的。也正是因

---

① （唐）李通玄：《新华严经论》卷17，《大正藏》第36册，第833页下。

② 同上书，第834页上。

为实践性不够强，过于强调理论的玄奥与玄妙，华严宗在后世逐渐衰落，而更为直截、简便的禅宗、净土宗等逐渐兴起，很长一段时间成为佛教的主流。李通玄的顿悟、顿证思想，注重理体、注重实践的思想特征，也使其对后世的禅宗产生了巨大的影响。李通玄华严思想实践性的另外一个表现就是其"配法观心"的思想，此思想与其修行论中的顿悟思想相互辉映，使李通玄的华严思想具有了长久的生命力，在中国佛教史上产生了非常大的影响。

第 六 章

李通玄的解经观

第一节　李通玄的表法思想概述

在李通玄的华严思想体系中，"表法说"是其中非常重要的一点，也是非常有特色的一点。"表法"全称为"托事表法"，至今并没有人给它一个明确的定义。其含义大致是指《华严经》中的种种事物、现象，都有其所指代的有关佛法或者心性方面的深层含义，而不仅仅是事物本身或者表面上的解释。《新华严经论》卷5中说："此《华严经》以事表法。"① "此之一部之典，名言境界，身相名目，及放光明。总是所表自证法门。"②《新华严经论》卷10中说："如此一部之典，一切施设，总是法门，终不唐设，一事一字。"③ 这几句话可以看作是李通玄自己对"托事表法"的定义——此《华严经》中所有的言说、境界、身相、名目以及光明等所有的施设，都是表示佛所自证的法门，没有空设之事物、文字。

如经中出现的幢幡，绝不仅仅是指幢幡而已，而是有其所指代的佛理方面的深刻含义。"幢者建德不倾动义，降怨义，摧坏义，坚固义。胜智立法幢坚，建大慈心坚固，摧慢山游宝路，籍莲台成妙悟。是故此位菩萨名之为幢……心不倾动，名之曰幢，幢者不倾动义。"④ 幢代表着法身智体的不动，能坏自他生死之苦，所以才叫作"幢"。又如经中出现的

① （唐）李通玄：《新华严经论》卷5，《大正藏》第36册，第748页上。
② 同上书，第748页下。
③ （唐）李通玄：《新华严经论》卷10，《大正藏》第36册，第786页下。
④ （唐）李通玄：《新华严经论》卷5，《大正藏》第36册，第748页下。

"日月天子"等类似神话的人物，李通玄认为其代表着修行位次的十回向，成就大悲之门。"明悲智无依，常以法空为体，随根普照，无有所为。"① 所有《世主妙严品》中出现的神、天子等，都是有所指代的，并非单纯地出现了一个神话人物。

"表法说"并非李通玄的独创，以事表法的思想，本来就蕴含在经典之中。《法华经》中所用的牛车、鹿车、羊车等说法，已经含有了初步的表法意蕴。这一点在其他人及论著中也有所提及。清代通理在《法华经指掌疏悬示》中说："故一代所说，各有其处。托事表法，亦自不同。今经城依王舍，表此法为群生所依。山分五穴，表此经为五教所归。圣灵所居，示非凡境，粗妙异见，实显难思。至若土田三变，自他染净以互融。多千地涌，一多广狭而无碍。大火所烧，隐显俱成。净土不毁，成坏何分。特假胜妙之区，用开圆极之教。华严十处，亦可旁通。详在悬谈，避繁不录。"②

澄观的思想中也出现过托事表法说："又兼上五潜入微尘，即微细义。随法回转即主伴门义，随心见异即隐显义，就佛而言，本非净秽，托事表法。"③ 当然，表法思想尽管也不断地有人提及，但在其他人的思想体系中，表法说并没有占据很大的比重，在整部著作中可能仅出现几处而已。但在李通玄的《新华严经论》中，表法说却非常的重要，检索"表法"一词有几百处之多。李通玄几乎对《华严经》中出现的每一个现象、事物，都做了类似表法的说明，他对"表法"思想是极为重视的。

"《华严经》即事表法，无一事不表法门。"④ 在李通玄的《新华严经论》中，将《华严经》中出现的所有事物，从最开始的诸神、诸天、诸菩萨等的出现，到诸神、诸天、诸菩萨的名字、名号，所用的物件，所坐的座位，所盖的幢幡，所来的方位，所来的国土等等，到经中出现的各种事物——山峦、平原、大海以及颜色、方位，直到诸佛所放光明等等，全部进行了表法的说明。因此，这种解释理论作为李通玄华严思想

---

① （唐）李通玄：《新华严经论》卷11，《大正藏》第36册，第793页上。
② （清）通理：《法华经指掌疏悬示》，《卍新纂续藏》第33册，第472页上。
③ （唐）澄观：《大方广佛华严经随疏演义钞》卷28，《大正藏》第36册，第216中。
④ （唐）李通玄：《新华严经论》卷5，《大正藏》第36册，第752页上。

的核心内容之一，无疑应当是重点进行研究的。笔者研究后，将其表法思想大致分为以下几个层面：人物表法、事物表法、方位表法（即周易解华严）、颜色表法、放光表法等。李通玄的表法思想如果再细分，还可以划分为很多的小类别，这是大致总结出来的几大类，在此做一大致说明。

一　人物表法

在《华严经》中，出现了众多人物，第一批出现的人物为"菩萨摩诃萨"，即大菩萨，李通玄将其称为"菩提树内流光众"。第二批出现的人物为种种"神"——身众神、道场神、主城神、主地神、主山神、主林神、主药神、主稼神、主河神、主海神、主水神、主火神等。第三批出现的人物为种种"王"——阿修罗王、迦楼罗王、紧那罗王、摩睺罗伽王、夜叉王、大龙王、鸠槃荼王、干闼婆王等。而后有种种天子、天王——月天子、日天子、三十三天王、须夜摩天王、兜率陀天王、化乐天王、他化自在天王、大梵天王、光音天王、遍净天王、广果天王、大自在天王等。在《华严经》中，均说其无量无数。善财童子南巡五十三参，又有五十三员大善知识。另外，还有普贤菩萨、文殊菩萨、观世音菩萨等代表重要法门的大菩萨。从诸神开始，到每一位神、天、菩萨，在李通玄看来，都不是随意出场的，其名号等都有一定的含义，都代表着《华严经》内修学的法门。李通玄也将这种表法方式称之为"寄位表法"，因为每一个人物都代表着一个修行的阶位。人物众多，有一些用表格来表达会比较清晰（见表6—1、表6—2、表6—3、表6—4）。

（一）神天表法

表6—1　　　　　　　　　　　　　　　诸神表十住

表法主体	所表十住
海月光大明菩萨摩诃萨等十大菩萨	表十住初心，十种波罗蜜具足
金刚神	表治地住，戒波罗蜜为体
身众神	表修行住，忍波罗蜜为体
足行神	表生贵住，精进波罗蜜为体

续表

表法主体	所表十住
道场神	表具足方便住,禅波罗蜜为体
主城神	表正心住,般若波罗蜜为体
主地神	表不退住,方便波罗蜜为体
主山神	表童真住,愿波罗蜜为体
主林神	表法王子住,力波罗蜜为体
主药神	表明灌顶住,智波罗蜜为体

除诸神外,十住初心的表法之主为佛果位内的大菩萨。李通玄认为,十住初心是一个非常重要的位置,如果能够证入十住,从某种角度来说,也可以是成佛了。因此,十住初心以佛果位内的大菩萨来代表。"十住初心一下顿乘古法,不移古迹故,无异旧道。如大王路新旧同行,以此以旧古法入俗利生。开悟迷流,还令学古。以是义故,还将佛果位内普贤异名之众,寄位成十住初心,为彰后悟,不移旧迹故。"[①]

表6—2   **诸神表十行**

表法主体	所表十行
主稼神	表欢喜行,檀波罗蜜中十波罗蜜
主河神	表饶益行,戒波罗蜜中十波罗蜜
主海神	表无违逆行,忍波罗蜜中十波罗蜜
主水神	表无屈挠行,精进波罗蜜中十波罗蜜
主火神	表无痴乱行,禅波罗蜜中十波罗蜜
主风神	表善现行,般若波罗蜜中十波罗蜜
主空神	表无着行,方便波罗蜜中十波罗蜜
主方神	表难得行,愿波罗蜜中十波罗蜜
主夜神	表善法行,力波罗蜜中十波罗蜜
主昼神	表真实行,智波罗蜜中十波罗蜜

---

① (唐)李通玄:《新华严经论》卷10,《大正藏》第36册,第782页中。

表 6—3　　　　　　　　　　　　　　　诸王表十回向

表法之主	所表十回向
阿修罗王	表救护一切众生离众生相回向，檀波罗蜜中十波罗蜜
迦楼罗王	表不坏回向，戒波罗蜜中十波罗蜜
紧那罗王	表等一切诸佛回向，忍波罗蜜中十波罗蜜
摩睺罗伽王	表至一切处回向，精进波罗蜜中十波罗蜜
夜叉王	表无尽功德藏回向，禅波罗蜜中十波罗蜜
毗楼博叉龙王（毗楼博叉天王）	表主随顺坚固回向，般若波罗蜜中十波罗蜜
鸠槃荼王	表等一切众生回向，方便波罗蜜中十波罗蜜
干闼婆王	表真如相回向，愿波罗蜜中十波罗蜜
月天子	表无缚无着解脱回向，力波罗蜜中十波罗蜜
日天子	表入法界无量回向，智波罗蜜中十波罗蜜

表 6—4　　　　　　　　　　　　　　　诸天表十地

表法之主	所表十地
三十三天十大天王	托事表欢喜地，檀波罗蜜中十波罗蜜
夜摩天王	托事表离垢地，戒波罗蜜中十波罗蜜
兜率天王	托事表发光地，忍波罗蜜中十波罗蜜
化乐天王	托事表焰慧地，精进波罗蜜中十波罗蜜
他化自在天王	托事表难胜地，禅波罗蜜中十波罗蜜
大梵天王	托事表现前地，般若波罗蜜中十波罗蜜
光音天王	托事表远行地，方便波罗蜜中十波罗蜜
无量遍净天	托事表不动地，愿波罗蜜中十波罗蜜
广果天	托事表善慧地，力波罗蜜中十波罗蜜
大自在天王	托事表法云地，智波罗蜜中十波罗蜜

　　李通玄解释《华严经》第一卷《世主妙严品》中无量无数的菩萨、神、天等，都将他们与菩萨修行的阶位联系在一起，每一位菩萨都代表着一个阶位的修行，这个阶位的修行中，又分有十种，又有十个菩萨或者神、天代表，分别代表更细致的修行的成果、地位、阶段、心的状态等等。在后面的善财童子五十三参中，李通玄依然用这种方式进行解释，人物众多，所指代也非常复杂。

　　（二）善财为"表法之首"

　　李通玄认为此经的表法之首是善财童子。善财童子在《华严经》中具有非常重要的代表意义，他以童子之身，遍参五十三位地位、身份、品格、形象各异的大善知识，最后成就佛果法门，代表了整个菩萨道的修行历程。因此，李通玄也非常重视善财童子所代表的甚深法义："此经有表法之首，善财童子，不离一念而经一生，不离一处遍至十方。经历五十三善知识，得一百一十城之法门。一一菩萨法门，诸艺、行相、身色、形貌、摄生之轨，皆齐法界，具足无尽，广大行门。不离一生便成正觉，更无始终前后之际。则广大如法界，究竟如虚空，如是广大无比。"① 善财童子参访的五十三员善知识，也分别与之前出现的种种菩萨所代表的法义相同。如十信位中的觉首菩萨，所本事佛皆号为智，不动智佛、无碍智佛、解脱智佛等。此以智为名号的如来所表，"皆表所从本智，所来来处是己身之智。所来者，是因也，即明因从本智果来，犹如全将金体以成环钏。全将佛体以成菩萨。全将佛果以作自身，今还以自佛本智成初证也。"② 十住中十慧菩萨，本所事佛皆名为月，如殊特月佛、无尽月佛、不动月佛等。之所以以月为名，也是有所表。"皆为月者，表此十住之内，创证果德，无明热除，性清凉故。……佛名为月。像此位初证者故。还同体清凉也。"③

（三）人物表法思想详解

以上通过一些大框架的表格来论述人物表法，比较系统但是不够详细，因此笔者也详解一些李通玄以人物表法的具体事例，以说明李通玄究竟是如何通过人物来表法的。如代表十行位中的主稼神，代表初始的欢喜行，主稼神，顾名思义，代表粮食、资粮。"……如世间以禾稼为资粮，长养有为之身。佛法即十波罗蜜行为资粮，长养法身。"④ 李通玄之修行论中，十行位以法空智慧为万行之体，知根利生，以十波罗蜜为体利生。十波罗蜜中各有一神为表。又以阿修罗代表十回向位，是因为"阿修罗居大海中不没其身，表十回向圆融真俗，常处生死大海，不没其身。……以阿修罗等十众，以表十回向处大海而不溺。表此位菩萨，以

① （唐）李通玄：《新华严经论》卷2，《大正藏》第36册，第731页下。
② （唐）李通玄：《新华严经论》卷5，《大正藏》第36册，第752页上。
③ 同上书，第752页中。
④ （唐）李通玄：《新华严经论》卷11，《大正藏》第36册，第787页上。

大悲心得真不证，知真同俗。处俗无染，利生自在。"① 阿修罗为一种好斗的神，又译为非天，六道之一。《阿含经》中说其住于须弥山的四大海水中。由于身体长大，因此，虽居大海中，也能不没其身。李通玄认为，阿修罗这些特征恰恰表征着十回向回真入俗的意象。前面的十住、十行，都是以出世增胜，以修出世心为主。而至十回向位，则需要从出世重新进入世间，接受世俗的磨炼，才能够圆融真与俗，体会真俗不二。在真不净，处俗不染。这样，才能够最终自在无碍地在充满染污的世间做有利于众生的事业。

李通玄以迦楼罗王（金翅鸟王）代表着不坏回向，原因是不坏回向中，代表着入俗而不坏真性。因此，十回向的菩萨能够自在入俗，于生死海中拔济众生。而金翅鸟王的象征恰恰是在大海之上，随时观察将要命终之龙而捕捉。"托事寄迦楼罗王位，明于大海上以清净目，观命尽之龙，而以两翼而搏取之，明拔济义。……显十回向菩萨，常于生死大海之上，以法空清净智目，观有根熟众生，而以止观两翼而搏取之，安置自性清净涅槃之岸。"② 李通玄认为龙王代表着般若空慧，因为龙游空中隐现自在，代表般若于有于无自在无碍。龙游空中可以降雨代表般若雨、众法雨、利益众生等。李通玄又分别列举了紧那罗王、摩睺罗伽王、夜叉王等各自所表，不再一一列举。另外，为诸多学者所研究的李通玄的"三圣圆融观"，提到的文殊、普贤与佛，也各有所表。文殊代表着法身智慧、理体、择法智慧；普贤代表着在理体上起万行庄严；佛则代表着理事圆融。三圣圆融观，在此不再详述。

已上神天之位，但利生门中，托事表法，令易解故。如如来实非牛王、龙王、象王，以托表之令生解故。望得道处，其智无形、无为而能知万有，即为神也。以此神性，随行祐生，即行非虚也。以智常居三界，不随染净。以此自在，寄位如王。以通化无方，福过群品，寄位同天。即随行遍生，行非虚也，同异总得，表实无妨。③

---

① （唐）李通玄：《新华严经论》卷11，《大正藏》第36册，第790页上。
② 同上书，第791页上—791页中。
③ （唐）李通玄：《新华严经论》卷12，《大正藏》第36册，第795页下。

李通玄在这段话中，很明确地表达了神、天等都是利益众生的方便，是为了"托事表法"，目的是让人容易理解佛陀所讲的法门。就像有些比喻，将佛类比为牛王、象王等一样，只是一种表法，并不是说佛真的为牛王和象王等。其实际是无形、无为的。魏道儒在其《中国华严宗通史》中注意到李通玄的表法思想："李通玄把《华严》中所有形象都归结为'取像以表法'，把所有的叙事都归纳为'托事以显像'。"① 他还列举了李通玄著作中的摩睺罗伽王腹行，代表着谦逊与恭敬；鸠槃荼王担负大囊的形象，代表着菩萨担负利益众生之重任，以及祛除无明、贪爱的意向。魏道儒认为，这是李通玄以周易解华严思路的体现，他认为李通玄其实是将《华严经》当作与《易经》性质相同的书。仰观天、俯观地，近取身、远取物。因此，他认为李通玄在解释《华严经》的过程中，"望文生义的曲解、比附之处甚多"②。

通过以上分析，笔者可以得出的结论是，在李通玄解经的过程中，类似这种比附确实是处处存在的。但是不能单纯地将其全部归结为"以周易解华严"。以"易解华严"只是李通玄表法思想中的一种。李通玄的表法思想贯穿全部的《新华严经论》，从人物的表法到事物的表法，再到颜色的表法、方位的表法（以易解华严），应当将其看作一个整体，不能仅仅将周易解华严（主要指方位表法）单独提出，认为这是李通玄解《华严经》的整体思路。李通玄的表法思想不仅仅是以易解华严，他的内在思路应当是将《华严经》内所有的事物进行了佛理方面的解释，有些是从"心"的角度进行了解释。

二　事物表法

人物表法之后是李通玄的事物表法。《华严经》中出现的事物、物件，更是富丽众多。每一件微小的事物，在李通玄看来，也都不是凭空虚设的，都代表着有关心或佛理方面的内容。如李通玄解释摩尼，摩尼宝珠，代表着离垢、无染之意，具有大慈悲入世度生，处生死而不污的含义。莲华殿，大殿中有无量众色庄严的莲华，代表着法无染之意。山

---

① 魏道儒：《中国华严宗通史》，江苏古籍出版社 2001 年版，第 173 页。

② 同上书，第 174 页。

王殿，代表着"积德如山王"。① 金刚幢，代表着心性如金刚，坚固不动；金刚往往代表着法身与清净的智慧。水代表着柔软、清凉、能现等义，而风代表着精进、吹破无明黑暗等。山则代表着寂静、寂止、禅定、高显。树林，代表着菩萨万行多如林，覆荫广多。旃檀座佛塔，代表着戒、定、慧之解脱法身以为座体。表法的事物数目实在众多，不再一一列举。在《新华严经论》卷23中，李通玄集中对几种座体所代表的含义做了详细的论述，从中我们可以了解李通玄通过事物表法的解释方式。

　　一初会座体以摩尼为台者，约本体以法身性自无垢为摩尼，名离垢宝故。……明依体起智用故，以摩尼为座体故。

　　第二会座体莲华为藏者，意表第二会约化利众生令成信种，处信之中表行。在世无染，表以利物无染为功，即莲华为藏。

　　第三会在帝释妙胜殿上，安置普光明藏师子之座百千层级。意表从信入位，以方便无念、无作寂静三昧，名为安置。以三昧力显得如来根本智慧，创生佛家得无畏慧，明普光明藏师子之座。藏者，表此位入如来智慧之藏。师子者，明智慧无畏。普光明者，表契如来本普光明法界大智慧也。百千层级者，表十住进修阶级，出世越百千情系无明故。

　　第四会夜摩天宫，化作宝莲华藏师子之座。为表说十行位，约行处世无著，以莲华所表。师子如前依主释也。百万层级者，升进过前超业胜故。云化作座，不云安置者，表以入如来智慧，以智随行，所行行业，以智化为故。

　　第五会兜率天宫，即殿上敷摩尼藏师子之座。百万亿层级，表十回向，其中以出世之理智，依本法身处世无垢，依本佛果座体为升进，还归本故。……

　　第六会他化自在天王宫，但云摩尼藏殿，不云座体者。意表座不易兜率天摩尼座，但举法性无垢大智成大悲门，覆育含生故，故但云殿，不云座。

　　第七会在第三禅，其会法则教行未来。

① （唐）李通玄：《新华严经论》卷20，《大正藏》第36册，第853页上。

　　第八第九会第二会，同在普光明殿。明十信心与升进，修行所
至佛果，及离世间品，普贤常行，及十定十通等，总不离普光明一
个智体故。……

　　第十法界品，但云其座普周法界，不云层级，但明佛果座体，
摩尼为体。从初会至第五会，座体同是摩尼为体，会佛果体同故。
大意以智行悲，不异一个普光明智。处世无垢，不异一个妙理法身
智与法身。同为一个自在无体，用而无作，不往而至，任物而应。①

　　此段比较详悉，因此将其列于此处。在初会中，之所以以"摩尼"
作为座体，是因为摩尼代表着法身无垢、清净等含义。第二会以莲华为
藏，则是因为莲华代表着出淤泥而不染，处于污浊的世间也能够不被染
着。第三会的普光明狮子座，有百千层级，代表着从信位入十住，需要
以无念、无作等三昧作为方便，从而入十住位，得如来根本智，因此才
能叫作普光明狮子之座。藏则代表着智慧藏，狮子表示无所畏惧。百千
层级，代表着入十住位，则超越百千无明而进入光明智慧之藏。李通玄
将每一个座体，每一处层级，每一个殿堂，都对其进行了表法的解释。

　　另外，李通玄自己提出"以处表法"，笔者也将其放在"事物表法"
的一大类。最有代表意义的是善财于十住初心，在妙峰山上德云比丘所，
得"忆念一切诸佛境界智慧光明普见"法门，即入十住，成正觉。之所
以会以须弥山顶、妙峰山顶表示十住法门，是因为"以处表法者，为至
法际无相可得。如上高山，至相尽处故。以无相性，能现色身。无心性
中，知见自在。观机摄益，名之为妙。善害烦恼，名之曰峰。具足知见，
出过情境。智逾高远，不动为山"②。

三　颜色表法

　　李通玄既然认为，《华严经》的整部经文都是"即事表法"，没有一
件事物是凭空虚设、凭空出现的，都代表着某种法门。因此，在他的眼
里，颜色也代表着有关佛理方面的含义。如李通玄解释《华严经》中出

---

①　（唐）李通玄：《新华严经论》卷23，《大正藏》第36册，第876页中—877页中。
②　（唐）李通玄：《新华严经论》卷2，《大正藏》第36册，第733页中。

现的"金色世界"，诸位菩萨所从来国，有种种美妙颜色的世界——金色、华色、莲花色、金刚色、玻璃色等等。金色的特征是"相黄而体白"，代表着白色。白就表征着法身、不动智，象征着清净、无染。"世界名金色，为明金体，白净无染。举之况喻法身无性，体无垢染故。如世间西方金为白色也，体白色黄。明应真菩萨，内契白法，外现黄相。黄色者，是应真之气。许父云，五色之中黄色为最。人面如黄瓜，内有贤行。经云，应真菩萨皆真金色。"① 黄色代表着福庆、贤德，其体为白，相征着法身的白净无染，心地本来清净无染。世界的颜色为金色，是因为心清净无染所导致的福德而来。"黄者福庆之气，内应白净，外现黄相故。如来为人天之师，衣缁衣，像北方坎故。内应白净，无染之理，外现黄相即明。以利生白净无染之福相，以为世界之名。"②

四　放光表法

在李通玄的概念中，佛陀或者菩萨所放光明，也同样有着佛理上的表征。关于放光思想，有学者也专门进行了研究。曹郁美的《〈华严经〉"如来放光"意涵之研究》专门研究了如来放光思想，其中大量引用了李通玄对《华严经》中有关放光思想的论述。曹郁美的如来放光思想研究，从经典中放光思想的来由、源头、放光所代表的含义及其作用等，都做了详细的研究，非常全面。笔者的角度主要是李通玄的如来放光表法思想。

在判教思想研究中，李通玄提出了《华严经》与其他经典的一处不同，即在于所放光明的不同。李通玄将其称之为"光明表法现相别"。所放光明不同，所表之法也不相同。李通玄指出，在《华严经》中，佛陀不是一时一处放光，而是根据所说法门的不同，表征不同的意义，因而在佛身不同的部位放不同的光明，这也表征了《华严经》作为一乘圆教的特殊之处。光明在我们这个世间很重要，天地万物的生命都不能离开光明。而在宗教学的意义中，光明更是代表着众多的含义，代表着圣者修学的成就、心地的光辉，加持的力量……，有成就的圣人，被认为身可放光明。有时候光明甚至代替人的表情与语言，成为与其他众生沟通

---

① （唐）李通玄：《新华严经论》卷14，《大正藏》第36册，第813页中。
② （唐）李通玄：《新华严经论》卷15，《大正藏》第36册，第821页上。

的一种手段，也成为佛陀讲法和表法的手段。在《新华严经论》卷 23 中，李通玄比较全面地论述了佛陀放光表法的内涵，如表 6—5 所示：

表 6—5 **佛陀放光表法的内涵①**

第一会·如来现相品	放齿间光	表十方告众，知佛成道，令众咸集
第一会·如来现相品	眉间毫中放光（一切菩萨力智光明）	表举果成因于信位，眉间毫中所放光明人佛足下轮中，明佛自己所证得的觉行遍周之果，以用成信
第二会	两足轮放光	入十信位，初会中光入足轮，此处放，成十信之果
第三会	足指端放光	表入十住位之始，李通玄认为这代表着入圣道，生佛家，行圣行之初、之首、之端，故以此足趾端光表之
第四会	两足跌上放光	表十行位，所有菩萨行，依法空行
第五会	膝上放光	表十回向，如同人膝盖的卷舒自在，象征理事互参，智悲同济，涅槃、生死不二
第六会	眉间放光（菩萨力焰明）	与初会中眉间所放之光体同，因果相似
第八会	放眉间光，灌文殊顶；放口中光，灌普贤口	表理智万行共参，说佛果德；眉间光表示文殊理及妙慧；口中光表普贤是智，万行之用；理智妙慧，寂用交彻，相参问答佛果之门
第九会·随好光明功德品	手中放光，照恶道苦	表所行道满，大悲接俗
第十法界品	眉间放光	三世一时，以法界为果体

这个表格基本涵盖了李通玄对放光表法的全部描述。在《新华严经论》的其他地方，李通玄也有几处提到如来放光的思想，但总体没有超出此表格所表达的内容，只是在个别地方有更细致的描述，不再一一论

---

① 表格参阅李通玄《新华严经论》卷 23，《大正藏》第 36 册，第 875 页下—876 页中。

述。关于此表格，有两处需要特别注意。第一是缺少第七会所放光明，李通玄在《新华严经论》中并未提及原因。法藏在《花严经文义纲目》中有所提及，认为是因为"以所依行法，不异前故"①。

需要重点说明的是，法藏对佛所放光明，也有表法性质的论述，"面门牙齿放光，表教道遐舒……眉间毫相放光，表证道圆洁……足下相轮放光，表信行最卑，故居足下……足指放大光明过前位故，增至足指。指有二义，一能距地有立住义，二能申展有进趣义，前表第三十住之法，后表第四十行之法……两膝放光，表大愿回向，屈申进诣，以膝表示。"②法藏的这几种表法方式与李通玄的表法有异曲同工之妙。至于是不是李通玄受了法藏思想的影响，在此处不得而知。但至少说明，李通玄的表法思想，固然有一些是自己的发挥，但还是有所由，并非毫无来由地比附与曲解。第二处需注意的是，眉间放光共有四处，李通玄给予的解释是，初会眉间放光为以佛果为因，由佛自觉之清净遍周，本自具足之果，入因位成初信。而第六会则代表着菩萨十地所证的佛果理智光明。第十会中的光明，则表最圆满的、前后一时本具的法界光明。

第二节　"以易解华严"——"周易表法"思想研究

关于"以易解华严"，是很多学者研究的重点，也被认为是李通玄华严思想特色的重中之重。笔者之所以将周易解华严作为李通玄整体表法思想中的一个部分，是因为周易解华严的实质，仔细分析的话，可以概括为"方位表法"。李通玄的思路是将事物设定为一个方位，以表乾、坤、坎、离等，然后用周易进行解释。但最终的目的，则是指向了这些卦象所蕴含的有关佛理、心性方面的解释。洪梅珍也认识到这一点，她认为"以易解华严"以及其他的很多符号都是表法思想。"李通玄认为《华严经》之'十方'世界乃'以方表法'，不能等闲轻忽其方位的象征意涵，其他于经中所出现的世界名号、佛号、善知识，乃至所有庄严事

---

① （唐）法藏《花严经文义纲目》卷1，《大正藏》第35册，第499页中。
② 同上书，第499页中—499页下。

物，都具有表法的功能与意义。"①并认为这是李通玄的"慧心领悟"，值得认真研究。只不过，洪梅珍没有对李通玄其他的表法思想进行说明，只重点论述了其以易解华严的思想。李通玄自己也明确地说此种方式为"以方隅而显法"，在于托事显像，使得读者比较容易理解佛理的深刻内涵。"今如来以方隅而显法，令启蒙者易解故。若不如是彰表，令生信者，启蒙何托？有言之法，皆是托事以显像故。得意者法像俱真也，言默皆契。"②

一　李通玄"周易表法"思想概述

李通玄以易解华严的思想，学者多认为这是援儒入佛的表现，或者说是格义佛教，或者说是各种不同文化之间融合会通的表现。当然，这是非常有道理的，没有文化的会通，就不会有以易解华严的解释方式出现。但笔者在此节不是以解释文化会通为主要目的。关于援儒入佛、文化会通，诸位学者已经有许多详细的论述。笔者在此主要从目的论的角度来判定李通玄的这种解释方式。

通过分析，我们可以发现，李通玄以易解华严的目的，依然是解释佛教中最重要的有关佛理、智慧、心等方面的内容，是为了诠释佛教最核心的思想。这些基于中国传统儒学或者道学的话语体系，是源于作者对在修学《华严经》之前所掌握的大量的传统知识的熟练运用，解释时信手拈来，触类旁通，显示出作者纯熟的儒道文化背景。李通玄华严思想的核心，并没有改变。其纯正的、基于传统的佛学思想内核，没有发生实质性的变化。李通玄基于如来藏系的华严哲学思想与其顿悟思想的解脱论已经充分证明了这一点。这点有些学者也有所注意。魏道儒先生的《中国华严宗通史》说李通玄引用的有关《周易》的内容，还是要与作者自己的华严学说相协调。③朱慧在论文中写道："我认为在李通玄看来，华严中的究竟法门，在《易经》中是没有讲的，起码没有明确地讲。所以他只是在构建法门的外表时，借助易理的范畴、结构；而并不涉及

---

① 洪梅珍：《李通玄及其华严学之研究》，博士学位论文，高雄师范大学，2010年。

② （唐）李通玄：《新华严经论》卷15，《大正藏》第36册，第816页上。

③ 参见魏道儒《中国华严宗通史》，江苏古籍出版社2001年版，第173页。

华严的甚深意旨。如他心中所见华严究境界、莲花藏世界海的时空观等。"①

在《新华严经论》中，李通玄比较详细地列举了菩萨所从来之方位，以及此方位所代表的卦象及所指示的佛理，据此可以比较全面地了解李通玄的周易表法思想。此处同样是以十个菩萨为代表。

李通玄认为，法慧菩萨为东方之位，就像太阳初出东方一样，能破暗冥。象征着像太阳一样的智慧，能够破除自他生死长夜的迷暗。此菩萨所来国的佛名为殊特月，代表十住位之初心。与善财童子五十三参中的人物相类比，为德云比丘至慈行童女所学法门，代表初发信心，入信后证入十住。东方为震位，代表着震动、初始。因此，可以象征着初始的十信位。"明卯主东方震卦，震为雷动启蛰生之始。明此妙慧是震动发生十信心之始。"②

一切慧菩萨所来的方位为南方。李通玄认为，南方为离位，离则代表着虚无、心法、赤色。赤色有文章赫奕的含义，就像太阳照万像为明。为离、为明之义。与善财童子见德云比丘类似。《新华严经论》卷1中说："为南北为正故，又南方为明为虚。南为离，离中虚，八卦中离法心。"③《新华严经论》卷15中说："为南方离，离中虚，为虚无。为日、为明。在身为眼，目为心也。……离法心故。然法无住处，法无所得，法非眼、耳、鼻、舌、身、心，亦不离也。……得意者法像俱真也。"④南方表示离、表示心，李通玄认为，这进一步代表了心要达虚无之理，信顺虚无之理智，因此经中善财童子往南方巡游，龙女于南方世界成佛，均是寻求空性、虚无之表法。"是故善财南方询友者，义亦如然。龙女南方成佛，义亦如之。"⑤他甚至进一步由此解释"南无"，为归顺、信敬悟空、虚无理智的含义。"以心达虚无之理，即心智明，故云南无。表归命、信顺虚无之理智故。"⑥当然，他这种解释方法遭到很多人的诟病，

---

① 朱慧：《李通玄以易解华严思想研究》，博士学位论文，中山大学，2009年。
② （唐）李通玄：《新华严经论》卷16，《大正藏》第36册，第823页上。
③ （唐）李通玄：《新华严经论》卷1，《大正藏》第36册，第726页中。
④ （唐）李通玄：《新华严经论》卷15，《大正藏》第36册，第816页上。
⑤ （唐）李通玄：《新华严经论》卷30，《大正藏》第36册，第926页上。
⑥ 同上。

后面会有详细的论述。

胜慧菩萨，此菩萨所来的方位为西方。西方是秋、杀之位，代表着苦圣谛。象征着慈悲。就如十回向中，善财童子在金刚山之西见观世音。"观音为悲首，位在西方。住金刚山之西阿，说《慈悲经》。西为酉位，酉为兑卦。兑为金，为白虎，为凶危，为秋杀故，以慈悲观音主之。"①

功德慧菩萨所来的方位为北方，为坎位。坎位为黑、愚。又象征着君位与师位。因此，代表着破除黑暗、愚痴，令人速成佛果之意。如善财童子见弥伽长者。"为明北方坎为师、为君，像君有德，处黑位而接凡，故为师也。"②

精进慧菩萨所来的方位为东北方。东北方为艮卦。艮代表着很多意思——山石、童蒙、初明、高显、寂静等。"以明定体遍与诸位、诸行修进，启蒙发明，清凉惑热，进修始终之本末故为艮。"③ "东北方为艮卦，为小男、为童蒙。为创明、为清朝……第五信心清洁色香，无染开敷感果故，如艮位处清朝也。"④ 因此，此位象征着禅定之体，能够启蒙发明，使热闹清凉、寂止。

善慧菩萨，所来的方位为东南方。李通玄认为，东南方为巽位。巽代表着风，代表言说。"一举佛刹方面者，是东南方也，是巽卦。巽为风为教，在事为方，在人为说，像君子说教利人。易有明著，君子设教，启蒙顺之。如草上加风，是顺义也，如观卦是。易曰，风行地上，可以观像。君子有德，设正教众人信顺如草上加风，无不顺故。坤为众，为信顺故。又四大之中风力为最，天地赖之而持，人赖之而生，日月赖之运行。又明风能简秽择净义故，故为教也。为教能简非择是，教愚蒙故。是故巽卦位在东南，爻辰持丑为艮位，艮为小男。为童蒙，为明。巽为风，教化童蒙令发明故，如来法之。"⑤ 此位代表着君子设教，众人顺从为风。

智慧菩萨所来的方位为西南方，按照周易，为坤。坤就象征着顺、

① （唐）李通玄：《新华严经论》卷3，《大正藏》第36册，第739页中。
② （唐）李通玄：《新华严经论》卷15，《大正藏》第36册，第815页中。
③ （唐）李通玄：《新华严经论》卷17，《大正藏》第36册，第830页下。
④ （唐）李通玄：《新华严经论》卷15，《大正藏》第36册，第815页中—815页下。
⑤ 同上书，第815页下。

柔，母亲、大地、大众等。就如方便波罗蜜中，以大悲为母，顺生死之流，教化众生顺入正法。"在西南方，申未两间为坤位。坤为土，为信顺，为净，为负载万有，为生养，为圆满也。"[1]

真实慧菩萨，所来的方位是西北方，从周易的角度讲，西北方代表父亲、刚强，表与坤相对的天，所以表大圆境智。"在西北方，是乾卦。乾为金、为坚刚、为父。……寄托此乾位为金，为坚刚也，又以智增胜故。……像其乾。为天为父。明智自在义故。"[2] 此外还有上、下两方，下方代表着安静、谦下、禅定；而上方代表着观照，如"日月处空而照物故"[3]。不再详述。

二　李通玄"以易解华严"思想总结

李通玄在周易解华严的过程中，对于周易的运用非常纯熟。李通玄在倾心于华严之前，遍学世间诸学问，尤其精通于易学，妙尽精微。在这种情况下，注解《华严经》时自然代入自己的学术背景，在逻辑上是非常正常和合理的。作为学术背景为传统儒学、道家的中国人来说，有文化上的互通或者是引用，都是解经过程中自然的呈现。包括法藏与澄观，在解释《华严经》的过程中，也会有这方面的迹象。如法藏在解释善财童子南行时，同样也有这方面的运用。前已有说明，不再详述。而澄观在解释"南"时，也同样将其解释为"明"。只是在法藏和澄观的著作中，以易解华严的解经方法运用的很少，所以学者才将这种解释方式划归为李通玄所特有的华严解释学思想。

（一）当代学者对李通玄"以易解华严"思想的评价

学者多认为，李通玄的这种解释方式具有很多积极的意义，如儒佛会通、文化的融合、方式的创新等，这无疑是非常有道理的。笔者也认为这是格义佛教一个非常成功的例证和典型代表，而且李通玄以易解华严之易学思想，也在后来的发展中，被中国本土思想家所接受，发展成为了著名的"方山易学"。魏道儒认为，李通玄的以易解华严，虽然有牵

---

① （唐）李通玄：《新华严经论》卷15，《大正藏》第36册，第816页上—816页中。
② 同上书，第816页中。
③ 同上书，第816页下。

强附会的嫌疑，但是，也"为改造华严经学提供了新依据，在更广阔的范围里实现佛学与中国传统思想的交融"①。洪梅珍认为，李通玄"对于中土传统易学与文化思想的运用与展开，建立了一个可供参酌的典范，同时也反映出中国学者在融合不同思想文化时所做的努力"②。邱高兴认为，"总之，在当时三教融合的文化背景下，李通玄凭借自己学习佛教前的中国传统文化功力，……沟通《易》与《华严》的思想，实也是这种文化融摄工作的一部分。"③ 李斯斌认为："李通玄华严思想中儒释并行、互融互通的依法、注重实践修行的观念，对于宋代文人与世俗民众的信仰者随着积极地影响力。……李通玄《华严新论》成为了一种儒佛互通的典范而被广泛认同，……"④

魏道儒同时也认为李通玄在解释《华严经》的过程中，将每一位佛、菩萨、神以及所提到的名言、概念等，都与易联系，这种解释方式过于勉强："过多的牵强附会的搭配，把佛学与儒学的融合变成了佛学与儒学的等同，产生了适得其反的效果。"⑤ 邱高兴则认识到李通玄以易解华严的最终指向与目的，他认为，李通玄以易解释华严，一方面固然有融合儒、佛的努力，但是另一方面，也"体现了深刻的哲学意蕴"。主要原因在于李通玄借鉴了周易当中的"得意忘象"的解释方式，非常圆融。即借用事物的种种现象，来表现佛法所蕴含的深意。邱高兴从解释学的角度对李通玄的这种解释方式进行了阐述。"从现代解释学的角度来看，这种解释又是一个解释学的典型范本。解释学认为，任何一种对文本的释义都存在着释义者、文本原作者以及文本本身之间的一种'间距'。这种间距正是解释富有创造性与生命力的保障。"⑥

也有学者将此认为是李通玄"儒佛合一"思想的例证，如洪梅珍就在其博士论文中用大量的篇幅介绍了这一思想。但洪梅珍也同时意识到，

---

① 魏道儒：《中国华严宗通史》，江苏古籍出版社 2001 年版，第 175 页。
② 洪梅珍：《李通玄及其华严学之研究》，博士学位论文，高雄师范大学，2010 年。
③ 邱高兴：《李通玄佛学思想评述》，博士学位论文，中国人民大学，1996 年，第 33 页。
④ 李斯斌：《李通玄华严思想在宋代的影响》，《五台山研究》2018 年第 2 期，第 19 页。
⑤ 魏道儒：《中国华严宗通史》，江苏古籍出版社 2001 年版，第 175 页。
⑥ 邱高兴：《以〈易〉解〈华严经〉——李通玄对〈华严经〉的新诠释》，《周易研究》2000 年第 1 期，64 页。

这些并不能代表李通玄将"佛教纳入中国文化思想结构",相反,他是通过理事不二、真俗不二的观念,将中国文化思想先纳入华严学当中的。而且,洪梅珍也非常清晰地分析出李通玄尽管运用了易学的解释手段,但在李通玄的思想体系中,这些依然只是属于"世间法",而《华严经》所解释的真理,才是其最终的皈依。[①] 通过前面几个章节对李通玄的华严哲学以及顿悟思想的分析,我们可以明确,李通玄的华严哲学为正统的如来藏思想体系,其解脱论为"圆中顿"的思想体系。而且,在其判教思想中,李通玄将《华严经》判为别教一乘、法界乘、最胜乘、不可思议乘,声闻、缘觉甚至菩萨乘尚不能与其比肩,何况被传统佛教认为是"外道"的思想呢?笔者发现在李通玄的华严思想中,其核心观点,没有任何一点是提示了"合一"的观点。在《新华严经论》卷15中,李通玄明确表达了其他任何教乘都不可能使人最终解脱的观点,佛法之外的道、法,只是人天生灭之法:"余诸道门,皆是人天、世间生灭之法。设得少乐,终竟不离苦本。三乘虽得出三界,其道未真。未是佛果乘故。"[②]

(二)李通玄"以易解华严"的历史评价

李通玄的"以易解华严"思想,尽管在当代得到学者的重视,对其进行了大量的研究,但在历史上,这种解释方式带来的后果是毁誉参半。天台宗人因反对李通玄过于推崇《华严经》的判教思想,经常以此为口实,对李通玄进行批判。如宋代从义所撰的《法华经三大部补注》卷9中,对李通玄以周易解释南方、南无的方法,表示十分不满意。

> 余谓此释未为雅当,何则?岂余方成佛者,心不应真?非无垢乎?又无离中之虚,将何以表之哉!若知南方无垢世界化缘将熟,是故往彼成道应之,则于八卦离虚之表,无所取焉。况李长者为崇《华严》,广贬诸经,实非通见矣!呜呼世人,不得今家约教、约部,判释如来一代之教,所以撰述任运而生偏见者矣,惜夫、惜夫![③]

---

① 洪梅珍:《李通玄及其华严学之研究》,博士学位论文,高雄师范大学,2010年。

② (唐)李通玄:《新华严经论》卷15,《大正藏》第36册,第818页上。

③ (宋)从义:《法华经三大部补注》卷9,《卍新纂续藏》第28册,第302页上—302页中。

从义对李通玄认为南方为正的观点提出质疑。他认为哪个方向的成正觉之佛都应真，都无垢，因此，不应该这样解释南方。再者就是对其过于抬高《华严经》地位不满意。宋代释源清在《法华龙女成佛权实义》中同样批判了李通玄对"南方"与"南无"的解释，也批判了李通玄的判教思想，不再多议。

笔者认为，从义的批判虽然有一定的道理，但却不能完全作为判断李通玄以易解华严的论据。李通玄的以易解华严，虽然对其他方位没有说是无垢、应真，但是有其他与心性相关的解释。比如东方代表着生发，因此也代表着智慧的升起，代表着文殊智慧，根本智，也可以说应真。西方代表着秋杀，因此也代表着慈悲。北方代表着水，也代表着精进、师德，也同样代表着某种角度的应真。李通玄的以易解华严，虽然确有其牵强之处，但是从其解释经典的"配法观心"的角度出发，却是非常合乎逻辑的。

宋代的慧洪、张商英等禅宗人士却认为，这种解释方式正是体现了李通玄的高明之处，认为李通玄是得了"一切语言陀罗尼"。紫柏真可则认为，李通玄对"南无"的解释，多为人所笑，认为其不懂华文与梵文。但是却不知这正是李通玄事事无碍之境界的体现。用华语解释梵语可以，用梵语解释华语也未尝不可。

> 唐李长者，以南无释曩谟义，文字之师，往往笑之，以为长者不辩华梵。殊不知长者独得华严事事无碍法界之旨。既曰事事无碍，即以梵语释华言亦可，华言释梵语亦可。以世闲书，释出世闲书亦可，以出世闲书，释世闲书亦可。以恶言明善言亦可，以善言明恶言亦可。言明则意得，意得则至虚而明者。常为其君，一切染净、善恶、华梵、是非、好恶，皆臣妾也，皆语言三昧也。①

除以上所论述外，还有不少人对李通玄以易解华严的思想进行解释。清代智祥的《法华经授手》中也认为，李通玄以易解华严以及其他人使

---

① （明）达观真可语、憨山德清校：《紫柏尊者全集》卷9，《卍新纂续藏》第73册，第801页下—802页上。

用这种方法，借事明理，没有什么不可以，不必加以诋毁。[1] 清朝沈善登《报恩论》中则说，李通玄以易解华严的目的是为了堵住一些腐儒的悠悠之口，其目的是弘扬佛典，因此不可以妄加诋毁。

三　总结

笔者认为，李通玄的"表法思想"，"以易解华严"的思想，当然是解经当中很好的范例，提供了解释经典的一种新思路。不同特质文化的融通是文化发展的过程中必然会出现的一个现象，一个成功的范例当然值得进行深入的研究和探讨。同时，这种在解经过程中融通不同文化的深厚学术素养和大胆的学术风格，非常值得后人学习。这也是诸位学者对李通玄"以易解华严"进行着重研究的原因。洪梅珍认为，李通玄以易解华严的思想，除了具有文化会通的作用外，还有"突显一切世间学问均为佛法所摄"以及"突出治学的方向与注重实践的精神"等积极意义。[2] 笔者亦深以为然，尤其是在突出其华严思想的实践性方面，以原来众人所熟悉的文化知识背景去解释一种新出现的思想，无疑使得这种思想更容易被接受。但笔者同时也认为，如果过于夸大其解经观之外的含义，甚至渗透到其哲学思想中，会冲淡李通玄华严哲学所具有的真正内涵，是得不偿失的。历史上对其解释学思想的评价，已经证明了，这种解释方式尽管为其思想中的一个特色，但并不适合将其比重过分放大。所以笔者没有遵循前人的先例，对其"以易解华严"的思想再进行特别的论述。一方面是因为前人已经进行了非常深入的研究，研究结果非常丰富，笔者不再进行重复性研究。再者，笔者认为，将"以易解华严"的思想纳入其整体的表法思想中，才算是将此解释范式放置到了一个比较合适的位置。

从诠释学的角度来理解李通玄的"以易解华严"是最为恰当的。无论在这个过程中，李通玄是用了多少的解释手段，其最终目的只是指向佛学。即使是有格义佛教或者会通儒佛的方法或手段应用其中，都不能改变李通玄指向佛法的最终目的。当然，李通玄过多运用这种解释范式，

---

① 参见（清）智祥《法华经授手》卷1，《卍新纂续藏》第32册，第496页中。

② 洪梅珍：《李通玄及其华严学之研究》，博士学位论文，高雄师范大学，2010年。

一些小的瑕疵在所难免。有一些备受争议的释义，如对南以及南无的解释，对三昧的解释等等，确有一些明显的瑕疵。如他对南无的解释："是故礼佛皆云'南无'，明南方虚无也。但虚无之理，是南方之义。"① 周叔迦先生认为这种解释方式没有顾及梵文音译的实际，"有望文穿凿处，亦大醇而小疵也"②。但李通玄的这种解经方法，却是他另外一个比较重要的思想的体现，即下一节笔者将提出的"配法观心"思想。

第三节 李通玄的"配法观心"思想研究

"配法观心"思想，由于和作为修学实践的"心"紧密联系，因此也是李通玄思想实践性另外一个非常重要的体现，"配法观心"思想与"托事表法"互为表里，共同组成李通玄解经观的整个架构。首次提出"配法观心"这一概念的，是北宋赞宁。赞宁评价过李通玄的以易解华严思想，也对他将梵文音译进行偏离梵文原意的解释进行了辩护。他认为，通过李通玄的判教思想，可知此人所学广博，是不可能不知道梵语本身所具有的含义的："观李之判教该博，可不知华言义耶？"③ 而他之所以这样解释，正是因为李通玄在解释经典过程中独特的"配法观心"的解释方式："此配法观心也，若知触物观心，方了心性。"④ 就个人的修学实践来讲，解释一个现象本身并不重要，重要的是通过这种现象和解释，时时知道反观自心，能够达到明了心性的目标。赞宁认为"知一切即心自性，则成就慧身不由他悟"⑤，能够事事、时时知道反观自心，知道一切事物和现象无外乎心，则能够成就智慧之果。通读李通玄的著作，这种"配法观心"的思想也是处处可见，在整个《新华严经论》中，也占据了很重要的位置。

---

① （唐）李通玄：《新华严经论》卷14，《大正藏》第36册，第814页下。

② 周叔迦：《周叔迦佛学论著集》（下），中华书局1991年版，第832页。

③ （北宋）赞宁：《宋高僧传》卷22，《大正藏》第50册，第854页上。

④ 同上。

⑤ （北宋）赞宁：《宋高僧传》卷22，《大正藏》第50册，第854页上。赞宁引用《大方广佛华严经疏》卷3中的话，"知一切法即心自性，则成就慧身不由他悟。然今学法之者，多弃内而外求"，以此来说明李通玄"配法观心"思想的来由。

一　"心"的概念与含义略述

要解释"配法观心"，要首先了解佛教中"心"的概念。方立天先生在其《中国佛教哲学要义》中比较详细地论述了"心"的内涵："佛教通常所讲的'心'大约有以下一些不同的意义、指谓：（1）'肉团心'，即物质的心，心脏。（2）相对于肉体（肉身）而言的'缘虑心'，即具有思考作用的心，主要是指精神活动中的意识功能。（3）'集收心'，指积集种子生起现行的第八识。（4）'如来藏心'，即众生乃至宇宙万物中具有真实本性的真心。"① 方先生此定义与宗密的定义大体相同，宗密将心分为：肉团心、缘虑心、集起心与真心。杨维中教授则根据此定义，将心分为作为主体的"心"和作为本体的"心"，前者称之为心用，后者称之为心体。《佛教心理学》解释心为："佛典中与色法（略当物质现象）相对而言，相当于今所言泛义的心、心理、精神、心智（mind）、心灵（heart）的'心'。"② 对于心，从不同的角度，也可以分为很多类：从地位、功能的角度，可以把心分为心王和心所两个方面；从性质上可以分为真心和妄心两类。其中，真心与妄心的分类，为中国佛教中最为重要的一个分类。汉语系的佛典中所用的心，一般为真心与妄心的统称。本书中所使用的"心"，为比较宽泛的概念，包括真心与妄心、心体与心用。

李通玄的"配法观心"思想，之前并没有学者对此进行过专门的研究，因此也并未有学者对其下过比较准确的定义。笔者总结其含义大致为：对于某种现象或者事物，均从自心着眼，反观自心，透过事物的表面现象看到其所指代的有关心性的内涵。赞宁认为，只有这样"方了心性"，才能了解到心之本性，证悟心源。

二　心为法之本

佛教中，十分重视"心"的作用，佛教中的教义，几乎都在谈心。心被认为是一切行为的原因，是一切业力的根本，甚至是万法的根源。

---

① 方立天：《中国佛教哲学要义》，中国人民大学出版社 2005 年版，第 268—269 页。
② 陈兵：《佛教心理学》，南方日报出版社 2007 年版，第 26 页。

心在佛教中，常常具有本源性的意味，如"心源""心地"等说法。《大乘本生心地观经·观心品》云："以是因缘，三界唯心，心名为地。"①此本源，在佛教看来，不仅是指主观方面，包括我、人所认为外在的客观世界，也依然是"心"的创造。如唯识宗认为"万法唯识"。心被认为是万有中最神奇玄妙、力量最大的东西。当然，我人生死轮回之根源，更是因为人不能如实认知自心，而被烦恼无明所蒙蔽、控制。《增壹阿含经》中说："心为法本，心尊心使。"②《宗镜录》卷32云："心为法本，心作天堂，心作地狱。若离众生心，更有何真俗等事，以一切法但如影响故。"③《华严经》中的偈语，就很明确地表达了"心"的根源性作用："若人欲了知，三世一切佛，应观法界性，一切唯心造。"④"心如工画师，能画诸世间，五蕴悉从生，无法而不造。"⑤总之，心在一切的现象、事物中，具有主导性、根源性甚至本源性的意蕴。因此，如实认知自心，也就成为佛教中各宗各派修学体系的第一要务。陈兵教授在其《佛教心理学》中说：

> 都高推心为万有中、佛法中的首要者，有如擒贼擒王，只要如实了知心这个最深奥、最复杂，能总摄一切的主枢者，便能如实了知万有的真实本面，如实了知一切佛法；只要制伏、主导自心，为自心之师而非为自心之奴，便能制伏世间的一切，能为主导一切的明师；只要能获得自主其心的自由，便能自由主宰一切，"得大自在"。甚至整个人间、世界的样相，也取决于心。⑥

正是因为心在整个佛学体系中具有这样重要的意义，李通玄才在其《新华严经论》中将很多现象都从"心"的角度去解释，去理解，认为万法不能离于心，最终都归结到与心相关的角度。大乘佛法的修学体系中，

---

① （唐）般若译：《大乘本生心地观经》卷8，《大正藏》第3册，第327页上。
② （东晋）瞿昙僧伽提婆译：《增壹阿含经》卷51，《大正藏》第2册，第827页中。
③ （五代）永明延寿：《宗镜录》卷32，《大正藏》第48册，第603页中。
④ （唐）般若译：《大方广佛华严经》卷19，《大正藏》第10册，第102页上。
⑤ 同上。
⑥ 陈兵：《佛教心理学》，南方日报出版社2007年版，第7页。

尤其是汉传的华严、禅宗等，也都是将自己的理论或修证都归结为心，从心出发，创造出种种观心、修心的理论。

三 "配法观心"思想综述

在李通玄的表法思想中，我们看到李通玄对所有的人物、事物和现象，都给予了表法的解释。这些表法基本上都是与佛理连接在一起的，有些是与修行的阶位连接，有些是与理体连接，也有很多是与佛教中的"心"紧密相连的——包括的心的状态、心的体性，即包括心体和心相。在李通玄的著作中，这种解释方式处处可见。在《新华严经论》卷8中，李通玄解释"遥见"为："举众遥见者，明三乘权学信而未自证故，言遥见。夫法界一真，自他相彻。若当自得，焉得称遥见。"[1] 李通玄将《华严经》中的距离内化为心性上的距离。学人因为未能内自证得一真法界，未证自心即根本智，因此，只能称之为"遥见"。李通玄解释于多少佛世界外而来，也用了同样的解释方法。如经典中讲于十佛刹微尘世界外而来，李通玄则认为："迷云外，入法云来。"[2] 心执迷，则在佛刹微尘数世界之外，得入法性，则自然而来。《新华严经论》卷18中，李通玄解释刹土之远近，也用了同样的方法：

> 如上所有世界远近，云十佛刹尘者。即明佛刹重重相入，如光影像。迷之即心障无边故，举刹尘为远。悟之即无尽佛刹，在自身毛孔中，如影重重。以迷处便言远在他土，以悟之人法处，名之从他方远刹而来。总明迷悟上作远近之名，非佛刹法界中有远近之事。[3]

这段话将"配法观心"思想表达得淋漓尽致。刹土的远近，内化为心行的修学。万法唯心，心之所现，并非实际上有国土的远近，总因心之迷悟而有所不同。迷时即心的障碍重重无边，悟时即近在咫尺，甚至

---

[1] （唐）李通玄：《新华严经论》卷8，《大正藏》第36册，第768页下。
[2] （唐）李通玄：《新华严经论》卷14，《大正藏》第36册，第814页下。
[3] （唐）李通玄：《新华严经论》卷15，《大正藏》第36册，第816页下—817页上。

无量佛国净土，均在每一个众生的毛孔之中。在同卷中，李通玄不止一次地用这种解释方式解释"远近"。

> 释刹土远近之意。……从十万佛刹微尘数国土之外，诸世界中而来集会者。十住云百刹微尘，此位云十万者，明升进智慧之增广。迷心及诸境，为尘之量。迷执所居，名之为国。心随境转，名之为诸国土之外。执亡智契，名之为来。明智遍周，境无不达，同号菩萨。——菩萨例然。总明达迷智遍。①

李通玄对"神"的解释，同样表现了"配法观心"的思想。《新华严经论》卷10《世主妙严品》："一寄位表法者，明神众，是见道已，性齐诸佛，智同真理，随普贤行，处世护持，称之为神。……其智应真，号之为神。"② "为入十住应真，称之为神。明人位菩萨以自应真法合为神，覆育含识故。以智灵通救生自在故，称之为神。非世鬼神也。……若自心达理不与妄合，其智自神，不为不思而智善通万有故。"③ 神内化为自心达理，智慧应真，不再是具象的事物。李通玄解释主城神，也将其解释为守护心城，入正心住，因此以主城神，来寄位表法，表示正心之位。

李通玄解释"觉首"菩萨为："……于此位中其觉为三。一觉自身心本是法界白净无染，如前金色世界是。二觉自身心分别之性本无能所本来是不动智佛。三觉自心善简择正邪妙慧是文殊师利。于信心之初觉此三法，名为觉首。"④ 对觉首菩萨的解释，完全内化为与修行实践相联系的心的状态。

人物外的世间万物，比如山、海、行为等，都有其所代表的可以与修行实践的观心相联系的某种含义。《新华严经论》卷2中解释善财童子登峰山顶，注解了登山顶的意义，对妙字、峰字、山字等的解释，充分

---

① （唐）李通玄：《新华严经论》卷18，《大正藏》第36册，第845页上。
② （唐）李通玄：《新华严经论》卷10，《大正藏》第36册，第784页上。
③ 同上书，第781页上。
④ （唐）李通玄：《新华严经论》卷14，《大正藏》第36册，第815页上。

体现了这种解释经典的方法。

　　是故善财十住初首，于妙峰山顶，此像须弥山顶上说十住法门。德云比丘所得忆念一切诸佛境界智慧光明普见法门。解云：以处表法者，为至法际，无相可得。如上高山，至相尽处故，以无相性，能现色身。无心性中，知见自在。观机摄益，名之为妙。善害烦恼，名之曰峰。具足知见，出过情境。智逾高远，不动为山。……忆念者，常无念也。一切诸佛境界者，无念则无内外中间。无内外中间故，则佛境界也。智慧光明者，应物观根，名之曰智。简机权实，名之曰慧。应机破惑，名之为光。心垢解脱，名之曰明。①

　　此处对"妙峰山顶"的解释中，"妙"字代表了无性、无相，又能自在知见法身妙理；"峰"字的配法观心则代表了能够对治自心烦恼。"忆念诸佛"之"忆念"，在李通玄看来，能够达到心性清净，"无念"才能称之为"忆念"。心垢清净了，才能称之为"明"。在《新华严经论》卷34 中，有另外一处对妙峰山的解释，读者自可体会李通玄的这种贯穿始终的解释方式。

　　三示善知识所居处所者，国有山名曰妙峰。无念静禅名之为山，心空智现名之为妙理，净智明慧能破惑名之为峰。……故以取像表法。令学者先以心无念虑，寂静不动如山王，无相妙理智慧便现，自心智慧得解脱清凉，即不要身足登山也。……言妙峰山者，意明从定方能显发自心根本智慧，如诸佛见万法无性，万法无相，万法无依，万法无有本末住处。契此法已，名为住佛所住，方得见亡业谢，生圣智流中。②

　　"心空智现"即是"妙"，智慧破除惑业名之为"峰"，"山"表心的寂止不动，整体代表了智慧破除烦恼惑业，得不动不退之位。在李通玄

---

① （唐）李通玄：《新华严经论》卷2，《大正藏》第36册，第733页中。
② （唐）李通玄：《新华严经论》卷34，《大正藏》第36册，第954页中—954页下。

的著作中，这种"配法观心"的解释方式确实非常多，贯穿于整部《新华严经》论。如果从"配法观心"的思路来看，就会理解李通玄为什么会不顾及梵文翻译语言之音译的现实，而把南无解释为"南方虚无"——原因是南之方位，从周易的角度来讲，为离、为火，也为心。而心达虚无之理，则智慧明了，因此称为"南无"。

> 云称南无者，明归命信顺故。约法以南为离，为离中虚，以虚无故。即明离为日，离主心，以心达虚无之理，即心智明，故云南无。表归命信顺虚无之理智故。是故善财南方询友者，义亦如然。龙女南方成佛义亦如之，但达虚无之理智，十方总南无。若执诸法作实有者，十方总北故。①

四 总结

李通玄这些诠释经典的方法——取像表法、配法观心等，都是十分新颖的，但这些方法并非说前无古人、后无来者的凭空臆造。智者大师在做经典的诠释时，提出四种解释经典方法，略称四释，其中一种就是"观心释"。《佛光大辞典》解释观心释为："系天台智顗释《法华经》之文句所用四种释例之一。即以如来所说之法义，为观心之对境，由观己心之深广而入实相之妙理。称为观心释。"② 从诠释学的角度来说，这种方法就是一种回归内心的诠释方法。华梵大学哲学系的郭朝顺在《试论智顗"观心释"的诠释学意涵》一文中，对于此种解释方法从诠释学的角度给予了概念解释。"是以'观心释经'或者'观心释义'，回到释经的诠释活动来说，就是以面对经义之读者一心，合于亦同时合乎本心之谛理来解释经义、文字，然而此一经义终将回归观者之一心，使得读者由心出发改善一己的业力行为，因此观心实是与经义相互印证的一种实践的解释学方法，此一方法使得属于智性的知解活动，转变成为一种实

---

① （唐）李通玄：《新华严经论》卷30，《大正藏》第36册，第925页下—926页上。
② 慈怡：《佛光大辞典》，高雄：佛光出版社1988年版，第6951页。

践活动，因此笔者称之为实践的诠释学。"① 郭朝顺认为，这种诠释学的
目的不在于单纯的掌握文本文字，或者解释文本的内涵，而在于了解到
心之实相；也不是为了建构一种解释系统，而是为了去掉内心的执着。
李通玄的"配法观心"说与"观心释"，有异曲同工之妙，都是从心出
发，来解释所遇到的一切现象，其目的也是为了让人去掉对外境的执
取，以心为着眼点，为旨归，为目的，为所观之对象，从而最终达到
解了心之实相的目的。整部《新华严经论》中，处处体现了这一解释
范式。

李通玄的这种解释方法与解释范式，其影响可以从三个方面体现出
来。其一，其"以易解华严"的方式，后世很多人对其感到非常有兴趣，
尤其是现代的研究者，从佛教与中华文化融合的角度，格义佛教的角度，
都做了很多研究，这里不再——论述。其影响更大的应该是后面我们要
提到的两点，一个是这种解释方法，对后世产生了影响；另外就是李通
玄在用这种方法进行解释的时候，其思想本身对后世，特别是后世禅宗
产生了巨大的影响。

唐末五代永明延寿禅师，分别被禅、净二宗奉为祖师，其思想受到
李通玄的影响是非常明显的。在其传世之作《宗镜录》中，多处引用李
通玄的著作。其用观心释的解释方法解释"大方广佛华严经"七个字，
与李氏的解释方法可以说是同出一辙。"观心释大方广佛华严经者。若约
教诠义，则有多门。若不摄归一心，于我何预。夫言大者，即是心体。
心体无边，故名为大。方是心相，相具德相之法，故名方。广是心用，
心有称体之用。佛是心果，心解脱处名佛。华是心因，心所引行，喻之
以华。严是心功，心能善巧严饰，目之为严。经是心教，心起名言。诠
显此理，故名为经。然心之一字，虽非一切，能为一切。观者，以三大
中，具四法界。对彼四界，故成四观，法本如是，故依法而观。若依此
悟解，念念即是华严法界，念念即是毗卢遮那法界也。"② 在这种解释方
法中，"大方广佛华严经"七个字便体现了心体、心相、心用、心因、心

---

① 郭朝顺：《试论智顗"观心释"的诠释学意涵》，《佛教研究的传承与创新研讨会》2002
年3月。

② （五代）永明延寿：《宗镜录》卷100，《大正藏》第48册，第953页中。

功、心果等诸多方面。永明延寿大师认为，"若不摄归一心，于我何预"。也就是说，对于一个文本，如果不从人最根本的心的角度去考量，去解释，那么对于人这个作为研究者的主体来说，又有何相干呢？永明延寿在其传世之作《宗镜录》中，引用了李通玄很多的语句，其中很多是与"心"密切相关的。李通玄的"配法观心"思想，值得我们进一步深入研究。

正如郭朝顺先生所说，这是将智性的活动，转变成了实践的活动，是一种实践性诠释学。这也是李通玄华严思想实践性的另外一个表征，也是李通玄的华严思想具有强大的生命力的原因。他的华严哲学思想、修行论以及配法观心等思想，贯穿、渗透在后世各宗各派的思想体系中，为中国佛教的发展提供了源源不绝的文化资源。

第 七 章

李通玄华严思想的历史意义及影响

　　通过前面几个章节的论述，我们对李通玄的华严思想有了一个基础性、整体性的了解。随着历史的发展，李通玄的华严思想逐渐被后人发现、接受、挖掘、整理，对后世的佛教产生了巨大的影响，其影响渐渐走出国门，波及朝鲜、日本。研究李通玄华严思想的学者也都对李通玄华严思想的历史意义及影响进行了总结。邱高兴认为，李通玄的思想之所以"具有历史生命力，是同他别具一格的佛教思想特色分不开的"①。邱高兴总结李通玄思想的几个特色为：实践性、重视与中国传统思想相融合、重视形象观照三个特色。邱高兴从四个方面总结了李通玄的华严思想之影响：第一，著述的流传与改编。李通玄的著作在流传的过程中，后代有学者或者将其编辑成合论，或者编辑为辑要，或者与澄观等人的著作一起编辑为纂要，以方便后人进行学习与研究。第二，对澄观及后世华严学者的影响。尽管李通玄只被看作是华严宗的旁支，但是他对华严宗自身的影响是毋庸置疑的，澄观等人应当受到过李通玄华严思想的影响。第三，对宋代禅宗的影响。在前面的章节中笔者也提到过，李通玄的思想对后世禅宗的影响极大，后代禅僧多引用李通玄的著作文句。邱高兴专门提出了宋代禅宗，是因为李通玄的华严思想确实自宋代始影响力越来越大。第四，邱高兴还论述了李通玄的华严思想对朝鲜及日本的影响。邱高兴关于李通玄华严思想及其影响的论述是非常全面的。洪梅珍在其著作的第六章《李通玄华严学之影响与价值》中，论述了李通玄华严思想对《华严经》本身的影响、对华严宗的影响（包括对澄观以

① 邱高兴：《李通玄佛学思想评述》，博士学位论文，中国人民大学，1996 年。

及宗密的影响)、对中国佛教发展的影响及其现代意义和价值四个方面,也非常具有参考价值。魏道儒在其《中国华严宗通史》中没有专门论述李通玄华严思想的影响,在论述其判教思想、取像表法思想以及三圣圆融观时,均分别提到了对后世的影响。

以上诸位学者的研究都非常具有参考意义,笔者根据诸位学者的启发,在对现有资料进行充分搜集和整理的基础上,结合笔者对李通玄华严思想的研究,通过三节的内容,梳理出以下几个方面的影响。第一,李通玄著作的流传,邱高兴对此做了比较详细的论述,本着人详我略的原则,笔者大致做些说明即可。第二,与李通玄相关的诗文、赞、画像等。李通玄的思想流传到后世,多次出现在后人的诗作以及画赞中,这从一个侧面也说明了李通玄对后世的影响。第三,李通玄华严思想对华严宗的影响。李通玄虽然历来被认为是华严宗的旁支,没有列入华严五祖之位,但他是最早较为系统和全面注解新译 80 卷《华严经》的人,其华严思想无疑对华严宗的形成和发展有一定的积极意义。第四,李通玄思想对后世影响最深远、最深刻也最显著的,是对禅宗的影响,尤其是对宋代及以后的禅宗。这点邱高兴在其著作中也有所提及。李通玄的著作及思想对后世的禅宗产生了巨大的影响,源于其简洁明了、直探心源的风格,注重修学实践的特色及其圆融而直接的圆教见解。由于影响巨大,笔者会对这一节进行相对比较详细的论述。李通玄的思想对后代禅宗人物——永明延寿、普庵禅师、张商英等都有巨大的影响。除此之外,其思想还对禅宗典籍、禅宗公案,对学人的见地和修行等都产生了巨大的影响,甚至有不少禅人通过阅读李通玄的著作而开悟。第五,李通玄的华严思想对净土宗的影响。李通玄在其著述中,多次提到有关净土的观点。但李通玄一般认为以念佛和观想为主要修行方式的净土宗是权非实,这和一般高推净土念佛法门的观念是相左的,由此也引起过净土宗人的批判。后世有不少人为李通玄做了辩护。至近现代,各宗各派都不能否认李通玄的影响力,即便是净土宗,也逐步将其视为了祖师一类的人物。笔者在后面会详细论述。第六,李通玄华严思想的后世影响,还包括其对居士佛教的影响。李通玄以居士身份注解《华严经》并对后世产生了巨大的影响,是居士佛教的表率。第七,后世对李通玄华严思想的评价。最后,笔者还总结了李通玄华严思想的现代意义。

第一节　李通玄著作的流传及赞、诗文

一　著作之流传

在李通玄逝世后，最早接触李通玄著作的应属照明，照明在《略释新华严经修行次第决疑论》中说："照明亲承训授，屡得旨蒙，见其殂终。嗟夫圣人去世，思望不及。时因访道君子，询余先圣之始末，不敢不言。谨序之。"[①] 照明在获得李通玄的著作以后，只记载了他为什么写这篇序文的原因，未记载他向五台山以外的其他地区传播李通玄的著作。在照明时代，李通玄的著作大致应该只在五台山一带传播。宋代沙门慧研所撰的《华严经合论》序文记载了在大历九年（公元 774 年）二月六日，僧人广超获得李通玄的两部论著，分别是《大方广佛新华严经论》、《十二缘生解迷显智成悲十明论》，"广超门人道光，能继师志，肩负二论，同游燕赵，昭示淮泗，使后代南北学人悉得参阅论文，宗承长者，皆超光二僧流布之功耳"[②]。记载广超的门人道光继承广超的志愿，在游历中将两部论传播至燕赵一带（北京、天津、河北以及山西、河南的部分地区），在淮泗（安徽、苏北）一带得到发扬。由此，李通玄的著作影响力逐步走向了安徽、江苏一带。

而后，福州开元寺沙门志宁认为李通玄的《新华严经论》十分值得传扬，为了方便后人阅读，方便此论的流通，将 40 卷《新华严经论》注于经下。《新华严经论》的前 7 卷为判教说，从第 8 卷开始，注入经下，成初本的《华严经合论》。志宁生活的年代大致为唐宣宗大中年间（公元 847—860 年），从中我们可以得出的一些信息是，在这个时期，《新华严经论》已经传到福州一带。然而志宁的和会本并不十分完美，后人认为其"其义类繁衍，未圆品藻"[③]。因此，北宋乾德五年（公元 967 年），沙门慧研对其进行整理，补充缺漏，最终成 120 卷的《华严经合论》。慧

---

① （唐）李通玄：《略释新华严经修行次第决疑论》卷1，《大正藏》第36 册，第1011 页下。

② （唐）李通玄：《华严经合论》卷1，《卍新纂续藏》第4 册，第655 页中。

③ 同上书，第651 页上。

研此序文是因应北宋释永安禅师将李通玄的《华严经合论》雕版印行、广为传播的事情而书写。北宋年间开始的雕版印刷术，是中国印刷史上的一个大事件。李通玄的著作能够被雕版印行，说明其影响力已经非常巨大了。《宋高僧传》中也记录了释永安禅师将《华严经合论》雕版印刷，广为流传的事迹。

> 释永安，姓翁氏，温州永嘉人也。……汉南国王钱氏召居报恩寺，署号禅师焉。乃以华严李论为会要，因将合经。募人雕版，印而施行。每有檀施，罕闻储蓄，回舍二田矣。以开宝甲戌岁，终而焚之，其舌存焉。累投火锻，色虽同乎炽炭，寒则柔弱。今藏普贤道场中，春秋六十四，法腊四十四云。①

南宋的《人天宝鉴》中也进行了记载：

> 光孝安禅师，永嘉人。翁氏，少庄重不喜喧嚣。父异之，令出家。往台之云峰结茅而居。长坐不卧，一食终日。不衣缯纩，唯坏衲以度寒暑。……安以《华严李长者释论》，旨趣宏奥，因将合经，成一百二十卷，盛行于世。……安死阇维，舌根不坏，柔软如红莲华叶。②

此段主要记载了释永安禅师的个人事迹，永安禅师风格高尚，避世修行，而且学有所成。他对李通玄应是十分推崇的，不然也不会劳心费力将李通玄的著作雕版印刷。最重要的是，他的思想和修学肯定是受了李通玄的影响。后人为了证明此禅师修学的成就，说其死后舌根柔软如红莲叶，舌根不坏，这都是修学有成、讲法无碍的表现。李通玄的华严思想对禅师个人的影响从中也可见一斑。

对李通玄思想的流传来说，最重要的一件事是李通玄的著作在南唐时期入藏。《续贞元释教录》中记载：

---

① （北宋）赞宁：《宋高僧传》卷28，《大正藏》50册，第887页上。
② （南宋）昙秀：《人天宝鉴》卷1，《卍新纂续藏》87册，第9页中—9页下。

又李长者《华严论》一部四十卷，僧勉昌，于升元二年，进上光文肃武孝高皇帝，今礼部侍郎孙忌撰序，编于藏内。除开元录藏经数外，今都新计数，总共一百四十部。[①]

李通玄以居士的身份，其著作首次被收录于《大藏经》，这无疑说明李通玄的著作在唐末五代时期得到了下至民众、上至贵族的普遍认可。需要注意的是，义理著作（不包括经录和传记）被编入神圣的《大藏经》，李通玄是中国本土佛教思想家中的第一人，当然也是华严系统中最早获此殊荣的人。

在五代末宋初，受李通玄著作影响最大的应当属永明延寿。永明延寿（公元904—975年），唐末五代至宋初时期的高僧，在中国佛教史上影响极大。延寿大师不仅被奉为禅宗祖师，也被尊奉为净土祖师。他以每天做百八佛事而著称。其著作包括《宗镜录》《万善同归集》《神栖安养赋》《唯心诀》《受菩萨戒法》等，不仅融合禅、教，禅、净，而且对天台、华严、禅宗、三论、净土等宗派都有巨大的影响力。在查阅资料的过程中，笔者发现，李通玄的著作和思想对永明延寿的影响非常大。永明延寿最重要的著作《宗镜录》中多次引用李通玄的思想。笔者做了大致的统计，《宗镜录》中的引用有几十处之多，这是李通玄著作影响力的另外一个非常重要的表现。

至宋代，受李通玄著作影响最大的人当属张商英。张商英（公元1043—1121年）曾在宋哲宗时担任丞相之职。据《佛祖统计》记载，是张商英发现了李通玄另外一部极其重要的著作《略释新华严经修行次第决疑论》。据记载，此论的发掘，也充满着神异的色彩。

二年七月，张商英游五台。中夜于祕魔岩，见文殊大士，身在金色光中。九月自太原出案寿阳，至方山昭化院，即李长者造论之所。于破屋下，得《华严决疑论》，疾读之，疑情顿释。即移县为长者立像，有圆光白色，见于山南。于是父老并请新其院。商英乃为

---

① （南唐）恒安：《续贞元释教录》卷1，《大正藏》第55册，第1048页中—1048页下。

之记。①

这段文字记载了张商英在五台山见到文殊大士，后来在李长者造论之所，得到李的一部当时尚未被发现的著作：《略释新华严经修行次第决疑论》。张商英读后，觉"疑情顿释"。后来出于崇敬之情，为李通玄造像，有吉祥的白色圆光出现。《略释新华严经修行次第决疑论》由此正式广为传播。这些也体现出，在宋代，李通玄及其著作已经具有相当巨大的神圣性，被认为是仅次于经的大论，阅读或传播其著作，会有神奇的"瑞应"，影响可谓深远。

《嘉泰普灯录》中记载，李通玄的著作影响深远，但也有人认为其篇幅过于冗长、内容过于繁杂，从而影响其传播，因此出现了对其著作进行缩减、辑要的版本，为三卷本。但此三卷本的李通玄著作并未见有流通，应为在流传过程中遗失。

> 又藏经四大部，《华严》居一焉。李长者复衍而论之，文富义博，鲜有能终诵者。师乃括摘抠要，艾夷冗长。贯八十卷之经，兼四十卷之论，束为三卷，言约理诣，如措诸掌。②

最为著名的辑要与简要本出现在明朝。分别为方泽的《华严经合论纂要》与李贽的《华严经合论简要》。据方泽的《华严经合论纂要》记载，方泽为禾郡（江西省）精严寺的僧人，于明朝隆庆元年（公元1567年）撰写《华严经合论纂要》。方泽最初阅读《华严经》中的《普贤三昧品》，不能理解华严境界的广大圆融，因此心中非常惊骇。后来又读到《梵行品》，知一切法皆心之自性，即有所醒悟。后读李通玄的传记，知道李长者著有40卷的《新华严经论》，非常仰慕，认为李通玄为菩萨再来之人。后来多方寻求，但是各个地方的印本均有残缺。方泽记载了最终他寻找到这部论著的过程。

---

① （宋）志磐：《佛祖统纪》卷46，《大正藏》第49册，第417页中。
② （宋）正受：《嘉泰普灯录总目录》卷1，《卍新纂续藏》第79册，第269页中。

　　……搜访久之，真如寺大宗禅老，向余哎日，往吾获一部，独见完好，流虹雨菴，借观十年已久。今雨菴化去，门人不以归，我岂迟子耶？余大喜，随偿原费，担负来山中。则论入经，总一百二十卷，琳琅焕暎。甫旬日，而雨菴故院火，鞠为煨烬矣。于戏！法宝住世，巧有神卫。若此于是洗心潜玩，见长者将一切人本法界无尽藏中不动智宝，圆彰顿显，焱涌光腾，彻于言外。当是时，悲欣无量，便欲转似人人咸令自见。……酌用节其丰词，缩其普义。做三周文势，厘为三帙，名日《纂要》。如以寻丈之躯，而临咫尺之镜，威仪态度亦仅可观。然未缘入梓，藏之篋笥，垂三十年。文选大夫五台陆公，道叶宗乘，志深弘护。昨以太常乡还。言及斯纂，适符大心。遂捐净金，偈成胜举。长者于公，所谓千载而下旦暮之遇也。……冲锋犯锐，而能别展生涯，则为深报长者恩矣。[①]

　　方泽在此段叙述中记载了他寻找到李通玄著作并对其进行缩减、辑要的经历和过程。古人交通不便，书籍的印刷和保存都非常不容易，方泽有幸读到李通玄的传记，于是非常想学习和研究他的著作。他在江西到处寻访诸刹，希望能得到李通玄的著作，但是印本均有残缺。后来在真如寺听禅宗的老和尚说，他曾经借给雨菴（不详），方泽于是终于从此处得到的完整的著作。这时就发生了一件充满神异色彩的事情，没过几天，雨菴故院便遭遇了大火。方泽感叹法宝有神助，由此潜心钻研李长者著作。读李长者不动智人人本具之说，"悲欣无量"，希望后人都能读到这样精妙的论说，于是将词句和重复的意思缩减，成为三卷本《华严经合论纂要》。开始没有印刷，经过三十年，才有位陆姓长者，将其付梓印刷。这是李通玄著作被辑要的一个重要的事件。

　　另外一个是明朝李贽的《华严经合论简要》。李贽（公元1527—1602年），福建泉州人，明代官员、思想家，别号温陵居士。李贽一生非常传奇，他说自己的性情刚强难化，幼时反对仙道、佛家，极不喜欢见到和尚、道士，但最厌恶儒门的道学先生。因此，他初事孔孟，后来反对由官家掌控的孔孟之学，尤其是宋儒理学，他认为这些思想有大伪，过于

---

① （明）方泽：《华严经合论纂要》，《卍新纂续藏》第4册，第831页上—832页上。

压抑和束缚人性。因此，李贽在当世一直被视为异端。后来，他由读王阳明著作而开始学习佛道，却也行为怪异，不僧不俗。关于李贽的事迹不再多叙，但是李贽的思想对后世影响非常大，一直被誉为明代杰出的大思想家。李贽在学习佛道后，对李通玄的著作极为推崇，认为其"张皇教海，罗列义天"①。李贽认为，由于120卷的《华严经合论》篇幅太长，卷帙浩大，恐人不能通读，因此，"简其尤要者录之"②，希望读者能够乘如来乘，直至道场。李贽的《华严经合论简要》，进一步扩大了李通玄著作的影响。

> ……然一百二十卷之繁，吾恐一切贤圣，终未敢轻易也。破夏以来，获听宁佛者袁文炜，细读《华严合论》一遍，乃知善说《华严》，无如长者，因简其尤要者录之。傥有大心众生，欲乘如来乘直至道场，则此二百纸简要之论文，便是《华严》无尽藏之法界也。③

通过李通玄著作流传的过程，可以发现，自宋代开始，李通玄的著作就开始比较普遍地流通。其著作影响的对象也非常复杂，从出家僧人至在家居士、从达官贵人至山野乡人都不同程度地受到其思想的启发，流通的范围和地区也比较广泛。

至清代，对李通玄的著作进行辑要工作的主要是为霖道霈禅师。为霖道霈禅师（公元1615—1702年），字为霖，法名道霈。为霖道霈禅师为李通玄的《十二缘生解迷显智成悲十明论》做跋，记录到一个名为"壁九禅人"的禅者，捐资重新翻印李长者的《十明论》，为霖禅师为其做跋，用以广为流通。"此乃《华严》圆顿大旨，李长者特拈出指示于人，最为肯切。恩大难酬，壁九禅人捐赀翻板。用广流通。其亦有得于此，知恩报恩者欤。"④ 他评价李通玄的著作深符华严圆顿大旨，因此，特将此论拈出流通于世。为霖禅师关于李通玄著作另外一个比较重要的

---

① （明）李贽：《华严经合论简要》卷1，《卍新纂续藏》第4册，第831页下。
② 同上书，第379页上。
③ 同上书，第831页下—832页上。
④ （清）道霈：《为霖道霈禅师还山录》卷4，《卍新纂续藏》第72册，第668页上。

贡献即是编辑《华严经疏论纂要》。在《华严经疏论纂要》中，为霖禅师认为，80卷《华严经》的译出，是《华严经》在翻译过程中比较完备的一本。而对《华严经》的注解，澄观的大疏和李通玄的论，风格不同，侧重点不同，但对于80卷的《华严经》来说，都是非常珍贵的。为霖禅师在纂要中论述自己25岁才遇到《华严经》，顿觉如同贫人得宝一样珍贵，遂发愿依此经进行学习、研究和体证。对于澄观的疏和李通玄的论，为霖禅师认为它们由于风格不同，恐读者不能理解二人的不同与相同之处，不能以统一融合的眼光看待疏和论，有失偏颇。而且，疏和论的篇幅都非常大，恐后人因为其文字众多、篇幅巨大、内容广博而不能阅读，因此将疏和论进行精简、合编为120卷的《华严经疏论纂要》。为霖禅师将澄观和李通玄的著作并举，进行了如下评价：

> 其八十卷经，清凉国师有《疏钞》，枣栢长者有《论》，世所盛行。《疏钞》则穷源极委，章分句析，不唯是此经标准，实乃如来世尊一代时教之标准也。《论》则广论佛意，会归自心，不唯是此经闻奥，实乃宗门之闻奥也。禅者喜读《论》，而不知《疏钞》之广大精微。讲者喜读《疏钞》，而不知《论》之直捷痛快。两者皆失之也。①

为霖禅师此评价可以说是非常中肯的，将澄观的大疏和李通玄论著的不同风格描述得非常清晰。他认为澄观的《疏钞》不仅仅是《华严经》的标准，同时也是如来一代时教的标准。而李通玄的《华严论》，"广论佛意，会归自心"，不仅仅揭示了《华严经》的深刻内涵，同时也阐明了禅宗以心为本的原理。因此，无论是只喜欢读澄观的疏钞，还是只喜欢读李通玄的论，都是有失偏颇的。能够将两者的著作合并起来读，对于理解《华严经》的深奥义理是非常有意义的。

笔者通过研究资料也发现，在清代，无论是哪个宗派的人，对李通玄的著作已经不再有所谓的宗派之间由于不同的知见而带来的评判之说，

---

① （清）道霈：《为霖禅师旅泊菴稿》卷3，《卍新纂续藏》第72册，第694页下—695页上。

李通玄已经完全被当作与澄观、法藏一样的祖师级人物对待了。而且，由于李通玄充满神异色彩的传奇经历，更有人将其当作贤圣或者佛菩萨化身看待。后面会有进一步的论述。

在庄崑木的文章《为霖道霈禅师的生平与著作》一文中，记录了在民国时期的 1929 年，弘一大师在福建省福州市的鼓山涌泉寺藏经阁发现了《华严经疏论纂要》，然后资助印刷了二十五部，每部有四十八册。"送了十二部给日本的各佛教大学及寺院。之后普慧大藏经会也刊行此书，作十六册，流传渐广。"[①] 这部著作不仅在国内产生了影响，而且逐步流传到海外，影响到了日本。

通过李通玄著作的流通可以发现，李通玄的著作被广泛传播与进行研究、辑要等，最初出现在宋代，而后出现在明代。其著作影响的人越来越多，影响的地域范围也越来越广，至近代逐步走出国门。其著作影响的宗派，也不仅仅限于华严宗，各个宗派尤其是禅宗受其影响巨大。李通玄在其著作的流传过程中，逐步被赋予了圣者、祖师的地位。这在后文将要论述的有关李通玄的画像、诗文、赞颂等内容中将有所体现。

二　与李通玄相关的画像、赞、诗文

李通玄的画像（塑像）、诗文和赞，也从另外一个侧面反映了李通玄的影响力。一般来说，只有被认为是圣者的人，才会被塑像、画像。有非常大的影响力，为世人称颂赞扬，才会进入后人的诗赋、赞颂。作为李通玄来讲，他在世时并没有与皇朝贵族发生过联系，也不具备任何政治上的影响力，纯粹以山野之人的身份，学术著作能流传到后世，产生如此大的影响力，也是其学术价值的一个显著体现。在现有的资料中，最早出现关于李通玄塑像的是唐碑《神福山寺灵迹记》中的记载。

> 长者圣躅，大士遗踪，历廿相承，建兹精舍，顷因先帝涛太真宗，灭烬佛门，尊容祢灭，厥有殁故。大师讳灵彻，俗姓张，辽郡人也，师颖悟真空，早怀悲慜，访求知识，广利人天。……今有上足

---

① 庄崑木：《为霖道霈禅师的生平与著作》，南投：《正观》第 22 期，2002 年 9 月，第 112 页。

门人法弘，鉴脱尘嚣，髫年进道。褰裳问法，顿晓玄机。不下曹溪，传灯化众。师资接袂，绍继山门。光佛梵宫，不陷师德。化蒙两县，檀信归依，往返如轮，竭成殿宇，塑尊容一。……东间置长者之影庙，仪质若生，二女掌献于鲜花，双童青衣而给侍。左傍立虎，按据论文，山纳缋容，瞻礼无尽。①

此传记记载了一位灵彻上人，修学有成，他的门人法弘尽得其传，绍隆宗风，后为李长者塑立画像。塑像是按照流传下来的史料所载，根据天女献花、童子奉食、猛虎驮经等事迹，再与李长者的塑容一起，加以修改而成。在宋代，《林间录后集》记载了枣柏大士画像赞。

> 易之深渺不可以义得，故立象象以尽其旨。心之精微不可以言传，故指事法以示其妙。唯枣柏大士，深入此三昧门，谨拜手稽首，为之赞曰：
> 须眉如画颀而美，风神如秋气奇伟。平生归宿东北方，尘劳动中寂而止。翛然跣足散衣行，智智用中不乖体。帝王家生得自在，寿量不书绝终始。虎受使令心境空，女为伴助憎爱弃。冠巾传心即俗真，方隅示法即事理。只将枣柏荐斋钵，我来阎浮非著味。自然光明生齿牙，我谈词章皆实义。佛子授汝以显决，一言便足超十地。随顺无明起诸有，若不随顺诸有离。圣贤酪生凡乳中，只由观照戒定慧。是谓大士同体悲，令我顿入一切智。作大佛事遍尘刹，华藏界中容顿辔。以空为座礼十身，以愿为舌说此偈。如以花说无边春，如以滴说大海味。稽首世间妙莲华，常愿清净出泥滓。②

《林间录》及《林间录后集》中选集了众多的对佛菩萨、祖师以及高僧的诗文、赞偈，以禅宗为主。李通玄以居士的身份，位列祖位，充分

---

① （唐）王居仁：《神福山寺灵迹记》，《石刻史料新编》第 1 辑，台北：新文丰出版公司 1982 年版第 20 册，第 15131—15132 页。

② （宋）《林间录后集》卷 1，《卍新纂续藏》第 87 册，第 277 页上—277 页中。作者不详。《林间录》为宋代洪觉范所集，《林间录后集》也有人认为为洪觉范所集。

证明李通玄在宋代的影响力。此篇赞首先赞颂了李通玄"以易解华严"及其"配法观心"思想。"心之精微不可以言传，故指事法以示其妙。"①而后分别赞颂了李通玄的仪容、身世、传奇故事、著作大意、后世影响等，内容非常全面。只是此篇画像的来源，并未找到出处，但可以证明的是，李通玄在宋代是被当作圣人礼拜的。

在明代，紫柏真可对李通玄十分推崇，有为数不少的赞、诗文、颂等。紫柏真可（公元 1543—1603 年），明末四大高僧之一，晚号紫柏。江苏人，后世称其为紫柏尊者。在紫柏的诸多著述中，都记录了他对李通玄的尊崇。万历二十年（公元 1592 年），他与法侣共同谒拜李长者遗像，并根据李通玄著作《华严经决疑论》来为僧人取法名。"万历壬辰，春王正月，甲子日。自清凉山，携诸法侣，谒晋阳方山李长者遗像……兹以觉林字汝，盖取诸李长者《华严决疑论》，万行以七觉为体，七觉支以根本智为身之义。香其勉之。"② 紫柏经常谒拜李通玄位于方山的遗像，是将李通玄当作类似菩萨、大士之类的人物，甚至通过礼拜、祷告来卜算吉凶、出处。以之后的验证来看，似乎也是颇为灵验的。

> ……顾在身命易舍，于教无益。于法无补，如是则出不如处也。又念祖道，荒凉陵迟。不忍受其恩，而不能捐躯报德。寸心难安，如是则处不如出也。于是于某年日月，躬诣长者尊像前，焚香疏意，拈阄决之。伏惟长者，不吝慈悲。为教，为法，为某，判然一决出处，敢不奉命。不胜惶悚，以闻。③

紫柏赞颂李通玄的诗文为数不少，最能表达其情怀的是《登方山歌》。

> 君不见晋阳方山李长者，爱虎驮经不用马。大贤村头高山奴，一见至人便能下。嗟哉世道衰，斯文竟成假。空闻冠盖名，

---

① （宋）《林间录后集》卷 1，《卍新纂续藏》第 87 册，第 277 页上。
② （明）达观真可语、憨山德清校：《紫柏尊者全集》卷 21，《卍新纂续藏》第 73 册，第 330 页下—331 页上。
③ （明）达观真可语、憨山德清校：《紫柏尊者全集》卷 13，《卍新纂续藏》第 73 册，第 260 页下—261 页上。

已乏旧风雅。马家古佛堂，土室久荒凉。长者去不返，佛日谁洗光。惭小子生何晚，双林那堪绍缁衮。见贤思齐非惮劳，寻山问水叩玄闻。我曾闻《华严经》，十方如来之典刑。四重法界难思议，孰能挥毫无留停。譬百川，争赴海，万里云涛焕文彩。又如春光在万物，洪纤浓淡皆自在。……日用中，露形容，含毫临纸何匆匆。星霜五易论告成，世传天女俱腾空。又闻长者初来时，囊挈经书历险危。风霜一夕震林谷，老松拔去泉如怡。至今岩僧仰饥渴，圣师厚德宁忘之。达观憨，出苔龛，蚤春结伴下寒岚。芒鞵踏破几层雪，神福山原试一参。广眉朗目蹑上峰，丹唇紫脸髯不同。身长七尺有二寸，天开法海真英雄。殷勤再拜不忍别，行行回首烟云重。①

此首赞颂，囊括了李通玄的传奇故事，他对华严学的贡献，禅宗语录，还有长者仪容，对后世的影响等等，表达了紫柏对李通玄的无限怀念、追慕之情。李通玄在后世诸学人心目中的地位可见一斑。

明代蕅益大师在《普贤愿王像赞》中，也曾把李通玄比喻为探得宝珠的圣人。"十大愿王，导归极乐。尘尘华藏，从此彰烁。不昧因果，法界开拓。问取枣柏，玄珠在索。"② 清代为霖道霈禅师力赞李长者：

生为帝胄，隐于方山。掀如来藏，破祖师关。即俗而真，即事而理，论法界经，字字归己。天女送供，猛虎驮经。心境俱寂，游杂华林。一念无生，超贤越圣。当阳拈出，毗卢正印。③

为霖这篇赞寥寥数笔，却勾勒出李通玄一生的轨迹，修学成就的甚深难测与高不可攀，以及李通玄在论著过程中的种种神异事迹。李通玄为皇族后裔，隐于方山而造论，为霖禅师认为李通玄"超凡越圣"，为毗

---

① （明）达观真可语、憨山德清校：《紫柏尊者全集》卷28，《卍新纂续藏》第73册，第390页上—390页中。
② （明）蕅益：《灵峰蕅益大师宗论》卷9，《嘉兴藏》第36册，台北：新文丰出版公司1987年版，第408页上。（限于篇幅，后文不再——标注版本）
③ （清）兴灯等录：《为霖道霈禅师还山录》卷3，《卍新纂续藏》第72册，第663页中。

卢遮那佛的真正传承。为霖禅师对李通玄的评价相当之高。随着时间的推移，李通玄的影响越来越大，影响的人越来越多，他的形象也越来越神圣。这源于其华严思想的渊深、广博，也源于其所学、所证对后世造成的巨大的、实践性的影响。

第二节　李通玄的华严思想对
各个宗派的影响

李通玄的华严思想，由于其简单直截、注重实践的风格而对后世的各个宗派都产生了巨大影响。其中，影响最大的是禅宗。当然，李通玄专门注解《华严经》，无疑对华严宗也有一定的影响力，但不能与智俨、法藏等正统的华严学者相比肩。其原因与李通玄一直被视为"教外华严"密切相关。

一　对华严宗的影响

对华严宗本身的影响，一些学者已经有所论述，主要表现在对澄观、宗密以及后代华严僧人戒环的影响。其中，对澄观的影响，在前面论述李通玄之"一真法界"思想及其"三圣圆融观"时，已有比较详细的论述，在此做一比较简短的总结。

（一）对澄观的影响

释澄观（公元737—839年），越州山阴人，公元795年，唐德宗赐号"清凉法师"，唐宪宗加号"大统清凉国师"。澄观本人天赋异禀，受到过良好的教育，学识非常渊博，广泛学习华严、天台、禅、三论、律等各个宗派的教义。再加上他与贵族的良好关系，使华严宗在当时得到空前的发展，被尊为华严宗四祖，也有"华严疏主"之称。

澄观在很大程度上继承了法藏的思想，但不可否认的是也受到了李通玄华严思想的影响。小岛岱山干脆将澄观划归为与李通玄同一系别的"五台山系"。小岛岱山认为，澄观是中国华严思想的真正集大成者。"他从洛阳到五台山，把充满民众性和实践性的五台山系华严思想和充满理论性的终南山系华严思想融合在一起。"① 他认为，澄观华严思想的根本还是受李通玄的影响，尤其是李通玄"性空即万有、性空即妙用的理事无碍的性起思想"②，以及与这种思想相一致的"一真法界"思想。但是，澄观最终还是导向了以法藏为代表的终南山系华严思想，小岛岱山为此表示了遗憾，但他同时认为澄观从根本上来说，还是属于以李通玄为代表的五台山系华严思想，因此此系华严思想才是中国华严宗的主流。当然，小岛岱山关于中国华严思想的主流评判之观点值得商榷，但至少说明了，澄观的华严思想受到过李通玄的影响。

在前面论述李通玄之"一真法界"思想时，我们已经分析了"一真法界"思想在华严哲学中的发展脉络。李通玄使用唯识学中的"一真法界"概念，在注解《华严经》的过程中，赋予了其华严哲学的内涵。此"一真法界"思想承上启下，后来逐步成为了华严宗的核心理念之一。笔者推断，澄观应是受到过李通玄"一真法界"思想影响的。澄观在其著作中，也多处使用了"一真法界"的概念，而此概念被纳入华严哲学的体系肇始于李通玄。"一真法界"思想后来经过澄观、宗密等人的进一步发展，成为了华严哲学的核心理念之一。澄观尽管接受了"一真法界"的思想，但是四法界说依然是其华严思想的重中之重。再者，澄观尽管认为清净智即真如，即"一真法界"，但最终，他还是以"心为真如"来立论的。此思想影响到宗密，成为了华严宗最著名的"一心四法界"说。前面章节已有论述，不再详述。

最为人熟知的是澄观受李通玄"三圣圆融观"思想的影响。"三圣圆融"为李通玄所独创，尽管在澄观的著作《三圣圆融观门》中，并没有说明是受李通玄的影响，但是，在澄观的时代，李通玄的著作已经在一定的范围内有了相对的影响力，因此，澄观专门做一个以"三圣圆融"为中心的短篇论述，受李通玄的影响应当不是没有根据的揣测。澄观的《三圣圆融观门》卷1开篇即说：

---

① ［日］小岛岱山：《中国华严思想史的再认识》，黄玉雄译，《五台山研究》2000年第4期，第16页。

② 同上。

> 三圣者，本师毗卢遮那如来，普贤、文殊二大菩萨是也。大觉
> 应世，辅翼尘沙，而《华严经》中，独标二圣为上首者，托以表法，
> 不徒然也。①

澄观在此篇论文中，很明确地将《华严经》中的三圣标为文殊、普贤与佛，这是李通玄多次强调的。而且他认为，在《华严经》中，单独将普贤、文殊标为上首，是要"托以表法"，这明显与李通玄的"托事表法"思想一脉相承。澄观认为，普贤与文殊此二圣，有三种相对：第一，以能信、所信相对，普贤表所信之法界，文殊表能信之心。第二，以解、行相对，普贤表所起万行，文殊表能起之解。第三，以理、智相对，普贤表所证法界，文殊表能证大智。此二圣自体本圆融，同时，二圣又互相圆融。能信与所信不二。要有解方能起行，行不能离解，解行不二。智是理之用，理是智之体，不可相离，理智无二。最能体现李通玄思想影响的是澄观认为："文殊表能证大智，本所事佛名不动智故。"② 李通玄认为，文殊表根本智体、法身，普贤表万行，而佛则代表智行圆满。

当然，两者在文殊、普贤与佛各个所表方面是有一些差异的。李通玄有时将文殊代表为根本智、不动智、法身，有时将其代表为"一切诸佛善择妙慧"。在不同的情境下，有不同的代表。澄观的看法也是如此，不同的情境下有不同的代表。但是，这种解经的方法却是一致的。而且，三圣圆融的原因也是一致的。

> 法合如是，废一不可。若废文殊存普贤，所有行门属有漏。若
> 废普贤存文殊，所证寂定是二乘。若废佛存文殊、普贤，佛是觉义，
> 无觉者故。以是义故，三人不可废一，若废一，三不成故。③

另外，大家普遍认为李通玄的"以易解华严"思想对澄观也有一定的影响。相对于其他华严宗的祖师，澄观在其著作中更多地使用了周易、

---

① （唐）澄观：《三圣圆融观门》，《大正藏》第45册，第671页上。
② 同上书，第671页中。
③ （唐）李通玄：《新华严经论》卷5，《大正藏》第36册，第747页中。

老子等概念来解释《华严经》，这应当也是受李通玄解经方法论的影响。当然，澄观强调"借其言而不取其义"，"言以虚静推于天地通于万物也，此之谓天乐，今借其言况父母之为阴阳之仪"①。其实，在李通玄的著作当中，尽管没有明确地表明借言而不取义，其用周易解华严的最终指向上，已经表现出这一点。在澄观的著作中，最明白表达他认同李通玄思想的是："别名义中后有以十向配于十度者，即北京李长者释意以名收之，亦有理在者。"②

（二）对宗密的影响

宗密被尊为华严五祖，但宗密所在的时代，禅宗势力鼎盛，大唱教外别传，与华严学等注重玄理之学派产生了深刻的矛盾，宗门竞争，教下互论，宗派之间的争论不绝如缕。宗密同时继嗣禅宗荷泽宗与华严宗，凭借其对华严教理的高深学养与对禅宗心性论的领悟，编《禅源诸诠集》，撰《禅源诸诠集都序》等，提出禅教一致说，试图消弭佛教界纷争不已的局面。关于李通玄对宗密的影响，没有可以直接提取的资料。不过，最为明显的是，李通玄的华严思想具有的实践性特质，对后世的禅宗产生了巨大的影响。

李通玄注重理事无碍的缘起观、"一真法界"思想，对宗密应该都有间接的影响。"一真法界"思想，至宗密时期，发展成为成熟的"一心四法界"说，成为了华严宗最为核心的思想理念之一。另外，李通玄注重理事无碍的华严哲学思想，注重顿悟的解脱论思想，对后世的禅宗都产生了巨大的影响。而顿悟思想本来就是禅宗的核心思想之一。因此，李通玄的这些思想有可能直接或间接地影响过宗密。这一点小岛岱山曾经写过一篇论文加以论述。但此论文未翻译为中文。"小岛岱山曾从一真法界的观点提出宗密虽是提倡禅教一致论的主要人物，但若追寻其思想渊源，则可上溯到李通玄。因为李通玄本身虽无禅教一致的主张，但在其华严教学里，确实存在着许多后代禅宗的思想特征。"③ 不过，洪梅珍认为此处的观点立论还稍嫌薄弱。因为没有直接的论据链，确实只能有一

---

① （唐）澄观：《大方广佛华严经随疏演义钞》卷90，《大正藏》第36册，第695页中。
② （唐）澄观：《大方广佛华严经随疏演义钞》卷47，《大正藏》第36册，第367页下。
③ 洪梅珍：《李通玄及其华严学之研究》，博士学位论文，高雄师范大学，2010年。

些间接的立论。另外一个间接的论据即是，约在百年后，针对五代时禅宗的种种弊端，永明延寿兼禅、教、净等多重身份，针砭时弊。永明延寿与宗密在融合禅教的观点上殊为一致。他主持编著的《宗镜录》百卷，其中多引用了李通玄的著述，说明李通玄的华严思想中，本身就有融合禅、教之基因，对宗密产生一定的影响也是有可能的。

（三）对华严宗其他人的影响

在宋代，李通玄的华严思想影响进一步扩大。华严宗人一般认为，长水子璿与晋水净源为华严宗的中兴者。《佛祖统纪》卷29记载：“法师净源，晋江杨氏。受《华严》于五台迁，学《合论》于横海明覃。”① 此说表明净源曾学习过李通玄的《华严经合论》。高丽王朝的义天于元祐初（公元86年）来华，追随净源学习华严学，与净源同时代的还有有诚法师，有诚法师讲《华严经》，颇受当时上层人士的欢迎。有诚法师与义天也有信件往来，有诚法师为其推荐净源。有诚法师兼讲《华严经》，在其讲录中明确地体现了受李通玄之影响。宋代张方平《请诚上人就东京左街万岁院讲华严经疏》中有一处细节表明，有诚法师受李通玄影响：“故十会说法，不离菩提之场；刹那成佛，无待僧祇之劫。”② 其中的“十会说法，不离菩提之场”以及顿悟刹那成佛说，“都带有明显的李通玄华严思想特点”③。因为只有李通玄提出了十处十会说，这点与法藏明显不同。顿悟成佛也是李通玄华严思想的显著特色。

另外，华严宗僧人戒环受李通玄影响非常深。《华严经要解》卷1记载：“戒环向以华严海藏汗漫难究，遂三复方山长者疏论。述总要叙，疏条经旨，稍辨端倪。……因取清凉国师纲要，与论校雠，别为斯解。以方山为正，清凉为助，洞究全藏才万八千言。庶几览者，无异剖大经于一尘，睹法界于弹指也。”④ 戒环以李通玄的华严思想为主导，以澄观的疏为辅进行研读，深觉对理解《华严经》的深奥意旨非常有帮助。

这是笔者目前总结出来的李通玄对华严宗的影响。从中可以看出，

---

① （宋）释志磬：《佛祖统纪》卷46，《大正藏》第49册，第294页上。

② （宋）张方平：《乐全集》卷34，《影印四库全书》1104册，台湾：台湾商务印书馆1986年版，第380页。

③ 李斯斌：《李通玄华严思想在宋代的影响》，《五台山研究》2018年2月，第14页。

④ （宋）戒环：《华严经要解》卷1，《卍新纂续藏》8册，第451页上。

李通玄的华严思想对华严宗本身的影响确实不算很大。笔者分析总结原因有二：李通玄本人一直被视为华严宗的异端，不是主流，因此，在华严宗内部，研究并传承其思想的人，也就不是很多。第二，华严宗在宗密之后本就逐渐趋于衰落，取而代之的是适合中国人特性，简洁直接的净土和禅宗。宗密为应对蓬勃发展的禅宗，提倡禅教融合的思想，其华严思想已经有比较强烈的禅化倾向了。李通玄在后世影响最大的，正是对禅宗的影响。

正如为霖道霈禅师评价李通玄的话："广论佛意会归自心，不唯是此经阃奥，实乃宗门之阃奥也。"① 陈永革先生也意识到这一点，在其著作《法藏评传》中有一小节关于法藏与李通玄华严思想的对比，指出李通玄对后世的影响力"似乎高出"法藏，尤其表现在后世禅僧对李通玄著作的引用频率明显高出法藏。以永明延寿为例，在其巨著《宗镜录》中，他引用李通玄语句有十多处，而引用法藏仅有一处。② 后世法门俊杰多归禅宗，李通玄思想对禅宗的影响，可以说是对整个中国佛教的影响。因此小岛氏所认为的李通玄的影响比其他华严祖师要"大"，也是有一定的道理的。当然，笔者认为，李通玄的影响用"深远、实际"这两个词来形容，更为贴切一些。

二　对禅宗的影响

李通玄的著作对后世的禅宗影响极大，甚至超过了对华严宗本身的影响。其原因在于李通玄在解经的过程中，以"根本智"的如来藏系思想为核心，注重"理事无二"的缘起观，注重从理体的角度来解释经典。解脱论是以"顿悟"思想为核心的"圆顿"观。再者就是将《华严经》中出现的事物和现象都与"心"联系在一起，从"心"的角度去解释，去观照，"配法观心"，万法归于心。这些思想都为后世禅宗提供了丰富的营养。对禅宗的影响，笔者在充分搜集资料的情况下，大致通过以下

① （清）太泉等录：《为霖禅师旅泊菴稿》卷3，《卍新纂续藏》72册，第695页上。
② 陈永革：《法藏评传》，南京大学出版社2006年版，第447页。这里需要注意的是，笔者自己也摘录过永明延寿对李通玄著作的引用，远不止十多处，有五十多处。（笔者目前统计为五十三处）

几个方面来论述:第一,对禅宗历史人物之影响。第二,对禅宗公案之影响。第三,通过阅读李通玄著作而开悟者。第四,对禅宗经典注解之影响。

(一) 对禅宗历史人物之影响

1. 永明延寿

受李通玄著作和思想影响比较大,并且其本人也对后世产生巨大影响的,应属永明延寿。永明延寿(公元904—975 年),余杭人。他在中国佛教史上具有非常重要的地位,既被认为是禅宗的祖师,也被认为是净土宗的六祖。其著作融通禅、华严、法华、天台、三论等各宗派教义,主张"祖佛同诠""禅教一体"。同时也因劝人念佛、誓愿修习、弘扬净土法门而被人称为净土宗六祖。永明大师以华严一乘圆教为理性,以灵妙一心为根源,以净土为归宿,身体力行,每天百八佛事,可以说为后世修学者的楷模。他的传世之作《宗镜录》,将禅宗、华严、天台、慈恩等宗的多家著作加以综合。其中的华严资料包括一些华严宗历代祖师的资料,更多的是李通玄的著作资料。据笔者初步的统计,有五十多处。李通玄的华严思想,本就具有实践性,与禅宗也有非常契合一致的地方。因此,作为禅宗的祖师,永明延寿多方引用其著作也就不足为奇了。永明所引李通玄之资料,多为涉及根本智、心性等方面的内容。而以易解华严,对延寿并未有太多影响。从此处也可以看出,李通玄华严思想对后世影响最大的,其实不是所谓的以易解华严等思想,而是其华严思想中的义理部分。永明延寿引用的李通玄的著作非常多,不能一一列举,仅举几处以为代表。

首先,李通玄以"根本智"为核心的华严哲学思想,宗承如来藏系与华严宗的观点,自然对永明延寿的思想有影响。永明延寿在其著作中多处引用李通玄的"根本智"这个概念,并认为"不成根本智,无成佛之期"[①]。又说得根本智,"证百法性";得后得智,"缘百法相"[②]。"一念随善根,少分见性。智慧现前,总是不离佛正觉根本智故。"[③] "以将此一

---

① (五代)永明延寿:《宗镜录》卷45,《大正藏》第48 册,第683 页上。

② 同上。

③ (五代)永明延寿:《宗镜录》卷13,《大正藏》第48 册,第487 页中。

切诸佛、一切众生根本智之体用门，与一切信心者作因果体用故。"① 引用处繁多，不再一一列举。

李通玄的"众生因根本智而倒，因根本智而起"的思想，永明延寿也是十分赞同的。"《华严论》云：一切众生迷根本智，而有世间苦乐法者……以分别故，痴爱随起"②，而李通玄根本智思想中的智体无性，所以随缘不觉而苦乐生的思想，对永明延寿也有很大的影响。"为智无性故，随缘不觉，苦乐业生。为智无性故，为苦所缠，方能自觉根本无性。众缘无性，万法自寂……"③ 永明延寿也非常赞同李通玄的"无明即根本智"的圆教理论，在论著中也多次引用李通玄关于无明与根本智之关系的语句。"所以《华严论》云：以无明住地烦恼，便为一切诸佛不动智。一切众生，皆自有之。只为智体，无性无依，不能自了，会缘方了。故知一切众生，皆是佛智……"④ 李通玄的根本智思想与其判教思想是紧密联系在一起的，既然根本智理论对永明延寿造成了巨大的影响，那么，其判教思想对永明也就有影响。"如《华严论》云……以少方便，疾得菩提。不同权教菩萨，同有为故，立能证、所证也。一念之间，无有能所。能所尽处，名为正觉。亦不同小乘，灭能所也。"⑤ 总之，李通玄的华严哲学思想对永明延寿的影响非常大，在其著作中多处引用。笔者仅选摘了几处比较有代表性的思想，列于此处，供读者参考。

第二，李通玄以顿悟为基础的解脱论对永明延寿的影响也非常大。在其著作中，永明也多次引用李通玄关于顿悟、顿证佛位的观点，以及位位中有佛果的观点。永明延寿认为，十住初位能够以无作三昧证得根本智，便能够体证到人的客尘烦恼是本无体性的，烦恼无明也不过是真心、真性的同体大用而已。因此，一旦能证悟到根本智，便一念相应即佛，即成正觉。"故《华严论》云：如将宝位，直授凡庸。如夜梦千秋，觉已随灭。……故知若一念决定信受者，不间刹那，便登觉位。"⑥ 正如

---

① （五代）永明延寿：《宗镜录》卷15，《大正藏》第48册，第498页上。
② （五代）永明延寿：《宗镜录》卷7，《大正藏》第48册，第454页中—454页下。
③ 同上书，第454页中。
④ （五代）永明延寿：《宗镜录》卷16，《大正藏》第48册，第499页中。
⑤ （五代）永明延寿：《宗镜录》卷5，《大正藏》第48册，第444页上。
⑥ （五代）永明延寿：《宗镜录》卷14，《大正藏》第48册，第493页中。

李通玄所说:"一念相应一念佛,一日相应一日佛。"① 用永明延寿自己的话说,此《宗镜录》将这些圆顿思想"前后皆悉微细委曲,一一直指示了。见即便见,不在意思。才信入时,理行俱备,终不更兴恶行,似有纤疑"②。李通玄顿悟论中的"法界无时"思想也对永明延寿有很大影响。他引用李通玄的智无中、边、表、里,三世则无所谓的长、短、远、近,无始三世之法,均为法界一心大智之印所印,总在一时。"《华严论》云:以一心大智之印,印无始三世,总在一时。无边诸法,智印咸遍。以智等诸佛故,以智等众生心故,以智等诸法故。以智无中边表里,三世长短近远故……"③ 永明延寿非常认可"一乘"说,希望佛子能够入此一乘法门,直至道场。此一乘门,初住便成正觉,十信终心便得不退。在李通玄看来,华严五位,位位中有佛果,永明延寿也非常认可此观点:"《华严论》云:若少见性者,亦得佛乘。如大海中一毫之渧,乃至多渧。一一渧中,皆得大海。如是菩萨五位之中,十位、十地,一一位内,皆有佛果。"④

第三,李通玄的众生心本具佛果的思想、"配法观心"思想,也对永明延寿有很大的影响。因为永明之思想以"心"为宗,万法归心,是以心为本的如来藏系哲学思想。李通玄以心为本,"配法观心"的思想,永明延寿是一定会借鉴的。"《华严论》云:宝洲在何处?即众生心是。若悟自心,即是最胜无所著处。离住相故,若心外立法,则随处生著。"⑤ 再如对李通玄神通的解释引用,则充分体现了"配法观心"思想对他的影响:"如《华严论》云:经云,入深禅定,得佛神通者。以心称理原,无出入体,无静乱体,无造作性,任理自真,不生不灭,理真智应。性自遍周,三世十方,一时普应。对现色身,随智应而化群品,而无来往,亦不变化,名佛神通。……"⑥

通过以上的论述可以看出,李通玄的判教思想,以"根本智"为中心的华严哲学思想,以顿悟思想为中心的解脱论以及以心为本、"配法观

---

① (五代)永明延寿:《宗镜录》卷23,《大正藏》第48册,第543页下。
② 同上。
③ (五代)永明延寿:《宗镜录》卷12,《大正藏》第48册,第481页下。
④ (五代)永明延寿:《宗镜录》卷14,《大正藏》第48册,第490页下。
⑤ (五代)永明延寿:《宗镜录》卷43,《大正藏》第48册,第669页下。
⑥ (五代)永明延寿:《宗镜录》卷15,《大正藏》第48册,第497页中—497页下。

心"等思想，都对永明延寿有非常大的影响。

除了《宗镜录》，在永明延寿的其他著作中，也多次引用李通玄的著作。如《心赋注》卷3中说："若于真心执有修有证，违背天真之佛故。若执无修无照，又失圆修。李长者论云，策修而至无修，方知万法无修。又云：忻寂不当，放逸还非，以有作者故。所以若执有滞空，皆不达自心一色一香中道之旨。"① 此段话也是李通玄的修行论对永明延寿的影响。不可执修，不可执无修。为不可执有、不可执空的中道观。

从中我们可以看出，李通玄对永明延寿思想的影响涉及方方面面。小岛岱山曾经提出过希望能够将李通玄的华严思想与永明延寿的思想进行一个翔实的对比，但此成果到目前还没有面世。笔者也希望能够在比较大篇幅内将两者进行更深层次的对比与研究，以挖掘李通玄对其思想的深度影响。

2. 普庵禅师

李通玄的著作对普庵禅师的影响也非常大。普庵禅师（公元1115—1169年），南宋袁州人，在汉传佛教的历史上，普庵禅师是以一位奇僧的面貌出现的。现流行于禅门日颂中的《普庵咒》，相传为普庵禅师所做。《普庵印肃禅师语录》中记载了普庵禅师读诵李通玄的《新华严经论》而开悟的故事。

> 一日诵《华严论》，至达本情忘，知心体合，豁然大悟，徧体汗流。廼曰："我今亲契华严法界矣！"遂示众曰："李公长者，于《华严》大经之首，痛下一槌，击碎三千大千世界，如汤消雪，不留毫发许。于后进者，作得滞碍。普菴老人一见，不觉吞却五千四十八卷，化成一气，充塞虚空。方信释迦老子，出气不得之句。然后破一微尘，出此《华严经》，徧含法界，无理不收，无法不贯。便见摩耶夫人，是我身。弥勒楼台，是我体。善财童子，是甚茄子。文殊普贤，与我同参。不动道场，徧周法界。悲涕欢喜，踊跃无量。大似死中得活，如梦忽醒。"②

---

① （五代）永明延寿：《心赋注》卷3，《卍新纂续藏》63册，第126页中。
② （南宋）普庵：《普菴印肃禅师语录》卷1，《卍新纂续藏》69册，第370页上—370页中。

普庵禅师通过阅读李通玄的著作而悟道，说明李通玄的著作当中所蕴含的深刻的圆顿教的义理，所体现的与修学实践相关的精神，在后世产生了巨大的影响。阅读经典开悟，一定是经典本身非常具有理论和实践方面的意义和价值，所论述的内容，与经契合，不离经义。这样的理论，才具有实践的价值。普庵禅师阅读李通玄著作触发机缘后，认为自己的悟境为"击碎三千大千世界"而亲见法界，法界一相、平等无二。所以才会有善财是"甚茄子"，文殊、普贤与我同参之感。这正是开悟禅师的洒脱与气魄。在禅宗史上，读李通玄著作开悟之人并非只有此一人，还有多人通过阅读李长者著作而开悟，后面会进行部分论述。

3. 张商英

李通玄的著作对另外一个禅宗史上非常重要的人也产生了巨大的影响，即张商英。《佛祖统纪》当中记载，张商英游五台山，中夜见文殊大士在金色光明之中。后来在寿阳，至方山昭化院，即李通玄造论的地方，在已经破败的屋子当中，得到李通玄的著作《华严经决疑论》，顿时解决了张商英的诸多疑惑。于是他便为李长者立像。从这段略带神异色彩的记录中可以看出，张商英思想受李通玄的影响也非常大。李通玄的著作为其解决了很多疑惑，由此，他对李通玄的著作非常推崇。在《文殊指南图赞》中，他为佛国禅师的《文殊指南图》写序言，其中将李通玄、澄观、龙树并举，认为他们是解释《华严经》最为值得称道的几家。当然，因为是为佛国禅师写序，将佛国禅师也并列于此。"华严性海，纳香水之百川；法界义天，森宝光之万像。……李长者《合论》四十轴，观国师《疏钞》一百卷，龙树尊者二十万偈，佛国禅师五十四赞。四家之说学者所宗，若乃撮大经之要枢。举法界之纲目，标知识之仪相，述善财之悟门。人境交参，事理俱显，则意详文简。其图赞乎！信受奉行，为之序引。"① 另外，宋朝慧洪与张商英合著的《法华经合论》中，尽管此论为关于《法华经》的注解，但是依然大量引用了李通玄的著作内容，可见其对李通玄著作及思想的推崇。内容众多，不再一一引用。

李通玄的著作所影响之人，并非只有此三人，李通玄的著作对明末四大高僧都有不小的影响。对紫柏真可的影响，在前已经有所提及，对

---

① （宋）张商英：《文殊指南图赞》卷 1，《大正藏》第 45 册，第 793 页上。

蕅益、憨山等，也曾受李通玄的著作影响，在这里不一一论述。

（二）对禅宗公案的影响

李通玄对禅宗的影响，还体现在他对禅宗公案的影响。在宋以及宋以后的禅宗公案中，多次提及李通玄及其著作。禅宗公案中的"公案"，原意指官府用以判断是非的案牍。后来转为禅宗用语，指禅宗祖师接引参禅学徒时，以语言、机锋问答的方式，破除学人之执着，从而超越情识知见，使学人言下证悟，最终达到佛门所追求的超越生死、解脱烦恼的目的的范例。禅宗公案并不是个人知见上的主观臆测，也并非依文解义的附会，而是禅宗修学实践智慧的总结。一些禅宗公案被记录流传下来，成为后人借以勘验悟境、勘验知见的尺度和标准。

在宋代的禅宗公案中，最值得一提的应当为《佛果圆悟禅师碧岩录》。圆悟克勤（公元 1063—1135 年），北宋崇宁县人。圆悟克勤禅师在禅宗中的地位极高，宋徽宗时曾赐号"佛果禅师"，南宋高宗赐号"圆悟禅师"。圆悟克勤的《碧岩录》在禅门中享有极高的声誉，有"禅门第一书"之称。后来此书逐渐成为禅宗中的经典，也成为学习禅宗的人所必读的书目之一。在《碧岩录》卷 3 中记载了"李长者打葛藤"的公案，"葛藤"，在禅宗中用来比喻束缚、误导人的思维、言语等，指缠缚学人的见解、使人执着不舍的思维和妄想。"打葛藤"意味着斩断这些缠缚、妄想，有痛快直接的含义在其中。李通玄著作当中的一些语言，被当作了能够斩断学人妄想，直探本原的工具。

自后李长者打葛藤，打得好。道妙峰孤顶，是一味平等法门。一一皆真，一一皆全。向无得无失、无是无非处独露。所以善财不见，到称性处。如眼不自见，耳不自闻，指不自触。如刀不自割，火不自烧，水不自洗。到这里，教中大有老婆相为处。所以放一线道，于第二义门，立宾立主，立机境立问答。所以道，诸佛不出世，亦无有涅槃。方便度众生，故现如斯事。且道毕竟作么生，免得镜清雪窦怎么道去。当时不能拍拍相应，所以尽大地人髑髅遍野。镜清怎么证将来，那两个怎么用将来。①

---

① （宋）圆悟克勤：《佛果圆悟禅师碧岩录》卷 3，《大正藏》第 48 册，第 164 页下。

这段公案中，禅师使用了很多禅宗所特有的机锋转语，让学人凭借自己所证悟的境界来回答一些犀利的、常人所不能理解的问题。其中多处提到李通玄著作当中的一些观点，以作为斩断学人妄想的利剑，如一味平等法门的"妙峰孤顶""一一皆真""善财不见，到称性处""诸佛不出世，亦无有涅槃"等。可见李通玄华严思想中的圆顿观点，对禅宗学人勘验见地、打破妄念均有十分重要的作用。

大慧宗杲（公元1089—1163年）禅师，也经常在其公案著作中提到李长者。大慧宗杲，宋代宣州宁国人，临济宗禅师，字昙晦，号妙喜，又号云门。大慧宗杲禅师曾经参学于圆悟克勤，因此，后人也多认为他是圆悟克勤的弟子。大慧宗杲禅师也被后人视为禅门硕德。在他的语录、公案中，也多次提到李通玄之著作。

> 恶念既不生，善念常相续。诸波罗蜜门，一切自具足。孙通判请普说。师云："说法不应时，总是非时语。所以道，未离兜率，已降王宫，未出母胎，度人已毕。李长者著《华严论》乃云：'此经决定是佛成道十日后说。'初于正觉山前，从定而起，因见明星，忽然悟道，便见自己本来面目。……盖为他见彻释迦老子骨髓，所以取之左右逢其源。佛初生下，一手指天，一手指地，云天上天下，唯我独尊。……"①

宗杲禅师认为，智者所说的"灵山一会，俨然未散"，并不是一种表法性的说辞，而是真实证入法界实相者所亲证、亲见，是亲证大乘三昧者之境界。因此，如同李通玄著作所说的，佛陀并未从兜率天降生母胎，但已经度化众生完毕，以说明时间、空间的虚妄性。他引用李通玄最著名的一句话"无边刹境，自他不隔于毫端。十世古今，始终不离于当念"②来说明这种证悟境界。大慧宗杲禅师在《大慧普觉禅师宗门武库》中赞叹李通玄的论著："如李长者《论》，入华严法界，词分句解，皎如

---

① （宋）蕴闻编：《大慧普觉禅师语录》卷18，《大正藏》第47册，第887页下—888页上。

② （宋）蕴闻编：《大慧普觉禅师语录》卷23，《大正藏》第47册，第907上。

日星，泮然无疑。若非亲遇了缘，安能如此。"① 表明大慧宗杲禅师对李通玄的极度认可。

宋代祖琇所撰的《隆兴编年通论》中，也记载着要求禅宗学人深入学习《新华严经论》《涅槃经》《百门义海》等经论，认为这些论著能够帮助学人证入禅宗所向往的境界。此处，李通玄的著作已经成为了禅宗学人的必读书目。

宋代《万松老人评唱天童觉和尚颂古从容庵录》卷 3 中记载了另外一位与大慧宗杲禅师齐名的宏智正觉禅师（公元 1091—1157 年）与李通玄有关的一段公案。宏智正觉，隰州人，系属曹洞宗，为默照禅创始人。后来居于浙江天童寺（天童山景德禅寺），在此中兴曹洞宗，因此又被称为"天童正觉"。弟子将其著作收录为《宏智正觉禅师广录》。

> 师举，僧问云庵："《华严论》以无明住地烦恼，便为一切诸佛不动智。理极深玄，绝难晓达。"庵曰："此最分明，易可了解。"时有童子方扫除，呼之回首。庵指曰："不是不动智。仰山召僧回首，正是这个时节。"云庵却问："如何是汝佛性？"童左右视，惘然而去。庵曰："不是住地烦恼。若能了之，即今成佛。"童子惘然。与拟议，不别无明住地烦恼，业识茫茫亦同。云庵、仰山勘僧验人，克的如此。万松见处即不然，童子与僧彻底皆不动智。云庵仰峤，从头业识茫茫，若人辨得，亲见天童。颂云：
> 一唤回头识我不（真白拈贼有甚难见）
> 依俙萝月又成钩（藏身露影）
> 千金之子才流落
> 漠漠穷途有许愁（小器不大量）②

这段公案记载了李通玄最为难懂、最为圆顿的"无明即根本智"哲学思想对后世禅宗的影响。有人认为这句话所蕴含的道理，深彻圆达，

---

① （宋）道谦编：《大慧普觉禅师宗门武库》卷 1，《大正藏》第 47 册，第 953 页上。
② （宋）正觉、行称：《万松老人评唱天童觉和尚颂古从容庵录》卷 3，《大正藏》第 48 册，第 252 页上。

实在太难以彻底明了，于是询问云庵禅师。云庵禅师却认为此句话所蕴含的道理就在平常日用中，最易明了。仰山与云庵以此勘验僧人对不动智与住地烦恼的体认。唤童子回首。万松禅师在明了后认为，童子与僧人本来皆是不动智。并认为若能明白此道理，则亲见天童（指真大善知识）。可见，在李通玄的华严思想中，有很多道理都能够直接提取出来，以供学人进行见地勘验以及实际的修证。

在明朝，李通玄著作的影响力更加广泛，在著名的禅宗灯录传《指月录》中，多处提到李通玄的著作。《指月录》，全称《水月斋指月录》，明万历间瞿汝稷编撰。全书记述禅宗传承 600 多人的言行事迹、机缘语句。上至过去七佛、祖师，下至宋大慧宗杲止，收录禅宗公案 1700 余则，问世以来十分流行，被后世认为是参禅悟道不可不读的经典语录。录中搜集多处李通玄的语录，在此列举一二。

> 妙喜云："智者悟旋陀罗三昧，见灵山一会，俨然未散，或者谓之表法。"惟无尽居士，阅《首楞严经》，至是人始获金刚心中处。忽思智者，当时所证，见灵山一会，俨然未散，非表法也。尝语余曰："当真证入时，全身住在金刚心中。李长者所谓：'无边刹境，自他不隔于毫端；十世古今，始终不离于当念。'智者见灵山一会，俨然未散，惟证是三昧者，不待引喻。默默自点头矣。"又曰："而今未获旋陀罗尼者，还见灵山一会否？若见，以何为证。若不见，是真精进，是名真法，供养如来。只恁么念过，却成剩法矣！"①

《庐山天然禅师语录》中记载：

> 元旦，小参。夜来绳床上才靠着，便见枣柏通玄长者、清凉澄观国师二人，论列《杂华》宗旨。一个说道，此经圆融，直授大心。凡夫十信满心，入初住即与佛齐。一位具一切位，无有古今、岁月时劫。凡夫一念相应即一念佛，若无大心凡夫，佛种应断。一个说道，《杂华》虽以圆融为宗，不碍行布。一位实有一位中消习证真之

---

① （明）瞿汝稷集：《指月录》卷 2，《卍新纂续藏》第 83 册，第 420 页上。

验。众生根欲不齐，恃此乾慧，终成邪见。《问明品》所谓何故受持
正法，而贪、嗔、痴、谄、慢、疑，种种具足？将知此事，非但多
闻，而能究竟。二人争论不已。老僧从旁窥破，各与拄杖，一齐喝
出。正在闹时，直夜侍者，大叫小叫。说道："今日元旦，请老和尚
早起礼佛。"张开眼，始知适来，行棒行喝，总是梦事。蓦竖竹箆
子，呵呵大笑云："诸人谛观老僧，即今还醒也未。"复示偈："太虚
无欠亦无余，万象森罗自卷舒。个里成忻复成厌，一回瞥地亦
蹰躇。"①

这个公案中，透漏出几点信息。第一，在后人参学的经典中，李通
玄的论著经常是与澄观的论著并列的，都是学人所需学习的华严论典。
第二，有人对李通玄的"大心直指""十信满心便得不退""十住初心便
成正觉"的说法提出质疑，认为过于圆顿，恐学人只有乾慧，而贪嗔痴
等烦恼未断，落入狂慢之中。另外一人则非常推崇李通玄的这种说法，
认为其圆融无碍。在吵闹中，有人因此而顿悟。

总之，李通玄的华严思想在明朝的禅宗公案、语录中出现甚多，如
《雪峤信禅师语录》《无异元来禅师广录》等禅宗讲录中，都出现过李通
玄的很多公案，不再一一列举。

在清朝，最有代表性的引用李通玄著作的是雍正的《御选语录》。雍
正，清世宗（公元 1678—1735 年），素以"人王兼法王"著称，对禅宗
也颇有研究。《御选语录》为雍正遴选的可供学人参究学习、直指真实的
语录编辑而成。在《御选语录》中记载着法眼文益禅师语录，其中有与
李通玄相关之资料。

上堂，大众久立。乃谓之曰："诸人各曾看《还源观》《百门义
海》《华严论》《涅槃经》，诸多策子。阿那个教中有这个时节，若
有，试举看。莫是恁么经里有恁么语，是此时节么，有甚么交涉？
所以道，微言滞于心首，尝为缘虑之场。实际居于目前，翻为名相

① （明）函昰说，今辩重编：《庐山天然禅师语录》卷 3，《嘉兴藏》第 38 册，第 141 页
下。

之境。又作么生得翻去。若也翻去，又作么生得正去。还会么？莫
祇恁么念策子，有甚么用处。"①

　　这段语录中，《修华严奥旨妄尽还源观》《华严经义海百门》为法藏
之著作，《华严论》为李通玄之著作，《涅槃经》为佛所讲经典，并列于
此，说明在后世禅宗人的概念体系中，李通玄的著作与法藏的著作，并
没有本质上的区别，都是可供后人学习、研究的经典。并没有说华严教
内与教外之区别，也并无高下之别。

　　在《宗统编年》中，记载了一位千松禅师，历尽艰难，参访诸家，
还是未能遇到与之相契的明师。后以宗教的方式进行祈祷，遇到万松禅
师，但是学习了十多年，依然无所悟入。后偶尔通过阅读《楞严经》与
李通玄的《新华严经论》，得以悟入，并得到万松禅师的认可。

　　　　一日阅《楞严经》，至清净本然，云何忽生山河大地。恍若云散
　　长空，寒蟾独朗。呈偈，松颔之。松住双径，得为众负米缚薪，不
　　惮艰苦。独行朴薮间，遇虎横踞，得卓锡正立，虎俛首避去，时咸
　　异之。适览枣栢《合论》，至十地品，午夜隐几而坐，梦游兜罗绵世
　　界，阐《华严》奥旨，至于结座。乃说偈曰："从本已来无，今日何
　　曾有，一毛头上见，虚空笑开口。"喝一喝，痼白松，松抚之。松寂
　　后，悬铛守塔者，千有余日。乃子身趋凌霄峯，结茅孤坐。衣草食
　　木，苦行精研。②

　　此公案讲述了千松禅师通过阅读《楞严经》和李通玄的《华严经合
论》有所领悟，梦阅《华严经》而开悟的事迹。从中可以窥见，李通玄
的著作对后世禅宗的影响确实是极其巨大的。尤其是在宋朝、明朝以及
清朝，其思想广泛流布，成为禅宗学人所必修的经典，也成为禅宗人士
参学、证悟所不能绕开的内容。或者有人通过学习李通玄的著作而开悟，
或者有人以李通玄的语录为教学的机锋转语。甚至更进一步，李通玄的

---

①　（清）雍正：《御选语录》卷15，《卍新纂续藏》第68册，第634页下。
②　（清）纪荫编：《宗统编年》卷30，《卍新纂续藏》第86册，第286页上—286页中。

著作成为注解其他经典所要引用的内容。

（三）注解禅宗经典

李通玄的思想对禅宗的影响还表现在其著作在后世多成为注解禅宗经典所需要引用的内容。宋代德洪禅师所造《楞严经合论》，其中多处引用李通玄著作的内容，作为注解《楞严经》的注脚。在《楞严经》中，富楼那尊者向佛陀请教几个极为重要的问题，即世间一切皆是如来藏之清净本然，因何会忽然生出山河大地？我与如来同具妙明真心，同样地圆满无缺，却为何会有无明妄想遮蔽此妙明真心？再者，无始无明是从什么时候开始有的？我们经过无量劫的修行，断除无明，成就佛果，那么还会不会再起无明？德洪禅师用李通玄的论著来解释此问题。如"枣柏曰：'有始有终者，如人于少时间，梦见无量劫，忽然梦觉，所有梦中时，无量劫数，并不可得，始之与终，亦复如是。'富楼那方在梦中，然梦以忆想独影力故，妄见种种山河世界；以无明力故，幻成三支。"① 非常清晰明了地解释了所谓的始终为人之妄见，一旦梦觉，时空皆幻像，更无所谓始终。另外还有多处引用，不再一一列举。

唐丹霞天然的《楞严经直指》，元代惟则禅师会解的《楞严经圆通疏》，明代曾凤仪的《楞严经宗通》，清代钱谦益的《楞严经疏解蒙钞》都曾经引用李通玄的著作为《楞严经》做注。钱谦益还对长水子睿和温陵禅师有一个评价，认为此二人分别代表着澄观和李通玄思想的承继。"温陵宝胜禅师《戒环要解》十卷……深悟玄理。《法华》、《华严》、《楞严》，皆有新解……词畅理诣，披文见经，如指诸掌。长水由禅综教，能用文字解脱，故其宗趣深。温陵用禅判教，主于解脱文字，故其宗趣捷。在华严宗中，长水远绍清凉，温陵别承枣柏，斯其所以别与。"② 温陵禅师以华严教外别传而传承李通玄的思想，因此宗趣捷，即直接明了之义。

也有人用李通玄的著作注解《金刚经》，如明代圆杲的《金刚经音释直解》中，解释《金刚经》中所说的众生非众生、非不众生之意，用李通玄的一切众生本来成佛之说解释；《金刚三昧经通宗记》中也引用了李通玄的论著；也有人用李通玄的著作来注解《楞伽经》；天台宗的《四教

---

① （宋）德洪：《楞严经合论》卷4，《卍新纂续藏》第12册，第60页上。

② （清）钱谦益：《楞严经疏解蒙钞》卷1，《卍新纂续藏》第13册，第84页上。

仪注汇补辅宏记》也引用了李通玄的顿教说和配法观心思想。相关例子为数众多，不再一一列举。可见，李通玄著作中的话语和思想，很多成为后世注解经文所引用的经典来源。李通玄著作中的实践性、会归自心、痛快直截的特征，使得他的思想更加为禅宗人所接受。所以，就后世的实际影响来说，李通玄的确是超越了过于玄学化与理论化的华严宗著作的。

三　李通玄思想与净土

李通玄在解经过程中，偏重于会归自心，偏重于从理体着眼，在解脱论上为"圆中顿"，这些特质决定了他的思想必然对禅宗的影响最大。同样地，他的这种解经风格，也决定了他在后世的净土宗当中，会有不同的评价。净土宗自东晋庐山慧远在东林寺建立莲社开始，后经唐代善导大师的倡导与推动，宗风开始发扬光大。发展至明末，净土宗可以说已发展至高峰。关于李通玄思想与净土之间的关联，以明代后的观点为主。明代四大高僧对净土宗多少都会有所推崇，提倡净土影响力最大的两位即云栖袾宏与蕅益智旭。

云栖袾宏（公元 1535—1615 年），俗姓沈，名袾宏，别号莲池。与紫柏真可、憨山德清、蕅益智旭并称为明代四大高僧。为明末弘扬净土的高僧。云栖袾宏在其著作中也有几处提到李通玄的著作。作为净土宗的高僧，他肯定会对李通玄的净土见解提出批评。李通玄无论是在判教思想中，还是在后来的论述中，涉及净土思想，其所论述的角度，都是偏重于从胜义谛、从理体的角度着眼，或者说，从"一真法界"的角度着眼。因此，对于一般的净土思想，李通玄一贯的看法，认为是权且施设的权教。李通玄认为，净土思想是佛为了三乘劣解众生，随其根性而权且施设的说法，此方是秽土，他方是净土，有净有秽的二元对立，即为一种执着。乐生净土的菩萨，李通玄也将其判为权教三乘菩萨。三乘权教菩萨认为有净土、秽土之别，此处佛、他处佛之分，都是源于没有证悟无明即根本智这一圆教义理而产生的邪见。李通玄将大乘经典中所讲的净土分为十种：《阿弥陀经》净土、《无量寿观经》净土、《维摩经》净土、《梵网经》净土、摩醯首罗天净土、《涅槃经》中所指净土、《法华经》中三变净土、灵山会所指净土、唯心净土以及毗卢遮那净土。他认为，其他净土均属权说，真正实说的净土是毗卢遮那净土。

> 第十毗卢遮那所居净土者，即十佛刹微尘数莲华藏佛国土。总含净秽，无秽无净，无有上下、彼此、自他之相，一一佛土，皆充法界，无相障隔。……以法为界，不限边际。相海纯杂，色像重重，此为实报，非是权收。①

李通玄这种关于净土的说法，对于净土宗来说肯定是不能接受的。净土宗的念佛法门是依照《阿弥陀经》与《无量寿观经》等经典，心无旁骛念佛，以期能够往生到西方净土。净土宗认为，只有借助于他力，往生到净土，才能够保证修行的安全性，才不至于因为遇到种种恶缘而退失菩提心。尤其是作为障碍深重的凡夫，如果不往生净土，简直绝无解脱之希望。因此，作为净土宗的祖师，云栖袾宏曾经对李通玄的这种说法给予过批判，他将净土分为四种：寂光土、受用土、变化土、方便同居土。他认为李通玄对净土权实的划分是不够准确的。

> 则极乐者，虽当变化，亦可受用及法性也。十种土者，枣柏所分十种权实，虽极乐是权非实，然是且据权实对待，分别言耳。若论随机，权实无定。所以者何，彼云弥陀佛土，为一分取相凡夫，未信法空实理。以专忆念，其心分净，得生净土，是权非实。则知就取相者，非就入理者。若理一心，即权即实，故云无定。②

他认为，李通玄所说的净土权实之分，是应当分别而言的。说权说实，并没有一定之规。对取像的凡夫而言，不能相信，也不能证悟法空之理，认净土为实，专心忆念以求往生，确实可以说是权教。而对于能够证入法身理体者，则权则实，是没有定论的。同时，袾宏作为净土宗的祖师、典型代表，在对待修学问题上的态度是十分谨慎的。他认为一乘圆教的佛乘并不切合实际，也容易使人流于疏狂。他的弟子广润在

① （唐）李通玄：《新华严经论》卷6，《大正藏》第36册，第759下—760页上。
② （明）袾宏：《阿弥陀经疏钞》卷2，《卍新纂续藏》第22册，第634页中。

《云栖法汇（选录）》中记载了袾宏关于李通玄与净土问题的一些看法：

> 唐沙门道宣兼通三藏，而精于持律，序《法华》弘传，世世宗之，宣谓持律小乘之学也，不许称为大乘师。枣柏长者誓宏佛乘，然未始一语及单传心要。洪觉范曰："宣公甘以小乘自居，竟能为百世师者。"……师居恒常，诫学人曰："盖净土一门，乃十方如来之所共赞。而天台永明诸大宗匠，咸愿往生，有不信者，非吾徒也。"①

明末另外一位弘扬净土的高僧蕅益智旭，也对李通玄关于净土的看法提出同样的观点。蕅益（公元1599—1655年），别号八不道人，苏州人。为净土宗第九祖。李通玄的著作在明末已经具有非常大的影响力了，又由于李通玄认净土为权教的看法，使得净土宗人不得不认真面对李通玄在其著作中所提出的关于净土问题的说法。在《灵峰蕅益大师宗论》卷3中，就有人问蕅益大师关于李通玄对净土问题的说法。

> 问："枣柏言：'华严一乘大道，非往生菩萨境界。'何故华严长子，十愿导归极乐邪？"
> 答："净土竖该横遍，寂光惟佛土，实报乃法身大士所居，方便摄三乘权位，同居则凡夫皆与。《合论》指大心凡夫，回心罗汉，出五浊，生同居、方便二净土，未悟毗卢性海，入因陀罗网法界也。普贤十愿导归极乐，正不思议解脱境界。彻果彻因，通凡通圣。圣全法界入一尘，凡从一尘通法界。枣柏但言一乘大道，非往生菩萨境界，不谓往生菩萨，非一乘大道法门也。若云华藏大，极乐小，大小之见未忘，未梦华严法界在。"②

蕅益认为，净土只有寂光净土为法身大士所居。他认为李通玄《华严经合论》中所指的大心凡夫的净土只是方便土。而普贤十大愿所指出

---

① （明）广润：《云栖法汇（选录）（第12卷—第25卷）》卷25，《嘉兴藏》第33册，第200页中。

② （明）蕅益：《灵峰蕅益大师宗论》卷3，《嘉兴藏》第36册，第300页下。

的导归极乐，才是真正不可思议的解脱境界，才是因果相彻、深入华严
性海的无上法门。从这段问答，可以看出李通玄对于净土问题看法的两
个内在原因。

第一，即李通玄一贯的会归自心，强调理体的原因。李通玄认净土
非实是指一般凡夫所执着的有相净土而言，就此方面来说，净土确实可
说是权非实。如果说净土宗祖师将净土法门不断地深入、扩展，使得净
土法门上下涵容，有寂光净土、实报土等说，直至最后发展成为圆融无
碍的圆教法门，这些其实不在李通玄的讨论范围内。他也没有机会读后
世净土这方面的论著。第二，即李通玄在注解《华严经》时，《四十华
严》还没有翻译过来，当时还没有单独的《普贤行愿品》流通，也就没
有普贤菩萨十大愿王最终导归极乐的说法出现。因此，李通玄在其著述
中没有强调西方净土，也是非常合情合理的。这一点，净土学人已经有
所注意了。清代彭际清在其《华严念佛三昧论》卷1中说：

> 且当枣栢著论时，《行愿》全品未至此方。故于他方净土，辄生
> 别异。此品全出，必待此论，而义始完。[1]

正是因为有了这点认识，彭际清对李通玄的评价也就与明末高僧有
所不同了。彭际清认为，李通玄之所以认为华严不是往生菩萨的境界，
是因为要显示出他所认为的一乘圆教的殊胜之处。《普贤行愿品》中的导
归西方，则是为了摄持无量乘人。李通玄之所以处处强调圆顿之教，是
为了摄化大心凡夫能够顿入华严所提倡的最高境界——华藏境界。普贤
则是为了普化三根。但大心难发，西方净土却相对来说比较容易。因此，
二者就旨归来说，并无不同，因此不能说李通玄的净土论是错误的，同
时他也认为，莲池大师不应当对李通玄的净土论加以非议。对于此点，
明朝的无异元来禅师也持同样的看法。

有学人问无异元来禅师，李通玄所说的华严一乘法门，非往生菩萨
的境界可以达到。为什么《华严经》中却以十大愿王导归极乐？李通玄
论著的宗旨与十大行愿不符，如何解决其中的矛盾呢？此学人同时也认

---

① （清）彭际清：《华严念佛三昧论》卷1，《卍新纂续藏》第58册，第713页下。

为，即使袾宏以导轨极乐之文拈出，也不能完全否认李通玄。"当知枣柏未易轻诋，今欲和会两义。"[1] 因此询问无异元来禅师，究竟怎样看待这个问题。禅师之回答，笔者认为是调和李通玄的华严一乘说与净土宗之间矛盾的最好注脚。

> 枣柏谓《华严》非往生菩萨境界，为显一乘，不妨抑彼扬此。普贤导归极乐，正谓摄无量乘故。枣柏为化大心凡夫，顿入华藏故。普贤是华藏中菩萨，以十愿导归极乐者，为三根普利故。如观方入一隅，则十方普现故。良以大心难发，极乐易生。究竟旨归，彼此符合。以此则知枣柏，原非错误。云栖安得以是为非耶?[2]

第三节　李通玄的华严思想对居士佛教的影响及其现代意义

以上笔者论述了李通玄著作的流传，其思想对华严、禅宗、净土等宗派的影响。另外一个值得单独论述的即是李通玄的思想对居士佛教的影响。李通玄以在家居士的身份，在后世位列祖位，其著作被各个宗派都奉为祖典加以研究和学习，无疑是居士佛教的一个典型代表，所以笔者也从这个角度对李通玄思想的影响进行一个梳理。

一　居士佛教简述

根据潘桂明先生的《居士佛教源流谈》中讲，居士一词的梵文为grha-pati，巴利语 gaha-pati。音译为迦罗越，长者之意。在原始佛教中，居士最初是指四种姓中的"吠舍种姓"。"此种姓主要从事手工业和商业活动，他们中的一部分随着经济地位的上升而日益受到社会的重视。这样，居士的概念也就与财富、地位等有了必然的联系。释迦时代，凡聚集财富、享有地位的，通称为长者，因此，居士与长者具有共同的内涵；

---

① （明）弘瀚汇编：《无异元来禅师广录》卷24，《卍新纂续藏》第72册，第300页上。
② 同上。

或者可以说，居士即导源于长者。"① 在人乘佛教时期，居士又称"白衣居士"，内涵和外延均发生了变化，其概念不再与种姓与财富联系在一起，而是指"居舍之士"，与婆罗门相对。这样，居士一词的社会基础不断扩大，有了更广泛的指代。佛教传入中国后，居士这一概念，得到了更广泛的应用。最初，居士也是与有一定的财富、地位的在家人联系在一起，随着社会的发展，渐渐有了更广泛的指称："既可指一般隐居不仕之士，又可指佛教居家修行人士，还可指所有非出家学佛人士。"② 潘桂明先生也指出，居士一词还可以从更宽泛的范围来定义，凡是没有出家的人，只要不对佛教构成危害，没有站在其对立面，没有皈依其他宗教，均可视为居士。有居士，自然也就有以这个群体为核心的"居士佛教"。居士佛教绝非指传统佛教之外独立的一种，而是泛指居士的佛教信仰、佛教思想和佛教修行活动。居士佛教与以僧伽为中心的佛教一体不二，居士在护法活动之外，进行种种正常的佛教活动，本即是其中应有之意。大乘的居士佛教与大乘菩萨精神紧密地联系在一起，"中国古代的社会特点和人文背景提供了大乘居士佛教繁荣的基本条件，而各类居士的护法活动、物质供施、参禅求道、学术参与等构成了中国居士佛教的主要内容"③。

李通玄注解新译的 80 卷《华严经》，其自身的学养就是《华严经》所代表的大乘菩萨精神的很好例证。《华严经》为讲述因圆果满、法界性海重重无尽的一乘圆满之教，突出了菩萨修行的路径与阶位。可以说，此经的主要内容就是讲述菩萨如何通过华严五位的修行而达到最终的一乘佛果。这其中的菩萨，包括出家人与在家人。按照李通玄对修行五位的判别，十住位以出世为主，十住位后的十行、十回向、十地均是要回真入俗，在人间、在红尘浊世中磨炼菩萨偏出世的习气，增广慈悲之心，最终达到真俗不二的圆融无碍之境。在《华严经》的《入法界品》中，作为"表法之首"的善财童子，参访 53 员善知识，这 53 位善知识当中，多一半的善知识均为在家身份，包括非人间的天、神，也包括人

---

① 潘桂明：《居士佛教源流谈》，《佛教文化》2000 年第 Z2 期，第 72 页。
② 同上。
③ 同上，第 71 页。

世间的大王、长者、婆罗门、优婆塞、优婆夷、童子、童女、医生、船师、调香师，甚至包括外道、妓女等各种阶层、各种身份的人。此中所代表的正是大乘的世间出世间不二，烦恼涅槃不二，世俗即是法界实相的圆满教义。所以，李通玄以在家居士身份注解《华严经》，其著作千古流传，本身即是菩萨行的楷模，值得后人认真学习。

二　李通玄对历史上著名居士的影响

李通玄的华严思想影响过历史上很多著名的大居士，这是李通玄对居士佛教影响的重要表现。首先要提出的即是张商英，张商英是禅宗史上著名的居士，在前面已经有所论述。张商英号无尽居士，据载其"长身伟然，姿采如峙玉。负气倜傥，豪视一世"①，为人中直，颇有政绩，宣和四年（公元1122年）逝世，谥号"文忠"，曾先后任过监察御史、刑部侍郎、翰林学士等职，后继蔡京为相。他崇尚佛教，尤其喜好禅宗，仰从悦禅师，颇有所得。著有《护法论》一卷，申明佛教至理，破斥欧阳修、韩愈、程伊川等人排斥佛教的言论，融合三教，广论佛意，嘉惠当世及后世的学人。张商英受李通玄的影响很大，前面提到，《佛祖统纪》中载，张商英游五台，在寿阳的方山昭化院，即李通玄造论的地方，得到李通玄的著作《华严经决疑论》，顿时解决了诸多疑惑，于是他为李长者立像。他为《文殊指南图》写序言，其中将李通玄、澄观、龙树并举，认为他们同为解释《华严经》的翘楚。慧洪与张商英合著的《法华经合论》中大量引用了李通玄著作的内容，可见李通玄对其思想的影响。

另外一位即是明朝的李贽。李贽，号卓吾，别号温陵居士。是明代著名的思想家、文学家，在后世享有盛名。李贽一生身世比较传奇，个性离经叛道，提倡人性的自由与解放，较适合现代人的思维方式。但在古代的以礼教治理社会的时期，他的思想就有些过于离经叛道了，因此最后被捕入狱。他担任过共城教谕、南京国子监博士、礼部司务。隆庆四年（公元1570年），任南京刑部员外郎，万历五年（公元1577年）任云南姚安知府，三年后辞官，至湖广一带讲学。他公开以"异端"自居，终生反对礼教、抨击虚伪的道学。他认为儒家典籍并非"万世之至论"，

---

① （元）脱脱撰：《宋史·张商英传》，中华书局1985年版，第34册，第11095页。

特别提出以孔子之论为绝对真理是非常错误的，是不可取的。这些思想在今天看来，是十分合理而且理所当然的，但在当时，却无疑是过于奇异的言论，必然会遭到攻击。但不可否认的是，李贽是对后世影响巨大的、值得赞叹的伟大的思想家。他受李通玄思想的影响非常巨大。他辑录了李通玄的《华严经合论》120卷的要点，编为4卷本的简要本。这4卷的简要本，基本上将李通玄华严思想中的判教思想、哲学观、解脱论、华严五位说等囊括其中。"然一百二十卷之繁，吾恐一切贤圣，终未敢轻易也。破夏以来，获听宁佛者袁文炜。细读《华严合论》一遍，乃知善说《华严》，无如长者。因简其尤要者录之。傥有大心众生，欲乘如来乘直至道场，则此二百纸简要之论文，便是《华严》无尽藏之法界也。"①

近代以来，最为著名的佛教居士杨仁山也曾或多或少地受到李通玄华严思想的影响。作为近现代佛教复兴的启蒙者、奠基者，杨仁山居士的丰功伟绩不需再细论。他向来以"教宗贤首，行在弥陀"著称，对于华严哲学思想非常推崇。在《阴符经发隐》里，他引用李通玄最著名的"十世古今，始终不离于当念；无边刹海，自他不隔于毫端"，并认为"非圣神其孰能与于斯"②，可见李通玄思想对其影响。李通玄的华严思想影响所及，就居士来讲，当然不仅仅是这几个人。其思想流传至后世，研究佛教的学者或多或少都会受其影响。这些人所展现出来的"佛法在世间"的大乘菩萨精神，非常值得我们学习与研究。

三　李通玄的历史评价

通过几个章节对李通玄的华严思想、历史影响的论述，读者可以对李通玄的华严思想及历史形象有比较整体的了解。那么，后人对李通玄及其思想的评价有哪些呢？通过这些评价，我们可以探索李通玄在后世学人的心目中处于什么样的地位，实际为后人所接受的思想是什么，哪些思想才是真正值得我们继承和发扬的。

李通玄在历史上的评价，多以赞同为主，赞同者对其评价甚高，将李通玄同贤同圣，如紫柏认为李通玄是圣人，在其像前祈祷，以求取出

---

① （明）李贽：《华严经合论简要》，《卍新纂续藏》第4册，第378页中—379页上。
② 季羡林主编：《杨仁山居士文集》，黄山书社2006年版，第190页。

处的事迹。另外，所有关于李通玄神异论的记载，其实都暗含了李通玄非同常人的意思在其中。后世一般修学华严或禅宗者，即使对李通玄没有那么高的评价，但也基本认为他的著作是非常值得学习的。与法藏、澄观等人的著作一样，都是注解《华严经》的必读经典。但也有不甚认可其思想的学者，主要以天台宗人和净土宗人为主。

将李通玄看为贤圣，最直接的一个观点即是将其类比于维摩诘。维摩诘是佛教经典中记载的印度一位著名的大居士，其修为远在大阿罗汉之上，被认为是弘扬大乘佛教理论的典型代表，也被认为是佛菩萨的化身，充满了神奇的色彩。在元代念常的《佛祖历代通载》中记载了一位屏山居士，曾做论反驳217种在中国流传的外道见解。念常认为此人非常伟大，值得称道，于是为其作传，并对其做了极高的评价。

> 《诸儒鸣道集》，二百一十七种之见解，是皆迷真失性。执相循名，起斗诤之端。……屏山居士深明至理，悯其瞽智眼于昏衢，析而论之，以救末学之蔽。使摩诘、枣柏再世，亦无以加矣。①

在这段评述中，将维摩诘与枣柏并列，作为了居士修行的典范。可见在元代，李通玄已经被一部分人当作了类似维摩诘的充满着神异色彩、具有很高智慧与修为的祖师。但是在华严宗内部，一直到宋代，李通玄都还只是被认为是华严宗的旁系。

在《佛祖统纪》中记载了华严宗的几位祖师，分别为初祖法顺、二祖智俨、三祖法藏、四祖清凉澄观、五祖圭峯宗密。祖师之后又记载了长水子璿法师、慧因净源法师、能仁义和法师。李通玄仅被列为附，这充分说明，在华严宗人的眼中，李通玄的地位依然只能算是华严宗的旁支。②但是，在宋代道通的《华严经吞海集》中，却说出了真相，他指出，实际影响到后世的，而且影响最大、最广的，应当是澄观和李通玄的著作。《华严经吞海集》卷1中记载："训释行于今者，独有枣柏长者

---

① （元）念常撰：《佛祖历代通载》卷20，《大正藏》第49册，第699页上—699页中。
② 参见（宋）释志磐《佛祖统纪》卷29，《大正藏》第49册，第292页下。

《论》，清凉法师《疏》，其说益侈矣。"① 宋代有书《云卧纪谭》中记载了张商英对《华严经》诸家注疏的评价。

> 大洪恩禅师与无尽居士张公以禅教之要，相与征诘。无尽因谓之曰："《华严》注释，古人各有所长。如题目七字，大清凉得之妙矣，始成正觉。李长者所具勤绝，佛智既无尽无量，信乎名句文字所不能诠。输他临济劈耳便掌，三人公案，未知如何？试论之。"恩遂答曰："伏蒙剖示清凉、李长者、临济一宗公案，理事分明，谁敢异议。可怜个不了事汉子，被无尽居士一时勘破了也！"②

此段记录中也是把澄观与李通玄的著作并举，认为两者尽管风格不同，但是各有所长，都值得后人学习。这一点在明末蕅益大师的评价中也可以看到。

> 首法藏国师，得武后为其门徒，声名藉甚，疏晋译《华严经》，经既未备，疏亦草略，故不复传。所传《起信论疏》，浅陋支离，甚失马鸣大师宗旨，殊不足观。方山李长者有《新华严经论》，颇得大纲。清凉观国师，复出《疏钞》，纲目并举，可谓登《杂华》之堂矣！后世缁素，往往独喜方山，大抵是心粗气浮故耳。不知清凉，虽遥嗣贤首，实青出于蓝也。③

从蕅益的评价中，我们至少可以看到三点内容。第一，蕅益作为净土宗的祖师，对李通玄的评价不带有刻意推崇的感情色彩，是相当中肯的。李通玄对净土的评判，多遭到净土宗祖师的反对，前面已经有所论述。蕅益评价李通玄的《新华严经论》，说其"颇得大纲"，表明其尽管不完全认可李通玄对净土的解说，却非常认可李通玄《新华严经论》整体的价值和意义。第二，蕅益承认，法藏的著述在后世的影响，其实是

---

① （宋）道通：《华严经吞海集》卷1，《卍新纂续藏》8册，第469页中。
② （宋）释晓莹：《云卧纪谭》卷2，《卍新纂续藏》第86册，第678页下。
③ （明）蕅益：《灵峰蕅益大师宗论》卷5，《嘉兴藏》第36册，第347页中—347页下。

不如李通玄和澄观的。蕅益认为原因是在法藏时代只有60卷《华严经》的译本，内容并不完备，也不能将华严思想全部表现出来。因此，整个理论体系不够完善，后世流传也并不广泛。蕅益所讲法藏著作流传不广泛的原因，应当是十分中肯的。第三，在蕅益生活的时代，大多数人更愿意去读李通玄的著作。因此，蕅益才会说，后世之人"独喜方山"。这当然是因为李通玄的著作并无太多艰涩难懂的玄学理论之故，尤其在禅宗人看来，痛快直截，直指根源，要求学人能够大心直当。其著作中相当强烈的实践性和禅宗风格，使得当时禅宗之人颇为喜欢。当然，蕅益认为这是后人心浮气躁的缘故，他本人则是更加推崇澄观的著作，认为他虽然是贤首的弟子，却青出于蓝而胜于蓝，纲目并举，是比较圆满的关于《华严经》的注疏。

同为明代四大高僧的紫柏尊者，由于以禅宗为所归，因此，他对李通玄的评价要高许多。尤其是对李通玄承继《大乘起信论》而提出的"智体无性"说，给予了极高的评价。在李通玄的华严哲学观中，已经有所说明，不再详述。

至清代，李通玄则已经完全成为祖师级的人物了，无论是哪个宗派，一般都将其与澄观并举。彻悟禅师认为要学习《华严》，必须要将澄观的著作和李通玄的著作参详细读。

> 藏中有清凉观国师《疏钞》，枣柏李长者《合论》，其疏尽精微，冲深包博，而论得大体，痛快直截。二者参而观之，则《华严》大旨，无余蕴矣。①

道霈禅师在《为霖禅师旅泊菴稿》卷4中，有"清凉释法如天廓，枣柏论心似日东"②的评价。一位名叫悟开的出家人，专弘净土法门，在其著作《念佛百问》中，学人问需学习的经典，涉及华严宗的疏论，他很明白地告诉学人要学习澄观的著作和李通玄的《华严经合论》。可见越到后世，李通玄的著作就越来越成为学习华严理论不可缺少的一部经典。

---

① （清）彻悟：《彻悟禅师语录》卷2，《卍新纂续藏》第62册，第344页中。
② （清）道霈：《为霖禅师旅泊菴稿》卷4，《卍新纂续藏》第72册，第718页下。

尤其是到了明清之际，"澄观、宗密和李通玄的某些著作相对流传较广"，"李通玄的著作尤受欢迎，其说被认为是《华严》的妙旨所在"①。即便是禅宗之外的其他宗派，也都是持这种观点。清朝专门为居士立传的一部著作《居士传》，其中对李通玄的评价更高："庞居士之于宗，李长者之于教，刘遗民之于净土，百世之师矣！"②

四　李通玄华严思想的现代意义

从以上的资料、分析和总结中可以看出，李通玄的华严思想，对后世影响最大的，是李通玄以根本智为核心的华严哲学思想、以顿悟为基础的解脱论和配法观心等思想。李通玄的华严思想，十分圆融无碍而又简单直截。既有圆教义理的玄奥圆融，又有禅宗的直接清晰。因此，其思想中所具有的这些特色导致了他的华严思想具有极强的实践性特征，对历史上的各个宗派，尤其是禅宗，产生了巨大的影响。就当代社会来讲，笔者认为，对李通玄华严思想的研究有以下几方面的重要意义：

（一）李通玄的华严哲学思想可以为如来藏系哲学再增新内容

通过对李通玄华严哲学的分析，我们确认了李通玄的华严思想为如来藏系华严哲学。李通玄的华严哲学思想在之前并未被深入地进行过梳理和研究。其根本智思想，根本智与无明之关系，智体无性说以及其思想与《大乘起信论》之关系，均是如来藏系华严哲学中的重要内容。因过去的研究过于重视其周易解华严的解经方法论，其哲学思想反而被一定程度上忽视了。笔者通过研究认为，李通玄的华严哲学思想，尤其是其"智体无性说"等哲学学说，内涵丰富，论述清晰，无论是对于华严哲学，还是对整个如来藏系的学说，都具有重要的理论价值。其哲学思想对《大乘起信论》的继承和发扬，也可以为国内《大乘起信论》思想的研究增添新的着眼点。总之，笔者认为，李通玄的华严哲学对于如来藏系学说的理论建设具有一定的促进意义，值得深入研究。

---

① 魏道儒：《中国华严宗通史》，江苏古籍出版社2001年版，第10页。
② （清）彭际清：《居士传》卷1，《卍新纂续藏》第88册，第180页下。

（二）李通玄的华严思想对于当代各个宗派依然具有非常大的实践价值

当代的中国佛教诸宗，均未达到其高峰时期所具有的辉煌程度，中国佛教也在不断寻找能够促进自身理论与实践发展的优秀思想。李通玄丰富的大乘圆顿思想，实践性的解经方式，对于各个宗派来说，均具有理论和实践上的巨大价值。李通玄的思想，曾对历史上的禅宗产生过巨大的影响，一大批优秀的禅师曾经或通过阅读其理论著作开悟，或将其话语作为机锋转语而开悟，或用其理论注解禅宗经典。相信其思想中所蕴含的丰富内容也同样能够影响当代研究、学习和参究的禅宗学者。当然，李通玄的华严哲学中，同样具有很多圆融玄奥的理论，因此，无论是对于华严宗、天台宗等圆教，还是对于其他的宗派，无论是对理论的构建，还是修学的实践，李通玄的思想对于以大乘著称的中国汉传佛教都有巨大的指导意义。

（三）李通玄思想中的理事圆融不二、世出世间不二、无明即根本智体等圆教观点，可以为当代的人间佛教思潮提供更多的理论依据

正如洪梅珍所说："因为华严实教染净不二，净秽总真，此即为实现人间佛教提供了理论依据。"[1] 当代人面临的环境远远比过去复杂、多元，生活也十分紧张，尤其对于以居士身份生活在世间的人来讲，如果过分强调传统佛教中严苛的戒律、玄奥的理论、束缚人心的观念，佛教将不能深入当代人的内心。尽管李通玄的华严思想曾被弘一大师评判有可能带来"空腹高心"的后果，但对于当代人来说，无疑是更加对机的。李通玄之无明即根本智体说，强调从直接观无明入手，对当代人来讲，也是十分简明实用的。从千丝万缕的烦恼中，找到烦恼之根株——无明，直接观其本来清净、本来即智，甩掉过于严苛的道德评判，从客观的角度正视人人本具的烦恼无明，并以智慧觉照我们充满烦恼无明的心，对于当今面对多重压力与多元道德冲击下寻求身心健康的人来说，非常具有启发意义。

总之，笔者认为，李通玄的华严思想对整个佛教乃至整个社会，都是十分宝贵的文化资源，值得我们进行深入的挖掘与整理。期待本书能

---

[1] 洪梅珍：《李通玄及其华严学之研究》，博士学位论文，高雄师范大学，2010 年。

够为李通玄华严思想的继承与发展起到一定的推动作用，也期待能够有后来者进一步深入研究其思想，使得古老的文化资源在新时代焕发新生命。

结　语

　　就笔者目前掌握的资料来看，李通玄的华严思想基本可以总结为这几个大的方面：判教思想、智体论、理事无碍缘起论、一真法界思想、顿悟说、表法思想、配法观心思想、对后世的影响等。由于目前国内对李通玄的华严思想研究并不充分，还有很大的深入研究的空间，因此本书不乏创新之处：第一，本书的整体结构，划分为李通玄的判教思想、李通玄的哲学思想（重点内容，两章篇幅）、李通玄的解脱论、李通玄的解释学、李通玄思想对后世的影响等几大方面。这种划分非常的清晰，基本能够从不同的角度完整地展现出李通玄华严思想的几个核心内容。第二，在判教思想体系中，笔者在继承前人部分研究成果的基础上进行了深一步的探索，更全面、更系统地论述了李通玄的华严判教论。首次对李通玄"十十"对比《华严经》与其他经典做了详细的论述；首次提出了"十纲说"这一贯穿于其判教思想中的主线，并对其宗趣、宗乘说进行了更为详细的论述；进一步提出其判教思想的内在原因是"智体论"的哲学观。第三，首次系统、详细、深入地论述了李通玄的"根本智"思想、无明与根本智之关系、智体无性说等"智体论"，这是李通玄华严哲学的基础，也是其佛性论的基础。李通玄的"根本智思想"与法藏的华严哲学思想之间有一定的承继关系，其"无明即智说"极为圆顿，"智体论"与如来藏系哲学以及《大乘起信论》之间有着密切的关联。第四，首次详细论述了李通玄的"一真法界"概念由唯识学向华严学的转变，以及"一真法界"思想对后世的影响。另外，李通玄"理事无碍"的性起思想也是非常重要的，日本学者小岛岱山非常重视这一点，本书对此进行了更深一步的论述。关于李通玄的哲学观，通过这几个方面来论述是相对完整的。第五，总结出李通玄的解脱论包括顿悟思想和法界无时观。关于李通玄的顿悟思想，有学者进行过相关论述。本书结合华严五位的修行次第论述了李通玄对十信位和十住位的重视，这是笔者首次提出。关于法界无时说，相较前人，本书的论据提取的更加清晰。第六，进一步扩充了李通玄的解释学内涵。李通玄的解释学内容非常丰富，"以易解华严"应当归于其整体表法思想中的一种。因此，笔者完整、详细地论述了其整体的表法思想，首次提出、详述了其"配法观心"思想，这是其解释学中另外一个非常值得重视的内容。这都是李通玄华严思想中非常重要但未被完整总结出来的内容。第七，进一步详细总结了李通玄对后世各个宗派的影响，尤其是对禅宗的影响以及对居士佛教的影响。笔者认为本书是不乏创新点的。

经过进一步的思考，笔者深感有几个问题需要做更深层次的说明。首先即是李通玄"以易解华严"的思想，笔者在书中强调了此观点宜归结为解释学范畴的解经方法。学者更应关注的是李通玄华严思想本身，而不是其解经的方法论，但"以易解华严"作为一种文化相互融通的现象，作为格义佛教的一个典型例证，确实是非常引人瞩目的。在李通玄华严思想研究的初期，学者将研究的焦点集中于这一点上是非常正确与合乎逻辑的。笔者将其纳入李通玄整体的表法思想中，认为更应该从目的论的角度来看待和认识这个问题，是笔者经过认真研究与思考以后得出的结论，是对诸位前辈学者研究的进一步深化和补充，绝非要"推翻"前人的研究。诸位学者发现了这个非常值得关注的文化现象，并进行了深入的研究与探讨，是非常值得赞叹的，笔者也深有受益。之所以要从另外一个角度进行研究是因为，首先对于这个论题，诸位学者的研究已经非常深入和饱和了，没必要再进行重复性研究。因此，笔者从目的论的角度和表法思想的层面进行了进一步的研究，是为了打开另外一个视角，以便从整体上把握李通玄的华严思想。再者，从他对《华严经》的极度推崇和他对如来藏系佛学的把握来看，从目的论的角度进行分析和探讨，应当是更加合理的。

再者是李通玄"教外华严"学者的身份。笔者完整地论述了李通玄的华严哲学思想，其哲学思想与法藏等华严宗诸师的思想，既有承继关系，也有个人的偏重与创新。但李通玄为什么没有被华严宗内部列入祖位，反而被视为是"教外华严"学者？当然，到明清以后，由于李通玄的巨大影响和卓越贡献，他被各个宗派都视为了祖师级别的人物。但在华严宗内部，尤其是早期的华严宗，他不但没有被视为祖师，更没有受到本应有的重视。以笔者浅陋的分析，应该主要有以下几方面的原因。首先，尽管李通玄的华严哲学系属如来藏系华严思想，与法藏有承继关系，但是，他的缘起观与正统的华严哲学有所不同。尽管在其华严哲学思想中，也有很多"事事无碍"之理，有法界无尽缘起之理，如他会经常提到《华严经》中所描述的一芥子中可纳大千世界、一时中具无量劫、法界之重重无尽不可思议等观点；也会经常提到理论极为圆融复杂的"十玄门"等，但这显然不是他的重点。他整体的解经风格是偏重于"理事无碍"的，而且，在解释一些概念时，他特别偏重于从理体的角度着眼，这也就造成了其华严哲学思想的风格与传统华严宗不甚相同，有一定的区别。就修学实践来讲，理事无碍原理当然相对简单实用，但就理论的圆满与精致来说，则显然是不够的。再者，李通玄的解脱论，特别强调"顿悟"的思想。他尽管也提到渐与顿无二，也明确地分析了华严五位的阶位次第，但他终究还是强调了十信终心即得不退，十住初心即成正觉，明白了"根本智"即一得一切得，无时劫长短，扫除这些概念名相上的障碍，才能够真正达到他所认为的华严境界。这与特别注重修学阶位与次第的华严宗也是不尽相同的。尽管在法藏的修学体系中，也给予了顿悟、顿证以充分的重视，但他描述的华严修学阶位，显然要复杂得多。

　　尽管他的思想与传统华严宗有一定的不同，但他对法藏等人思想的继承是显而易见的。他继承了智俨、法藏等人关于《华严经》为"别教一乘"的判教说，继承了如来藏系华严哲学，敏锐地把握了华严哲学与《大乘起信论》之间的关联。他也在华严学的历史上首次使用了"一真法界"的概念，并赋予了其华严哲学的内涵。当然，他的"一真法界"思想与澄观等人是有一定区别的，但不可否认其"一真法界"思想对华严宗产生的巨大影响。这些都是他与华严宗之间极为重要的关系，需要梳理清楚。即使初期的华严宗人视他为"教外华严"，也不能否认李通玄和华严宗之间的承继关系与他对华严宗本身理论建构的卓越贡献。魏道儒先生将华严学分为"华严经学"与"华严宗学"，就李通玄的华严思想来看，将其放置于从华严经学向华严宗学过渡的角度去考察，可以更加明确他在华严学史上的地位。以上是笔者就李通玄华严思想中的个别重要问题所作的进一步的说明。

总之，笔者在对李通玄的华严思想进行研究的过程中，自身受益良多，对于大乘圆教的义理与精神有了更深层的认识，对于华严学思想也有了更深一步的领悟，更认识到学无止境，需要不停地努力，才能深入了解大乘佛教无尽妙理。笔者也自知才疏学浅，纰漏之处在所难免，希望各位研究者能够不吝笔墨，批评指正。

附　　表

李通玄之"华严十门"进修轨则表①

十门	《华严经》中相对应的品	位次	表法	智体与修行
一举佛自果，劝修生信门	世主妙严品 如来现相品 普贤三昧品 世界成就品 华藏世界品 毗卢遮那品	依佛果初发信心	以文殊师利、毗卢遮那、普贤三法，为始终之体。	无相法身、根本智、差别智，三法为一根本智之无相无作用之源。自信自心。佛果所修行之法样，能于此一乘佛果，起如是趣求。志愿力得不退。
二自己发心，起信修行法门	如来名号品 四圣谛品 光明觉品 菩萨问明品 净行品 贤首品	十信位	表法之人，十个智佛，以不动智为首。文殊师利等十个菩萨。	此经教以普光明智为教体。以普光明智，为初成正觉之体。第一会普光明殿。与无依慧相应已，是信心满，入法智流。

---

① 笔者将李通玄对《华严经》整体的把握，包括品类、次第、表法、智用等方面，以表格的形式展现出来。根据李通玄《略释新华严经修行次第决疑论》中所列总结。其中善财童子五十三参之五十三位善知识所对应位次不再一一列举。

十门	《华严经》中相对应的品	位次	表法	智体与修行
三入位契真，会佛智慧门	升须弥山顶品 须弥顶上偈赞品 十住品 梵行品 初发心功德品	十住位	以升须弥山顶处表法。山顶至相尽处，表升进心所至之道。升此十住，空慧现前，一切心境，都无所得。名为智慧光明普见法门。 以十慧菩萨表之，十个月佛表之。殊特月佛，为初发心住。月表清凉。	证根本智，无始执障一时顿尽。
	升夜摩天宫品夜摩天宫偈赞品 十行品 十无尽藏品	十行位	于十住位之法空起行。以明在行无著，由此在夜摩天说。 十个佛号为眼。十个菩萨号为林，以林荫覆表行。	以智知根，利众生也。
	升兜率天品 兜率天宫偈赞品 十回向品	十回向位	此位以诸天、龙、神八部大众等为表。有天女等。明回真入俗之意。善财五十三参中，以长者青莲华表之。非为比丘，亦表回真入俗。	和会悲智圆满。入生死，长养大悲。

续表

十门	《华严经》中相对应的品	位次	表法	智体与修行
		十地位	以处表法，他化自在天说。以观他变化，以成己乐。表法之人，以金刚藏等三十七个藏菩萨表三十七道品法。一个解脱月。解脱月一人，是此三十七品中果。因果自相问答。	十地修行，智用一一殊胜。不离根本智，及古今无时，元来一际。
以定该含三世古今无异门（李通玄将此门与上同列为三）	十定品 十通品 十忍品	等觉位		还在普光明殿中说，明以普光明智，以为定体。无前后说，智境无三世。重叙成正觉。
四入佛果位现障成位门	阿僧祇品 寿量品 诸菩萨住处品 佛不思议法品 如来十身相海品 如来随好光明功德品	过佛果二愚障，满足一切智佛		
五自行佛果所成果门	如来出现品	成就佛果，付嘱流通		

续表

十门	《华严经》中相对应的品	位次	表法	智体与修行
六普贤恒行门	离世间品	佛果后普贤行	佛果后普贤常行无休息。常处世间，而无染污。	普贤常行，依然以根本普光明智为体。还普光明殿中说。明不离初信之果用，恒于世间利众生。
七成佛果满一切皆为法界门	入法界品	十方世界尘尘中转无尽法轮	法界即不离一切处。	
八以佛果法利益人间门		文殊出楼阁。六千比丘出家，依舍利弗为师，南行人间，至觉城东		
九说教劝修门		善财为首，开始五十三参		文殊师利说普照法界修多罗经，说根本普光明智，大众获益。
十善财入位契真门		善财参访五十三善知识，一一表十住、十行、十回向、十地、等觉、佛位等。不再一一列举		无明灭，十二有支生死苦海一时灭。法界清净自性普光明智，一切智海，一时发开。

参考文献

（东晋）佛驮跋陀罗译：《大方文佛华严经》，《大正藏》第 9 册。

（唐）实叉难陀译：《大方广佛华严经》，《大正藏》第 10 册。

（后秦）鸠摩罗什译：《摩诃般若波罗蜜经》，《大正藏》第 8 册。

（北凉）昙无谶译：《大般涅槃经》，《大正藏》第 12 册。

（南朝·宋）求那跋陀罗译：《胜鬘师子吼一乘大方便方广经》，《大正藏》第 12 册。

（唐）玄奘译：《阿毗达磨大毗婆沙论》，《大正藏》第 27 册。

（唐）玄奘译：《成唯识论》，《大正藏》第 31 册。

（唐）智俨：《华严经内章门等杂孔目章》，《大正藏》第 45 册。

（唐）智俨：《大方广佛华严经搜玄分齐通智方轨》，《大正藏》第 35 册。

（唐）法藏：《华严经探玄记》，《大正藏》第 35 册。

（唐）法藏：《大乘起信论义记》，《大正藏》第 44 册。

（唐）法藏：《华严一乘教义分齐章》，《大正藏》第 45 册。

（唐）李通玄：《新华严经论》，《大正藏》第 36 册。

（唐）李通玄：《略释新华严经修行次第决疑论》，《大正藏》第 36 册。

（唐）李通玄：《大方广佛华严经中卷卷大意略叙》，《大正藏》第 36 册。

（唐）李通玄：《解迷显智成悲十明论》，《大正藏》第 45 册。

（唐）澄观：《大方广佛华严经疏》，《大正藏》第 35 册。

（唐）澄观：《大方广佛华严经随疏演义钞》，《大正藏》第 36 册。

（唐）澄观：《三圣圆融观门》，《大正藏》第 45 册。

（唐）宗密：《注华严法界观门》，《大正藏》第 45 册。

（唐）马支：《释大方广佛华严经论主李长者事迹》，《华严经合论》，《卍新纂续藏》第 4 册。

（唐）志宁：《大方广佛华严经合论序》，《华严经合论》，《卍新纂续藏》第 4 册。

（唐）王居仁撰：《神福山寺灵迹记》，清·翁聘之辑《山右石刻丛编》。

（五代）永明延寿：《宗镜录》，《大正藏》第 48 册。

（南唐）恒安：《续贞元释教录》，《大正藏》第 55 册。

（宋）昙秀：《人天宝鉴》，《卍新纂续藏》第 87 册。

（梁）释慧皎：《高僧传》，《大正藏》第 50 册。

（宋）赞宁：《宋高僧传》，《大正藏》第 50 册。

（宋）释志磐：《佛祖统纪》，《大正藏》第 49 册。

作者不详：《林间录后集》，《卍新纂续藏》第 87 册。

（宋）清源：《法华龙女成佛权实义》，《卍新纂续藏》第 56 册。

（宋）从义：《法华经三大部补注》，《卍新纂续藏》第 28 册。

（宋）知礼：《十不二门指要钞》，《大正藏》第 46 册。

（宋）张方平：《乐全集》，《影印四库全书》第 1104 册。

（宋）戒环：《华严经要解》，《卍新纂续藏》第 8 册，

（宋）张商英：《文殊指南图赞》卷 1，《大正藏》第 45 册。

（宋）圆悟克勤：《佛果圆悟禅师碧岩录》，《大正藏》第 48 册。

（宋）蕴闻编：《大慧普觉禅师语录》，《大正藏》第 47 册。

（宋）正觉、行称：《万松老人评唱天童觉和尚颂古从容庵录》，《大正藏》第 48 册。

（南宋）普庵：《普庵印肃禅师语录》，《卍新纂续藏》第 69 册。

（宋）正受：《嘉泰普灯录》，《卍新纂续藏》第 79 册。

（宋）祖琇：《隆兴编年通论》，《卍新纂续藏》第 75 册。

（元）念常：《佛祖历代通载》，《大正藏》第 49 册。

（明）达观真可语、憨山德清校：《紫柏尊者全集》，《卍新纂续藏》第 73 册。

（明）蕅益：《灵峰蕅益大师宗论》，《嘉兴藏》第 36 册。

（明）袾宏：《阿弥陀经疏钞》，《卍新纂续藏》第 22 册。

（明）广润：《云栖法汇（选录）（第 12 卷—第 25 卷）》，《嘉兴藏》第 33 册。

（明）瞿汝稷集：《指月录》卷1，《卍新纂续藏》第83册。

（明）函昰说，今辩重编：《庐山天然禅师语录》，《嘉兴藏》第38册。

（明）方泽：《华严经合论纂要》，《卍新纂续藏》第4册。

（明）李贽：《华严经合论简要》，《卍新纂续藏》第4册。

（清）道霈：《为霖道霈禅师还山录》，《卍新纂续藏》第72册。

（清）道霈：《为霖禅师旅泊庵稿》，《卍新纂续藏》第72册。

（清）彭际清：《居士传》，《卍新纂续藏》第88册。

（清）弘璧辑：《华严感应缘起传》，《卍新纂续藏》第77册。

（清）续法：《贤首五教仪》，《卍新纂续藏》第58册。

（清）雍正：《御选语录》，《卍新纂续藏》第68册。

（清）纪荫编：《宗统编年》，《卍新纂续藏》第86册。

（清）彭际清：《华严念佛三昧论》，《卍新纂续藏》第58册。

（清）了亮等集：《彻悟禅师语录》，《卍新纂续藏》第62册。

方立天：《中国佛教哲学要义》，中国人民大学出版社2005年版。

赖永海：《中国佛性论》，江苏人民出版社2010年版。

潘桂明：《中国居士佛教史》上，中国社会科学出版社2000年版。

陈兵：《新编佛教辞典》，中国世界语出版社1994年版。

陈兵：《佛教心理学》，南方日报出版社2007年版。

魏道儒：《中国华严宗通史》，江苏古籍出版社2001年版。

陈永革：《法藏评传》，南京大学出版社2006年版。

杨维中：《中国佛教心性论》，宗教文化出版社2007年版。

杨维中：《如来藏经典与中国佛教》，江苏人民出版社2012年版。

邱高兴：《李通玄佛学思想评述》，博士学位论文，中国人民大学，1996年。

王仲尧：《隋唐佛教判教思想研究》，论文，武汉大学，1998年。

洪梅珍：《李通玄及其华严学之研究》，博士学位论文，高雄师范大学，2010年。

邱高兴：《李通玄与法藏的佛学思想比较》，《世界宗教研究》1998年第1期。

王乃积、郭华荣：《照明序文是李通玄传记的第一手资料》，《五台山研究》2009年第1期。

王乃积、郭华荣：《关于李通玄的籍贯、著作、安葬处》，《五台山研究》
　　2007 年第 4 期。

王乃积、郭华荣：《五台山华严学之魂——历代中外学者论述李通玄新华
　　严学说》，《五台山研究》2010 年第 2 期。

［日］小岛岱山著、黄玉雄译：《中国华严思想史的再认识》，《五台山研
　　究》2000 年第 4 期。

［日］小岛岱山：《五台山佛教文化圈内的华严思想——五台山系华严思
　　想的特征和发展》，《五台山研究》1995 年第 1 期。

桑大鹏：《李通玄对〈华严经〉性质和结构的解说》，《三峡论坛》2010
　　年第 1 期。

周叔迦：《周叔迦佛学论著集》下，中华书局 1991 年版。

庄崑木：《为霖道霈禅师的生平与著作》，南投：《正观》2002 年第
　　22 期。

［高丽］知讷录：《造华严经论主李通玄长者行状》，《华严论节要》卷第
　　3，《韩国佛教全书》第四册。

陈兵：《新编佛教辞典》，中国世界语出版社 1994 年版。

陈义孝：《佛学常见词汇》，台北：文津出版社 1990 年版。

丁福保：《佛学大辞典》，上海书店 1991 年版。

慈怡：《佛光大辞典》，高雄：佛光出版社 1988 年版。

后　记

读博是一段难得的能够静下心来进行思考与写作的时光。我很高兴选择了这样一个自己喜欢的论题进行研究和写作，并最终能够付梓出版。这也是国内第一部正式出版的关于李通玄华严思想的专著。

在此书付梓之际，首先要感谢我的博士导师——南京大学的杨维中教授。杨教授对待学问一丝不苟的态度，严谨负责的精神，我非常得敬仰。但我也常为此非常惶恐，自己的治学精神未能及老师十分之一二。

另外，要特别感谢四川大学的陈兵教授。尽管陈兵教授不是我的博士指导老师，但是他给予了我宝贵的佛教文化财富，是我佛学思想最重要的引路人。也感谢上海师范大学天华学院的史文老师，是他为此论著的选题提供了思路。

感谢我的父母对我的大力支持，感谢我的爱人崔森无私的付出。同时感谢杨森、袁大勇、张爱萍、杨剑霄、谢飞、孙少飞、崔韩颖等同门师兄弟的帮助，感谢我的朋友张海滨、胡祥雨、王睿、唐更原等，以及很多其他没有出现名字的朋友，你们是我前进路上最温暖的力量。

最后，要特别感谢我现在的单位四川省社会科学院，为我的科研成果提供资助，让它最终成为一部具有实际意义的著作。也感谢我所在的哲学与文化研究所，这是一个温暖的大家庭，是我继续进行学术研究和创作的精神家园。

刘媛媛

2018 年 8 月